LE MOYEN AGE,
UNE IMPOSTURE

DU MÊME AUTEUR
en poche

1492-1530, la ruée vers l'Amérique: les mirages et les fièvres, Bruxelles, Complexe, La mémoire des siècles n° 222, 1992.

La première croisade: libérer Jérusalem, 1095-1107, Paris, Perrin, tempus n° 12, 2002.

La cour pontificale au temps des Borgia et des Médicis, 1420-1520: la vie quotidienne, Paris, Hachette Littératures, Pluriel, 2003.

Louis XI, Paris, Perrin, tempus n° 40, 2004.

La ville au Moyen Age en Occident: paysages, pouvoirs et conflits, Paris, Hachette Littératures, Pluriel, 2004.

Gilles de Rais, Paris, Perrin, tempus n° 93, 2005.

Esclaves et domestiques au Moyen Age dans le monde méditerranéen, Paris, Hachette Littératures, Pluriel Histoire, 2006.

Chute et mort de Constantinople, Paris, Perrin, tempus n° 178, 2007.

Fêtes des fous et carnavals, Paris, Hachette Littératures, Pluriel Histoire n° 8828, 2007.

Les négriers en terres d'islam, Paris, Perrin, tempus n° 198, 2008.

Les Barbaresques, La course à la guerre en Méditerranée, XIVe-XVIe siècle, Paris, Perrin, tempus n° 220, 2008.

collection tempus

Jacques HEERS

LE MOYEN AGE, UNE IMPOSTURE

PERRIN
www.editions-perrin.fr

ISBN : 978-2-262-02943-2

tempus est une collection des éditions Perrin.

« … car faire des phrases, n'y pas croire et les admettre cependant, est le principal caractère du temps ».

A. de GOBINEAU.

« Une erreur tombée dans le domaine public n'en sort jamais ; les opinions se transmettent héréditairement. Cela finit par faire l'Histoire. »

Rémy de GOURMONT.

AVANT-PROPOS

Bien souvent nos sociétés intellectuelles s'affichent ouvertement racistes. Non pas au sens où nous l'entendons ordinairement, c'est-à-dire condamnations ou mépris des civilisations, mœurs ou religions différentes des nôtres, mais par une étonnante propension à mal juger de leur passé.

Depuis fort longtemps, des esprits distingués, affranchis de tout préjugé ridicule et curieux de cerner partout la nature de l'homme étranger au pré carré, ont fait connaître de façon sereine la vie des autres peuples, leurs particularités et leurs mérites. Cet intérêt fut même, parfois, teinté d'une admiration qui impliquait, tacite ou hautement proclamée, une critique acerbe et désabusée de la société européenne dite « civilisée » et donc corrompue. L'image du « bon sauvage », popularisée par Jean-Jacques Rousseau et ses voisins de plume, s'était déjà affirmée dès les premiers lendemains de la découverte de l'Amérique, au temps de Colomb, et retrouvait là certainement des thèmes et des accents bien plus anciens[1*].

Force est de constater que cette heureuse disposition d'esprit ne s'applique pas toujours à tous les champs

* On trouvera les notes en fin de volume, p. 333.

d'observation. L'homme d'aujourd'hui, l'homme d'esprit surtout, qui sait garder une honnêteté de bon aloi s'il vient à considérer des civilisations fort éloignées dans l'espace, ne montre ni rigueur ni tolérance à décrire celles de sa terre, séparées de lui par quelques siècles. Ce qu'il comprend et respecte ailleurs, il le critique, véhément et méprisant, chez lui, simplement parce que les temps ont coulé : un mépris si profondément ancré qu'il finit par susciter des réactions d'automate. L'emportent alors, à longueur d'ouvrages ou de discours, des jugements définitifs qui ne reposent que sur ce credo, sur de belles assurances injustifiées.

De la nécessité en histoire du bouc émissaire

L'une de nos grandes satisfactions est de pouvoir juger du passé. L'historien n'y excelle peut-être pas plus que d'autres mais donne volontiers l'exemple ; il distribue sans hésitations blâmes et couronnes. Décrire, analyser, expliquer, cela laisse sur sa faim et manque en définitive d'attraits ; ce qu'il faut est prendre parti, clouer les méchants au pilori, les charger d'infamie pour la postérité, exalter au contraire les merveilleuses vertus des sages. Ce jeu puéril s'attaque d'abord aux grands personnages, à ceux « qui ont fait l'Histoire » : héros glorieux ou héros-catastrophe ; il oppose résolument les bons aux indignes, les braves un peu stupides aux retors qui ourdissent leurs toiles ; ceux surtout enlisés en d'anciennes manières d'être et de penser « qui ne sont plus de leur temps », aux « modernes » qui vont dans le bon sens. Nos souvenirs se trouvent inévitablement peuplés de bons rois (ceux qui nous ont préparé nos matins radieux) opposés aux mauvais rois, peu recommandables, cruels, absolus, souvent perdants il est vrai ; et de même pour tous les autres maîtres du destin.

Les choix, à ce jeu de massacre, tiennent souvent à très peu de chose : un trait de caractère, une anecdote particulière, généralement fausse et inventée pour le plaisir, une image de composition. On affuble les hommes de surnoms, de quolibets ; on leur prête des mots qu'ils n'ont jamais prononcés, sachant bien que ceux-là seuls resteront dans les mémoires. Pour beaucoup, la connaissance historique, comme la politique aujourd'hui, se réduit à de petites phrases. De ces artifices, au fond, chacun en convient ; mais l'étiquette colle bien et des générations de pédagogues appliqués, d'auteurs de manuels d'un conformisme navrant, de romanciers aussi, reprennent indéfiniment les mêmes clichés éculés, les mêmes classements manichéistes, sans remonter aux sources.

Les jugements de valeurs étonnent davantage, mais pèsent plus lourd… lorsqu'ils portent, non plus sur quelques personnes, figures de proue, mais sur une société, cataloguée en bloc, sans rémission : démarche audacieuse, aux antipodes d'une réflexion scientifique même rapide, prise de position où l'on pourrait surtout discerner les signes d'une merveilleuse immodestie ou d'une insondable ignorance. Mais l'habitude, là également, a reçu droit de cité.

Certes les auteurs qui s'octroient le droit de juger ne sont pas toujours d'accord : certains voient le XIXe siècle stupide et d'autres remarquable ; les uns croient au « siècle des lumières » de Voltaire et de Diderot ; mais des esprits plus indépendants mettent en doute une renommée qu'ils trouvent factice, construite de toutes pièces et imposée à trop grands cris : les « lumières », disent-ils, c'était au temps du grand roi Louis XIV.

Dans ce concert, les trompettes jouent pourtant à l'unisson pour dire tout le mal qu'il faut penser de cette longue période que nous appelons le « Moyen Age » ; personne ne s'en étonne ; aucun son discordant, ou presque.

De très longs temps du passé ont généralement échappé, en France du moins, au mépris et aux condamnations. Jamais ne sont mis en cause ni les civilisations ni même les sociétés grecques et romaines, du moment où Athènes s'est imposée dans le cercle des nations jusqu'à la chute de l'Empire romain, considérée, dans les pays latins en tous cas, comme une catastrophe. Ces Romains dont on sait, pour certaines époques, les mœurs déplorables, si peu dignes d'exemple, restent pourtant des modèles proposés à l'édification de nos enfants car Tibère, Néron ou Caligula ne peuvent faire oublier les Gracques et Auguste. Le plus souvent, d'ailleurs, l'exposé reste limité à quelques hauts faits, orientés vers le culte des héros, et ne se hausse pas beaucoup plus haut qu'anecdotes et légendes. Nous sommes toujours invités à étudier, de préférence, ces siècles de lumières, « berceaux de notre civilisation », à y trouver des raisons de fortifier nos vertus civiques, à développer notre amour de la liberté. De nos jours encore, l'Antiquité, la Grèce et Rome, figurent constamment aux programmes d'entrée de nos grandes écoles, mais ni le Moyen Age, ni l'Ancien Régime avant 1789.

Ce choix, surprenant mais sans cesse repris, est pour une bonne part d'origine intellectuelle et s'inscrit sans doute dans une longue tradition, celle des genres littéraires. Le héros antique a, en quelque sorte, traversé les âges, grâce à ses auteurs. A aucun moment le souvenir ne s'en est terni mais, bien au contraire, s'est enjolivé de mille additions (Enée, Démosthène, Alexandre, César, Auguste, Marc Aurèle…). A partir des années 1500, ces figures furent les seules offertes à l'admiration des publics. Des Neuf Preux jusque-là tous chantés par les romans et présentés lors des fêtes populaires, l'on ne retient plus que les trois « antiques », grecs et romains ; disparaissent les autres, ceux de la Bible et ceux des hauts faits chrétiens (Charlemagne, Godefroy de Bouillon). Tous les cycles de l'épopée chevaleresque et de la chanson courtoise, de Roland à Lancelot du Lac et au roi Arthur, sont alors rayés des répertoires ; de plus en plus ignorés, ils ne se maintiennent qu'en de rares pays éloignés des modes. Les auteurs, « humanistes » puis « classiques », ne se trouvent parfaitement à l'aise qu'auprès des « antiques » ; ils imitent ou démarquent leurs écrits, y cherchent leurs inspirations ou, pour le moins, leurs références. L'amour des belles-lettres s'accompagne depuis lors d'une familiarité, d'une sorte de passion parfois, pour l'histoire des temps anciens.

Plus tard, ces mêmes préférences et leur maintien contre toute autre curiosité a davantage tenu à des intentions politiques ou à des a priori idéologiques. Dans nombre de cercles, en France surtout qui donnait souvent le ton, il fut admis et proclamé que cette Antiquité offrait de bons modèles de gouvernement, de « république » disait-on, et, pour tout dire, de peuples épris de liberté. Les mots souverains pouvaient s'y appliquer et l'on osait, à chaque détour des bons livres, parler de « démocratie athénienne » sans discernement ni pudeur, à l'encontre même de toute vérité établie par l'étude tant soit peu attentive. Pas un ouvrage ne manquait de fustiger les mœurs politiques de Sparte et d'évoquer, pour en dire un bien fou, Athènes, son gouvernement d'« hommes libres », cette « démocratie » précisément où l'on voyait sans conteste les raisons et circonstances nécessaires au développement d'une si brillante civilisation. Chaque rédacteur de manuel analysait ses institutions dans les moindres détails, le régime des assemblées toutes-puissantes, le contrôle par les citoyens naturellement « vertueux » ; tout en taisant généralement, par un accord tacite, les rigueurs de l'esclavage, la citoyenneté réservée à un si petit nombre, la corruption politique et les effroyables pratiques démagogiques ; tout en ignorant l'exploitation éhontée des colonies, les razzias d'hommes et de richesses, les répressions sanglantes infligées aux rebelles désarmés et aux vaincus.

Il semble donc entendu que notre civilisation, celle de l'Europe au sens large, ait vécu deux beaux âges frappés au coin des libertés et des créations originales. D'abord cette Antiquité, capable d'administrer de si belles leçons. Puis, longtemps après, passés un lourd sommeil et une interminable attente, la « Renaisssance » où les hommes se sont enfin réveillés, ont complètement changé d'attitude devant la vie et pris en charge leur destin. Entre ces deux temps forts, c'est la nuit, ce sont les temps obscurs du Moyen Age auxquels il est de bon ton de ne faire nul crédit, sauf, ici et là, pour quelques manifestations marginales, pour quelques esprits forts naturellement méconnus ou incompris voire persécutés en leur temps, contestataires par force et malheureux martyrs (Abélard bien sûr, et quelques autres...). Pris en bloc, ce Moyen Age n'est que médiocrité. D'où l'enthousiasme à chanter les aurores aux toutes premières lueurs de nos temps modernes. Nous y voyons comme l'émergence d'un autre homme qui, ou brutalement par on ne sait quel déclic du destin, ou peu à peu par une fructueuse maturation, aurait acquis une autre nature.

L'idée d'une nette coupure, d'un seuil dans l'évolution, conduit tous les discours. Plusieurs auteurs, et non des moindres, dont on ne peut nier la bonne volonté ni la large audience, se demandent gravement si tel ou tel personnage (roi, conseiller, homme de guerre ou prélat) était « toujours un homme du Moyen Age » ou « déjà un homme moderne »[2].

Ceci admis une fois pour toutes, la réputation de ces temps plongés dans la nuit se dégrade jusqu'au détestable. Comment ne pas céder aux facilités ? « Médiéval » ne sert plus seulement à désigner une époque, à définir tant bien que mal un contexte chronologique, mais, pris résolument comme un qualificatif qui situe sur une échelle de valeurs, à juger et donc à condamner : signe d'archaïsme, d'obscurantisme, de vraiment dépassé, objet de mépris ou d'indignation vertueuse. Ce peut être et c'est devenu une sorte d'injure.

Chaque société s'invente des boucs émissaires, réflexe pour justifier des échecs ou mécomptes, pour surtout entretenir des animosités. L'histoire du langage politique, des slogans, des mots d'ordre et cris de ralliement pour attirer les foules dans la rue et les lancer à l'assaut, ou simplement mobiliser les consciences, est ainsi ponctuée de ces étonnantes fortunes de vocables ; le mot, privé ou vidé de signification, s'impose, virulent comme un automatisme, pour fustiger l'ennemi et le désigner à la vindicte publique : démarche passionnelle, vulgaire à force d'être ordinaire, accusations souvent ridicules dans leur formulation mais qui font leur chemin. Des « loups rapaces » des Italiens du XIIIe siècle aux « vipères lubriques » des Soviets d'hier, à tous les niveaux la gamme en est infinie.

Dans les Communes d'Italie, foyers de brillantes civilisations, prônées comme des havres annonciateurs de la Renaissance, les nommes du parti vainqueur, véritables tyrans, accusaient leurs adversaires réduits à l'exil, dépossédés de leurs biens, de toutes sortes de forfaits, les accablaient de mots orduriers et, dernier assaut verbal dangereux entre tous, les dénonçaient comme « ennemis du peuple ». De telle manière qu'appartenir au parti vaincu suffisait à se voir chargé de tous les vices. Dans Florence par exemple, ville reconquise par les guelfes en 1267 et soumise à de dures mesures d'exception, à de constantes suspicions, il n'était de pire injure que celle de « gibelin ». L'habitude s'en est maintenue pendant des générations et l'on continuait à crier aux gibelins contre les hommes hostiles aux maîtres du moment, alors que ce parti était depuis longtemps réduit à néant et que l'on aurait cherché en vain, dans la ville, un seul de ces gibelins encore capable d'agir. Telle était et est encore la loi du genre…

Les mœurs politiques, les procédés de tribune et de plume sont, au cours des siècles, restés les mêmes, aussi virulents, aussi ridicules. Simplement, l'attaque s'est placée sur d'autres plans, au temps des guerres de Religion, des terreurs révolutionnaires, de l'affaire Dreyfus... Nous en sommes maintenant à d'autres mots, lancés sans raison réelle souvent, à tort ou à travers, mots qui perdent ainsi une part de leur gravité à force d'être galvaudés : « fascistes », « racistes » et autres ; sans oublier, par un curieux retour dans le passé, « médiéval ».

Le mot médiéval, érigé en insulte commune, bien plus discrète certes que plusieurs autres et pratiquée plutôt dans des cercles choisis, procède de la même démarche, très approximative. Il s'agit d'une condamnation sans bénéfice d'inventaire, confortée de plus par le besoin de se dédouaner, de s'affirmer, soi, vertueux, au-dessus de toute critique. L'homme « contemporain » (ou « moderne » ?) se sent assuré d'une supériorité évidente et, en même temps, d'un discernement suffisant pour jeter blâmes ou louanges ; tâche exaltante où il se complait, même en toute ignorance des réalités, se contentant alors de reprendre à son compte d'anciens slogans. Nos auteurs, dans tous les champs de l'écriture, parlent volontiers de l'« homme médiéval » comme d'un ancêtre pas tout à fait accompli, parvenu seulement à un stade intermédiaire de cette évolution qui nous a portés vers les plus hauts niveaux de l'intelligence et du sens moral, là où nous nous trouvons. Ces mêmes auteurs voient en cet homme médiéval un être d'une nature particulière, comme d'une autre race. Cet homme n'est pas de leurs voisins et ils l'accablent d'autant plus volontiers.

Justifiés ou non et pas toujours exempts d'arrière-pensées, lancés légèrement la plupart du temps, ces jugements ont brillamment tracé leur chemin et gagné une audience de plus en plus large. De telle sorte que ce qui, au départ, n'était sans doute qu'options de quelques auteurs a conquis un universel consentement, jusqu'à prendre figure de lieu commun. Accabler le passé de tous les maux et méfaits, l'habiller d'une image noire, permet de se sentir plus à l'aise, plus heureux dans son temps et dans sa peau.

La cause est entendue : le médiéval fait honte, abomination des désolations ; et le « féodal », sa carte de visite pour beaucoup, est encore plus révoltant. L'on ne trouve pas assez de nouveaux mots pour condamner ces temps de « barbarie », fermés aux progrès, temps où de dures contraintes écrasaient, l'on n'en doute pas, le meilleur de la nature humaine sous une chappe d'obscurantisme, de superstitions. Tout le petit, le médiocre, tout ce qui, dans notre vie publique ou domestique, en reste aux balbutiements maladroits, tout ce qui refuse les mirifiques bienfaits des nouveautés et ne se prépare pas, enthousiaste, à l'horizon 2000 est, par définition, médiéval. Tout ce qui, dans les relations humaines, dans la gestion de la société et la manifestation des pouvoirs, déplaît, tous ces abus et ces vieilleries, tout cela est féodal. Sans parler bien sûr des cruautés, des drames, de la violence.

Du lamentable au ridicule, chacun de nous pourrait, au fil de lectures de journaux ou de romans, à écouter la radio, dresser une sorte de florilège, un beau sottisier. Qui veut dénoncer une injustice, plus encore une superstition, écrit volontiers, pour exhorter ses lecteurs à se reprendre, que « nous ne sommes plus au Moyen Age ». Formule qui court tous les libelles, les comptes rendus d'événements scandaleux. « On se croirait au Moyen Age » revient souvent dans les discours. Il n'y a pas si longtemps, un ministre accusait publiquement un de ses concitoyens, coupable d'abus et de mauvaises pratiques, en faisant naturellement référence à ces temps obscurs du Moyen Age ; cela allait de soi. Plus récemment, à Paris et devant l'Assemblée nationale, un homme politique et non des moindres rappelait sans ciller que « les docteurs de l'Eglise de France ont discuté pendant des siècles pour savoir si les femmes avaient une âme » (il s'agissait bien entendu des temps médiévaux) ; ceci aux applaudissements de ses amis partisans, fort nombreux, et sans qu'intervienne par la suite aucune sorte de commentaire ou de rectification dont pourtant ces professionnels se montrent ordinairement si bons experts ; sans que se mobilisent ses adversaires pour défendre une certaine vérité, ni sur le coup en séance, ni un peu plus tard dans les journaux à forts tirages.

L'important n'est sans doute pas de méditer sur la malhonnêteté ou la distraction de l'orateur qui découvrait peut-être, mot à mot, un texte préparé par un sous-fifre : l'homme public dit souvent n'importe quoi et s'applique surtout à faire des mots suffisamment percutants pour être rapportés. L'important n'est pas non plus d'accumuler faits et arguments contre une si forte ânerie ; le moindre écolier ayant un peu lu et réfléchi crierait au mensonge. Ce qui compte, pour ces faits divers retenus au hasard, est l'accueil reçu : dès lors qu'il s'agit de Moyen Age, n'importe quelle énormité peut être proclamée impunément, avec de sérieuses chances de rencontrer des échos favorables.

Pour qui pencherait vers le genre burlesque, la moisson ne serait pas moindre : un journal français, qui pourtant se targue de sérieux, parlait du « Moyen Age des chemins de fer » et un autre, qui se veut bien informé, qualifiait Gengis Khan de « massacreur médiéval »...

Dans le genre dramatique aussi : tel correspondant de presse, rendant compte d'affreuses tueries au Liban et découvrant à chaque pas de nouvelles marques d'horreur, ponctuait son récit des mêmes références : « [...] et l'on s'enfonce davantage encore dans le Moyen Age [...] ».

Les auteurs les plus discrets, les plus avisés, ne tombent certes pas à de tels niveaux d'enfantillage mais demeurent tout aussi et résolument critiques ; certains donnent alors dans un genre qu'ils veulent scientifique, tout en alignant les mêmes images.

FAUT-IL RÉHABILITER LE MOYEN ÂGE ?

Le propos n'est en aucune façon d'instruire un faux procès et de prendre la défense de l'accusé en invoquant quelques beaux traits de civilisation, quelques aspects peut-être méconnus de la société d'alors. Plusieurs auteurs de qualité l'ont fait, à vrai dire depuis assez peu de temps, et continuent de la faire de façon très heureuse. Madame Pernoud, par ses ouvrages et ses conférences, décrit clairement les réalités sociales de ces temps médiévaux, se référant sans cesse à des textes authentiques, aux œuvres des écrivains et des artistes. Dans un autre registre, les romans historiques de Zoé Oldenbourg m'ont apporté de grands plaisirs de lecture jamais démentis ; ses évocations de la vie seigneuriale, du travail de la terre, de la guerre et des croisades, emportent la sympathie du lecteur et, pour ma part, l'adhésion de l'historien. Ces livres, inspirés par un grand respect de la vérité historique, existent. Ils ont été annoncés, reçus avec sympathie ; leurs thèses n'ont pas été contredites et aucune de leurs prises de position remise en question. Mais pour quels effets ? Combien de temps, combien d'ouvrages de cette qualité faudrait-il encore pour que, fondamentalement, l'opinion courante évolue vraiment et que cessent ces niaiseries ?

Les voyageurs de l'été et leurs guides continuent à se presser devant nombre de chefs-d'œuvres artistiques de ce passé « médiéval », vestiges mieux entretenus, restaurés, exhumés pour certains d'un demi-oubli, présentés de façon attrayante et intelligente. Est-ce assez ?

Sur le fond même, rien ne change ou pas grand-chose. Les idées solidement ancrées et administrées demeurent inébranlables, comme revigorées même d'une nouvelle fraîcheur. Nous admirons la cathédrale gothique ou, bien moins souvent, quelques enluminures, mais, pour juger la société dans son ensemble, nous nous armons toujours de la même assurance pour clouer au pilori les façons d'être et de penser d'un passé encore si mal connu. On accable d'un regard condescendant ce temps « des lampes à huile et de la marine à voiles », et l'on évoque, pour cet « homme du Moyen Age », des conditions, au travail, à la maison, dans la vie publique, proprement insupportables puisque si différentes des nôtres.

Il ne fait aucun doute qu'aller systématiquement à rebours paraîtrait tout aussi excessif et artificiel. Afficher une sorte de nostalgie pour des âges révolus, pour des manières de vivre dont tant d'aspects nous échappent encore et demeurent très flous, tiendrait du parti pris. Chacun peut certes souffrir du contemporain et rêver de délices plus ou moins imaginaires, et peut préférer… dans Paris, Notre-Dame au Centre Pompidou et au forum des Halles ; l'ordonnance d'un monastère cistercien aux nouveaux quartiers de Londres dans la Cité et sur les bords de la Tamise ; la place du Campo de Sienne à celle du Louvre où bourgeonnent d'étranges pyramides. Tout est affaire de goût et le débat ne peut se situer à ce niveau.

L'important ne me paraît pas de parfaire, sur tel ou tel point, une réhabilitation de ce « Moyen Age », et pas plus d'évoquer, par choix personnel, une sorte d'âge d'or où tout aurait été d'une autre qualité humaine dans une société plus sereine. Mais bien d'affirmer que ce Moyen Age, en réalité, n'a pas existé ; qu'il s'agit d'une notion abstraite forgée à dessein, pour différentes commodités ou raisons, à laquelle a été sciemment appliquée cette sorte d'opprobe. Et donc de rechercher pour les dénoncer les origines et le mécanisme de cette démarche, de cette véritable imposture intellectuelle, responsable et de la croyance en une période spécifique ainsi qualifiée, et de cette mauvaise image injustifiée, redessinée avec tant de légèreté… ou de mauvaises intentions. Une renommée qui, de façon parfaitement gratuite, pèse ainsi sur neuf ou dix siècles de notre passé pris tout en bloc, sans discernement ni nuances.

La vue d'ensemble, retenue comme une vérité certaine, fut, au départ, délibérément fabriquée puis encore volontairement altérée au fil des temps par différentes opérations. Ce furent alors de véritables campagnes de dénigration aux mécanismes bien réglés, liées à la conjoncture politique des moments où les hommes au pouvoir, ou proches d'y accéder, prétendaient vouloir abolir les injustices, les privilèges, toutes les marques en somme de la barbarie médiévale et féodale. Par la suite, leurs héritiers et leurs hommes de plume n'ont cessé de reprendre les mêmes accusations, les mêmes schémas. Tout cela nous est resté.

Enfin, est-il bien nécessaire de rappeler que toute comparaison entre des civilisations éloignées dans le temps reste délicate sinon impossible et que les notions de « progrès », de « qualité de vie », de « bonheur » (sans parler des libertés...) demeurent très relatives, du domaine de l'écriture facile ? Affirmer, par exemple, que la maison médiévale manquait de confort laisse rêveur. Tout est d'appréciation et d'habitude. Faut-il, à l'absence d'eau courante, aux odeurs de fumier, aux salles mal chauffées et mal éclairées, préférer l'air des villes chargé des gaz des voitures, le bruit incessant des moteurs, les viandes aux hormones et les fruits de mer pollués ? Les facultés d'adaptation et d'autosatisfaction paraissent infinies.

Dans cette voie de l'analyse de l'idée même de Moyen Age et de son contenu, le discours peut s'articuler en trois points :

— Une remise en question de cette notion en elle-même, de son caractère ambigu et imprécis, des abus que l'on fait trop volontiers ; ceci, en particulier, face à une autre entité abstraite tout aussi floue et arbitraire, celle de Renaissance.

— L'examen de l'acharnement à condamner les « temps féodaux », et de cette littérature dont nous supportons toujours les effets, qui s'est appliquée à présenter cette féodalité sous des jours complètement faux : une entreprise de démolition qui atteignait et dépassait les limites du ridicule mais a tout de même laissé des traces tenaces.

— Enfin, l'analyse de quelques aspects de société ou de civilisation que cette légende noire et les habitudes acquises présentent encore sous des jours affreux, mais où nombre de travaux récents apportent d'intéressants et surprenants redressements ; rappel donc des travaux qui ont le mérite de s'appuyer sur du plus solide que des fantasmes d'auteurs animés d'une obsession idéologique.

PREMIÈRE PARTIE

Moyen Age et Renaissance. La magie des mots inventés

1

DE LA RIGUEUR

L'HISTOIRE ET LES MODES

La trame chronologique soutient l'évocation du passé ; vérité que l'on croirait évidente mais que nos pédagogues redécouvrent, certains repentis et un peu honteux, d'autres tout à fait désinvoltes, très à l'aise pour affirmer deux contraires à dix ou vingt ans d'intervalle.

Pendant des générations, l'étude et l'enseignement de l'histoire s'ancraient sur des bornes solides, sur des repères parfaitement situés dans le temps. Tout événement et tout phénomène politique, social, économique ou religieux devait s'inscrire dans un cadre qui en éclairait le contexte et différents aspects. Cependant, il n'y a pas si longtemps, dans les années soixante, temps de grandes et mirifiques fermentations intellectuelles, le vent des mises en cause, réformes et innovations, a tout balayé. Le procès de l'histoire « traditionnelle » ou « classique » (ou « ringarde » ?) fut vite instruit : routine, manque affligeant d'imagination… tout était à reprendre ou à jeter aux orties. L'on vit, quelques années durant, fleurir les initiatives hardies, les ateliers expérimentaux et les cercles de réflexion. Le tout se trouvait généralement conforté, officialisé par diverses instances, par nombre de comités, commissions et conventions, affublés de labels et de sigles, capables en fin de compte d'imposer en France à notre enseignement secondaire une panoplie de réformes acclamées, applaudies. Plus de chronologie déclarée frustrante et humiliante ; plus de discours continus ; l'histoire se devait faire et être présentée par thèmes ; le bon ton était d'étudier les outils et les techniques, les formes de vie, les éléments de la civilisation et même les croyances, à travers les âges et d'un pays à l'autre : rapprochements souvent acrobatiques mais séduisants ; triomphe de l'à-peu-près, du fringant et de la poudre aux yeux. Le maître pouvait allègrement transcender, franchir les siècles et les continents, parler des Mérovingiens et des Mongols, de Charlemagne et des sultants de l'Afrique noire. Nos enfants ont entendu pêle-mêle ces discours échevelés, admiré quantité de belles images en couleurs ; ils ont, ahuris ou hilares, piétiné ou cavalé de salle en salle dans les musées ; ils n'ont évidemment rien compris et rien retenu.

Certaines universités, françaises principalement, ont volontiers sacrifié aux nouvelles manières. Le rappel de quelques programmes d'alors, au meilleur temps de cette euphorie, laisserait maintenant stupéfait : des enfantillages pour affirmer une disponibilité, en fait se conformer aux modes. Tel spécialiste de l'histoire de France, à juste titre fort apprécié pour ses travaux, s'appliquait laborieusement à donner la liste des dynasties de l'empire de Chine et, deux semaines plus tard, dissertait des ethnies et religions de l'Amérique précolombienne.

Histoire par thème, histoire universelle, histoire fatras... Il semble que l'on en soit revenu. Les programmes actuels et, peut-être aussi, les manuels, attestent d'un effort sérieux pour fixer dans le temps l'événement ou le fait de civilisation. L'extraordinaire succès des « livres d'histoire », des biographies et des études de synthèse ou même des publications de textes d'époque (Journaux, Mémoires, recueils de lettres) dit clairement ce besoin de situer les hommes et leurs actions dans leur contexte exact.

Est-ce à dire que les nouveautés et inventions ne suscitent plus de grands intérêts ? Le sensationnel, les pétitions de principe pour seulement faire parler de soi paient toujours. De grands remue-ménage nous sont de temps à autre annoncés. Il y a quelque trente ans, une « Nouvelle Histoire » se donnait beaucoup de mal pour annoncer ses méthodes et ses buts ; l'on en causait dans les chaumières ; pendant des années, il fut impossible d'évoquer en public la moindre recherche sans être aussitôt prié de se définir par rapport à cette pléiade ; faute d'en dire un bien fou, le mieux était de s'en tenir à un aimable flou, à un émerveillement courtois. De cette « Nouvelle Histoire » qui lance parfois d'autres manifestes, l'on attend encore d'importants travaux qui puissent combler nos attentes et curiosités ingénues.

La mode de ce que l'on appelle l'« anthropologie » s'inscrit-elle de ce même courant ? Le mot connaît une étonnante fortune. Il n'est pas mal trouvé : résonnance scientifique et tonalité nouvelle qui chatouillent l'intellect. Ce mot ancien, autrefois appliqué à une science précise ou du moins circonscrite, se trouve maintenant mis à toutes les sauces ; son emploi si général défie toute définition claire et cohérente. Mais l'important est, comme toujours en pareil cas, d'affirmer son appartenance à une chapelle et se dire initié. Est-ce l'étude des comportements individuels et collectifs ?, des relations sociales, familiales, politiques ?, des rites ?, des croyances et de leurs manifestations ?, des jeux et des fêtes ?, des affrontements et des différentes manières de violence ?... Tout y est et rien de bien nouveau. L'on trouvait de remarquables analyses de ce genre chez plusieurs auteurs du siècle dernier et l'on peut volontiers croire que, tel M. Jourdain qui fit de la prose sans jamais le savoir, nombreux furent mes collègues bons historiens « anthropologues » sans se reconnaître de la sorte. Ni leurs maîtres ni leurs amis ne les ont informés de cette promotion.

Ce n'est là qu'une démarche de faire savoir, directement importée semble-t-il d'outre-Atlantique, et qui finit par se présenter comme une manie de cénacle, un outil de caste et d'exclusion. L'exercice, à vrai dire, demeure sans grande importance tant qu'il ne s'agit que de mots nouveaux pour qualifier des analyses au demeurant fort ordinaires et souvent de bonne qualité, tant que l'auteur ne s'intéresse qu'à l'étude ponctuelle d'un comportement parfaitement situé et circonscrit. Mais une certaine forme d'anthropologie, qui séduit par sa brillance et plus encore par sa facilité, veut, elle, privilégier l'examen des attitudes et des réactions fondamentales de l'homme à travers les temps et les lieux. L'auteur anthropologue, bon écrivain sans doute mais mauvais historien, transcende encore, court ici et là ; il établit de curieuses concordances, élabore des hypothèses et, parfois, tire des conclusions définitives à partir de simples apparences sorties de leurs contextes et donc mal interprétées.

POLYGRAPHES OU SPÉCIALISTES

Cette simple évocation des nouveautés et, pour certaines, d'extravagances offertes régulièrement et souvent acceptées, rappelle à l'exigence : pas d'Histoire, ni recherche, ni mise en œuvre, ni enseignement sans se situer dans le temps, sans prendre connaissance de l'environnement.

Personne ne saurait raisonnablement nier que, dans le domaine de la recherche principalement, s'impose inévitablement une certaine spécialisation. L'historien en quête d'étude originale, qui ne se contente plus de recopier à sa façon ce que d'autres ont trouvé avant lui, ou de tirer des règles générales et des leçons, doit forcément s'en tenir à une période plus ou moins longue mais tout de même définie et parfaitement dominée. Peut-on faire confiance à celui qui s'affirme capable de disserter des Romains de l'Antiquité, des rois de France d'avant la Révolution et des bouleversements politiques ou économiques d'aujourd'hui ?

Aucun chercheur ne peut se flatter de maîtriser ne serait-ce que la lecture de toute forme de document. Que peut faire l'historien des temps contemporains habitué à compulser des masses de rapports, procès-verbaux et journaux tous imprimés, mis devant un acte notarié des XVe ou XVIe siècle ? Ecriture hermétique, truffée d'abréviations à première vue incompréhensibles, archaïsmes ou incorrections de la langue, demandent un long apprentissage. Et l'historien du Moyen Age se trouvera, à moins d'une nouvelle initiation particulière, fort embarrassé devant une inscription gravée sur une stèle antique. Paléographie et épigraphie, pour ne citer que ces deux seules sciences « auxiliaires » de l'histoire, ne s'apprennent pas en un instant. Or ce document qui, très souvent, résiste si bien aux investigations est, on en conviendra, la seule véritable base de la recherche. Peut-on espérer que l'on fasse plus volontiers le partage entre l'historien-chercheur capable d'atteindre et d'exploiter les sources au prix d'un investissement laborieux, parfois ingrat, et l'écrivain-polygraphe ? Les deux personnes certes peuvent se trouver confondues ; elles ne le sont pas toujours.

Le besoin de généraliser pour mettre en valeur des règles d'ensemble se nourrit d'une forme d'intoxication mentale provoquée par les théories qui prétendent embrasser d'un seul regard l'évolution de l'espèce humaine et de ses comportements. Tout au contraire, le moindre examen sérieux porte une leçon indiscutable : les faits de société ou de civilisation, les destins politiques n'obéissent ni à des lois uniformes ni même à des préceptes particuliers ; dans notre Occident en tout cas, tout change d'un pays à l'autre, parfois d'une ville à l'autre. De telle sorte que s'imposent comme des évidences d'importantes distorsions chronologiques, « progrès » des techniques par exemple ici, « retards » ou « archaïsmes » ailleurs.

ARTIFICES ET CONVENTIONS : LE CHOIX DES PÉRIODES

Pour toute recherche, l'insertion chronologique s'impose. Mais, de là à promouvoir une stricte périodisation des études et de l'enseignement, le pas était-il inévitable ?

Découper le passé en tranches nettement définies fut et est généralement considéré comme une commodité pédagogique, une nécessité même. Chaque année d'étude, chaque classe des écoles et des lycées ne pouvaient raisonnablement s'en tenir qu'à une partie d'un vaste programme d'ensemble qui allait de l'Antiquité à nos jours. L'enseignement étant devenu affaire d'Etat, étroitement contrôlée par des instances administratives et politiques, il est vite apparu souhaitable voire indispensable, pour conduire chacun du même pas, pour faciliter la préparation et la diffusion des manuels, de faire en sorte que les divisions imposées fussent partout identiques, présentées de façon simple et rigide.

La répartition de l'histoire du passé en périodes bien distinctes, clairement individualisées, répond effectivement à des préoccupations pédagogiques. Elle ne date pas d'hier. L'inventeur en fut le savant allemand, Christophe Keller, dit Cellarius, absolument pas historien mais « infatigable auteur de manuels ». Après un premier livre consacré à *l'Histoire ancienne* (1685), il en fit publier un autre qui sans doute lui posa, quant au titre, davantage de problèmes ; ce fut, en 1688, l'*Histoire du Moyen Age depuis le temps de Constantin le Grand jusqu'à la prise de Constantinople par les Turcs*. Tout devenait simple et les limites nettement fixées...

pour un long temps ! Quant au mot Moyen Age, dépréciatif certainement, il acquit dès lors une autre épaisseur, et n'était pas près de la perdre. Jusque-là, de nombreux auteurs avaient utilisé, dès le XVe siècle et ordinairement par la suite, différentes expressions certes équivalentes ou presque *(media tempesta, media aetas* ou même *media antiquitas*) mais ce n'étaient là que « de vagues essais tentés pour donner une désignation chronologique à des écrivains qui n'avaient été ni anciens ni modernes ». Désormais, « Moyen Age » est bien fixé, entre obligatoirement dans les usages, et les mots se chargent de sens : héritage des humanistes italiens, et, aussi, action déterminée des historiens protestants. Ceux-ci, « acharnés contre l'Eglise médiévale et tout ce qu'elle avait pu produire, apportèrent un nouveau contenu à cette époque intermédiaire ». De telle sorte que cette division du passé en trois périodes (ancienne, médiévale, moderne (la contemporaine venant plus tard) résultait vraisemblablement de ces deux courants d'idées[1].

En tous cas, ces grandes périodes de l'Histoire, nous et nos voisins les respectons toujours, auréolées d'un grand prestige, merveilleuses de clarté. Nos activités se coulent dans ce moule ; tous nos programmes nous les imposent : Antiquité, Moyen Age, Temps modernes, Epoque contemporaine[2]. Et pourtant l'existence de ces quatre périodes, de ces coupures brutales surtout, la façon dont elles nous sont dictées à tous les degrés de la recherche et de l'enseignement, méritent une réflexion. Nous travaillons, étudions et enseignons dans un cadre qui nous est, depuis des générations, présenté construit, forgé de toutes pièces. Le plus simple recul devrait nous amener à nous demander jusqu'où porter notre respect.

Il n'apparaît ni urgent ni souhaitable de changer, de redonner les cartes d'une autre façon. Toute autre répartition chronologique, laborieusement mise au point, fruit de longues discussions et querelles de chapelles, inévitablement contestée ici et là, paraîtrait aussi artificielle et prêterait tout autant le flanc à la critique.

La véritable question n'est pas là. Il ne s'agit pas de réformer, de reconstruire sur des débris, d'attacher le nom d'une école à un nouveau calendrier des études. Mais simplement de prendre conscience de ces artifices. Convient-il vraiment d'ériger ces découpes en postulats, de donner force de vérité et d'insuffler une vie propre à ce qui n'est que le résultat d'un choix parmi tant d'autres tout aussi arbitraires, tout aussi discutables de bien des points de vue ? S'inscrire bon gré mal gré dans un cadre, se résigner à une commodité, sont une chose. Croire à la réalité intrinsèque d'une abstraction née de spéculations intellectuelles, à une image forgée, en est une autre.

Vous définissez vous-mêmes, par une démarche qui vous est propre, une « période » ; vous la distrayez du cours des temps ; vous l'isolez d'abord par votre seule décision puis vous l'opposez d'une façon ou d'une autre – de toutes les façons plutôt – à celles qui précèdent et qui suivent ; enfin vous vous appliquez à peindre cette période, fruit de votre arbitraire, de certaines couleurs, à l'accabler ou à la glorifier d'adjectifs. La démarche arrive à son terme : à cette entité artificielle vous avez alors donné corps et caractère, vous contemplez des traits de nature dont vous êtes naturellement seul comptable. Vous brandissez des étendards et des emblêmes ; vous parlez du « monde médiéval » ou « moderne », de l'« homme médiéval », et tout ce que vous évoquez, dans tous les domaines de la vie individuelle ou de la vie des sociétés, est dès lors médiéval. Vous n'oubliez qu'une seule chose : que rien de tout cela n'a véritablement existé, que tout est de votre propre fait, de votre arbitre.

Cette curieuse disposition d'esprit paraît à beaucoup ordinaire et normale. Insistons : le propos n'est pas d'habiller ce Moyen Age mythique de parures plus dignes ou plus chatoyantes. Mais délibérément d'en nier l'existence. Non pas démontrer que le Moyen Age mérite davantage de sympathies ou de louanges mais que le mot ne représente qu'une idée abstraite et une idée très floue.

2

LE MOYEN ÂGE, UN FANTÔME BIEN VIVANT

OÙ COMMENCER ? OÙ FINIR ?

Peut-on vraiment croire à ce que l'on ne peut définir convenablement et surtout limiter ni dans le temps ni l'espace ? Qui parle d'une période doit nécessairement proposer des dates, indicatives tout au moins, pour en marquer le début et le terme. Certes le nom lui-même semble, de ce point de vue, emporter une certitude : le Moyen Age se situe entre deux temps forts, celui des mondes « antiques » et celui de la modernité, que d'aucuns identifient avec ce que l'on appelle la « Renaissance ». Voici une définition parfaitement claire, implicitement reconnue et admise… mais impossible à suivre un seul instant dès que l'on se prend à creuser un peu et à examiner les faits. Un simple rappel de quelques réalités historiques incontestables met tout à bas ou, en tous cas, introduit tant de doutes, tant d'exceptions, que l'accord vole forcément en débris.

La chute de Rome et les Barbares

Où placer ces limites ? En amont, c'est, personne n'en doutait, l'effondrement de l'Empire romain ou de sa civilisation. Mais faut-il vraiment parler d'effondrement ? Et pour quelle époque ? Plus les études se précisent, plus les analyses en profondeur viennent compléter les lectures de simples annales, plus se dessine un tableau complexe, une image ambiguë, parfois insaisissable ; plus s'impose au chercheur l'idée d'une évolution lente, aux multiples facettes, qu'aucun auteur sérieux ne se risquerait maintenant à circonscrire dans un temps précis, ni à enfermer en une quelconque formule.

Chute, ou décadence de Rome ? A supposer même une certaine entente sur le sens des mots, comment situer le phénomène, où en chercher les racines ? A l'extérieur, par l'arrivée puis l'installation des Barbares, événements aux diverses allures et phases discordantes selon les régions ? Infiltrations ou invasions ? A l'intérieur par la corruption des mœurs politiques et domestiques ?, par la dégradation du sens civique, lassitude et manque d'enthousiasme ? Doit-on évoquer la diffusion du Christianisme ?, les problèmes démographiques ?, quelques circonstances particulières ou catastrophes naturelles ?, ou bien encore, comme ce fut admis pendant longtemps, s'en tenir au fait politique purement événementiel, à l'abdication du dernier empereur d'Occident ? mais cela paraît aujourd'hui une position bien simpliste, trop étrangère aux nouvelles optiques. En tout cas, selon le choix, nous avançons la date jusqu'aux Ier ou IIe siècle de notre ère, ou nous prolongeons les temps « antiques » jusqu'aux Ve et VIe siècles.

Les historiens, véritables connaisseurs de ces temps que l'on veut de transition, sinon de coupure, ont bien du mal à fixer cette charnière d'une façon même très large et, fort heureusement, y ont renoncé. Certains disent à juste titre qu'en bien des régions d'Occident la contraction démographique et topographique des cités romaines avait précédé de beaucoup l'arrivée des Barbares et devrait s'analyser pour elle-même. D'autres font remarquer, autant dans le vrai, que les rois des temps « barbares » ne reniaient pas tout du passé romain et que nombre de leurs villes s'inscrivaient encore directement, par leurs paysages, leurs monuments et leurs tissus urbains, dans une tradition ancienne, sans solution de continuité.

De telle sorte que, pour la recherche et l'enseignement universitaire tout au moins, et dans quelques pays (France et Allemagne entre autres), les responsables ont fini par abandonner cette césure entre Antiquité et Moyen Age pour conduire leurs travaux et leçons dans une structure charpentée d'une autre façon, qu'ils appellent « Antiquité tardive et haut Moyen Age ». Cela depuis une bonne vingtaine d'année.

De plus, parler dans les années 300 ou 400 de la chute de l'Empire romain, n'est-ce pas privilégier délibérément l'Occident et ses crises politiques ? N'est-ce pas imposer d'une façon très arbitraire un partage de la Méditerranée, séparer l'Italie et l'Espagne de Constantinople ? reléguer les mondes chrétiens d'Orient en des sortes de marges et même les ignorer complètement ? Ces coupures ne se justifient pas. Elles conduisent à ignorer le maintien des institutions et de la notion d'empire autour de Byzance ; elles tendent à effacer la reconquête, par les généraux de Justinien, de la presque totalité de l'Italie, des provinces littorales de l'Espagne et de l'Afrique. L'Occident est traité en vase clos, pour tout à coup redécouvrir dans les années 1000, les pays byzantins et ceux devenus musulmans dans l'intervalle ; l'histoire de l'Orient n'étant alors abordée que pour prélude à celle des croisades.

Vers l'ère moderne et les matins radieux

Définir et situer la fin des temps « médiévaux » et l'avènement de l'époque « moderne » ou « renaissance » pose autant de problèmes, tout aussi insolubles. Pendant longtemps, l'histoire officielle s'est engagée d'une façon décisive, ne laissant aucun doute ni sur la réalité d'une brusque coupure, ni sur la date de celle-ci. Dans les années 1930 et encore au lendemain de la dernière guerre, les écoliers de France approfondissaient leur connaissance du passé en tenant en mémoire quantité de repères chronologiques jugés essentiels, indiscutables. Les maisons d'édition diffusaient dans les écoles primaires et, en particulier, pour la classe du certificat d'études, un petit dépliant, de couleur verte et sur papier fort, où s'alignaient sagement deux à trois cents dates de l'histoire de France et accessoirement de l'histoire universelle. Le bon élève en faisait sa pâture quotidienne, lisant et relisant, apprenant sans faille. On y remarquait, et je crois bien en caractères plus gras :

« 1453. Fin de la guerre de Cent Ans, prise de Constantinople par les Turcs, fin du Moyen Age. » L'auteur de cet aide-mémoire ne précisait pas quelle relation il pensait établir entre les deux premiers événements et cet avènement des Temps modernes. En tous cas, nous pouvons nous demander maintenant quelle image suggérait, pour des enfants nourris de quelques rares lectures, une définition si lapidaire : grands réveils après de longs siècles de sommeil ?, brusque détermination à secouer de vieilles poussières ?, déjà l'appel vers des lendemains radieux ?

L'école d'aujourd'hui n'invite plus à charger l'esprit des élèves de listes de dates ; ce serait, pense-t-on les abrutir de références inutiles et freiner du même coup leurs élans intellectuels. Mais l'idée d'une coupure aussi nette, fixée dans le temps, reste vive chez nombre d'auteurs historiens, romanciers, encyclopédistes. Parler de la fin du Moyen Age situe l'événement[3].

De cette fidélité irréfléchie aux habitudes si solidement ancrées, l'on trouverait effectivement à l'heure actuelle de nombreux signes dans toutes sortes de livres, de manuels, d'articles destinés à divers publics. Et pourtant qui peut y croire ?

Dans la pratique même de l'enseignement, cette date de 1453 se voit constamment remise en question, remplacée par d'autres que l'on juge, ici ou là, plus significatives. Ne serait-ce que dans le *cursus* français : Louis XI, qui meurt en 1483, parfois présenté comme un homme déjà conscient du sens « moderne » de l'Etat (refus du chevaleresque, cynisme et goût de l'intrigue), reste encore un « homme du Moyen Age » et son règne est généralement étudié avec cette période dite médiévale. La contradiction, le désaccord du moins, paraissent flagrants car, entre 1453 et 1483, c'est l'espace d'une génération.

Certains manuels insistent d'autre part sur la grande ouverture provoquée en France par les célèbres « guerres d'Italie » des années 1490-1500 offertes à nos réflexions comme de grandes nouveautés. Mais le choix est entaché d'erreur et d'oubli car présenter ces expéditions de la fin du XVe siècle comme des événements exceptionnels, comme des tournants de l'Histoire, c'est faire abstraction de tout ce qui précède. C'est ignorer superbement les premières installations outre-Alpes des princes français, de leurs administrateurs, artistes et hommes de lettres, qui remontent bien plus haut dans le temps, à partir de celle de Charles d'Anjou, frère de Louis IX, dans les années 1260. Si l'on considère que les aventures d'Italie et les échanges culturels qui s'ensuivent marquent, pour la France, la fin d'une époque, celle en l'occurence du Moyen Age, il faut donc situer celle-ci à la fin du XIIIe siècle et non deux cents ans plus tard : quatre à cinq générations d'intervalle. Nous mesurons ainsi à quel point certaine école de pensée tenait à ne dater ces « nouveautés » d'Italie, ornées de tant de mérites, que de l'époque moderne ; les faire remonter au Moyen Age aurait été à l'encontre de trop d'idées reçues, de trop d'a priori.

Dans ce même champ d'étude des échanges de civilisations et de découvertes de mondes nouveaux, l'an 1492 mériterait évidemment de faire date et marquer un « tournant » : en octobre de cette année, Christophe Colomb abordait aux premières îles d'Amérique.

D'autre part, pour qui voudrait à tout prix justifier une coupure entre Moyen Age et Temps modernes, il ne serait pas ridicule de se référer aux manifestations culturelles, aux créations littéraires et artistiques, reflets de la civilisation. Mais lesquelles ?, et pour quels pays ?, et comment dater l'émergence d'un art différent ? Les distorsions chronologiques entre la réalité et l'idée que l'on s'en fait généralement s'imposent à l'évidence, et la simple chronologie des vies d'artistes ou d'écrivains remet tout en question. Pour l'Italie, vers laquelle se portent forcément les regards dès que l'on veut percevoir les premiers signes, les frémissements annonciateurs de conceptions et formes nouvelles d'expression, l'on cite communément Dante, Pétrarque ou Boccace, les Pisani et Giotto. Mais gardons-nous toujours présent à l'esprit que la *Divine Comédie* a été écrite entre 1307 et 1321, les *Sonnets* de Pétrarque en 1327, le *Decameron* entre 1350 et 1355 ? Que Niccolo Pisani termine la chaire du baptistère de Pise en 1260 et Giotto les scènes de l'église supérieure d'Assise avant 1300 ? Nous voici fort avant 1453 et autres dates charnières généralement proposées : une plage chronologique de plus d'un siècle...

Ceux qui voient dans les lettres et les arts d'Italie les fruits d'une recherche nouvelle, qui veulent ainsi démontrer que cette civilisation appartient de la sorte à un autre âge, se trouvent ainsi confrontés à des problèmes insolubles. Certains ne craignent pas de se conformer en tous points à cette vue abstraite et ont fini par imposer quelques pratiques parfaitement artificielles, mais dont personne semble-t-il ne relève les ridicules. Dans la plupart des universités françaises et aussi dans quelques-unes des pays voisins, il est de règle que l'art français du XVe siècle soit étudié et enseigné dans le cadre de l'art médiéval, tandis que les artistes italiens de la même époque, et même parfois ceux du XIVe siècle, le sont par des spécialistes de l'art moderne. Ne pas évoquer ensemble dans le même cycle de cours, dans les mêmes manuels ou livres, les cultures italiennes et françaises exactement contemporaines est, on en convient, de détestable méthode. C'est priver le lecteur ou l'auditoire de comparaisons ; c'est se cantonner en des exposés ponctuels sans recherche ni analyse des influences réciproques et, en somme, s'interdire un véritable examen des échanges, des emprunts et des choix.

De telles anomalies ne sont que soumission aux idées reçues, dénuées de justification. Revenons, pour un seul instant, aux belles figures sculptées des chaires de Pise, baptistère et cathédrale, volontiers étudiées et présentées comme les manifestations d'un art nouveau parfaitement original ou, plutôt, directement inspiré de certains canons et thèmes de l'Antiquité. Ce sont ces figures, nous dit-on, qui par la suite ont souvent servi de références et furent copiées à l'envi par de nombreux artistes soucieux de s'initier à ces manières si particulières. Tout, dans ces discours constamment renouvelés, n'est pas inexact. Mais pourquoi taire le fait, bien démontré maintenant, que le premier des Pisani s'était, vers 1260, largement et profondément inspiré de la statuaire gothique française, celle des grandes cathédrales du domaine royal connues et admirées en Italie ? Où se situent ici le médiéval et le moderne, l'invention et la nouveauté ?

Dans cette quête parfois naïve, parfois burlesque, d'une définition stricte des limites entre les périodes, les historiens économistes ne sont pas restés inactifs, bien au contraire, et certains d'entre eux se sont distingués par quelques extravagances. Une idée essentielle animait et, je le crains, anime encore pour quelques-uns, leurs propositions : l'existence d'une grande rupture, d'une cassure ou, pour reprendre un mot longtemps à la mode dans les cénacles, d'un *seuil* entre une économie médiévale, artisanale, engluée dans des règles contraignantes et, d'autre part, une économie moderne marquée par l'avènement d'autres techniques, par le développement du grand commerce et de la banque, en particulier les prêts d'argent ; en un mot par l'exploitation de l'homme par l'homme, du travail par le capital. Ce qui amenait à parler couramment du passage d'une ère dite « féodale » à une ère « capitaliste » : schéma rigide, d'une merveilleuse simplicité, qui s'inscrivait dans un matérialisme fort à la mode, qui privilégiait les facteurs économiques et qui, sous différentes couleurs, prenait aisément place dans le concert des théories évolutionnistes et autres fables.

La chasse au seuil économique (au *take off*, si l'on suit les auteurs mieux avertis du succès des mots) fut, pendant quelques décennies et principalement entre 1950 et 1970, un véritable sport pratiqué par quantité d'historiens, par ailleurs fort sérieux. La question était évidemment de cerner du mieux possible cet avènement du capitalisme et, du même coup, cet essor, ce décollage *(take off)* des activités. Grave débat ! Un certain nombre de travaux avaient montré que dans plusieurs cités marchandes, en Italie et en Allemagne, et aussi à Londres par exemple, les hommes d'affaires n'avaient pas attendu la Renaissance pour pratiquer communément diverses techniques de nature et de formes capitalistes, et faisaient fructifier leur argent de cent manières. D'autre part, l'on savait que l'économie de marché s'était, bien avant le XVe siècle, largement répandue en Occident, qu'elle avait pénétré en profondeur différents milieux sociaux, y compris même les propriétaires fonciers vivant de l'exploitation de leurs terres. Il paraissait dès lors difficile de nier l'apparition précoce d'un capitalisme, ne serait-ce que sous des formes embryonnaires : des pratiques certes encore imparfaites mais des façons de penser et de gérer les affaires solidement affirmées.

Certains fabricants de doctrines ont inventé le « précapitalisme », mais le succès n'a pas répondu à leur bonne volonté et le mot n'a pas vraiment plu, demeuré trop vague et ambigu. Mieux valait donc reculer le fameux seuil et le placer plus tôt, par exemple lors des premières années 1400. Ce qui fut fait, mais sans trop fixer précisément les limites et sans non plus dire pourquoi. Dans l'automne 1966, une instruction ministérielle en France, concoctée par l'un de nos grands maîtres, nous fit savoir que, désormais, pour les programmes d'histoire de nos universités, les Temps modernes devaient englober tout le XVe siècle. L'affaire, responsable de grands bouleversements dans certaines bibliothèques, n'a pas tenu un mois… sans doute parce que les plus raisonnables ont pris conscience que, traquant dans le temps ces frémissements du capitalisme, ils auraient pu alors remonter encore bien plus haut, sans rien trouver de définitif. L'équipe réformatrice s'est elle-même lassée de son jeu et n'a plus fait parler d'elle sur ce point, occupée à d'autres cogitations. Démonstration par l'absurde de ce que la notion de « modernité » demeure difficile sinon impossible à cerner.

Conclusion : l'« homme médiéval », une utopie

Que faire de ce Moyen Age si encombrant dont personne ne peut raisonnablement dire ni quand il commence ni quand il finit ?, de cette image abstraite, floue, née d'un consensus complice, fortifié par les routines ? Voici, on l'oublie trop volontiers, une période qui, même réduite et par l'amont et par l'aval, s'étend sur un certain nombre de siècles, sur près ou plus d'un millénaire. Comment, dès lors, justifier cette détestable habitude, confortée sans doute par le goût des facilités et d'étonnantes paresses d'esprit, qui consiste à tout prendre en un seul bloc et à parler sans cesse de médiéval pour tout et n'importe quoi, sans nuances, sans amorces de distinctions, sans prendre soin de situer un peu mieux dans le temps ? Les allusions ou références au Moyen Age, lancées sans rien préciser, émaillent pourtant discours et écrits. Jour après jour, livre après livre, nous lisons, tombées sous la plume d'auteurs venus d'horizons divers, des formules telles que « au Moyen Age » ou « à l'époque médiévale » ; sans parler des civilisations, mentalités ou spiritualités médiévales ! Formules vagues, dénuées de tout sens. De qui ou de quoi veut-on parler ? Des temps de Mérovée, d'Hugues Capet, de Jeanne d'Arc ou encore des premiers Médicis ? Quelles images peuvent passer en tête des auteurs et lecteurs familiers de ces négligences, signes du refus de connaître et d'approfondir ? Celles des petits rois fainéants sur leurs chars traînés par des bœufs ou des cours princières des Valois ?, celles des champs paysans travaillés à la houe, défrichés à grand-peine sur des déserts hostiles ou, six et sept cents ans plus tard, des grands domaines anglais, modèles d'une gestion programmée pour de forts rendements ?

Que dire de cet homme médiéval si bien typé, répondant j'imagine à quelques traits précis, comme d'une autre race ? L'homme médiéval, vous le rencontrez au détour de maints discours mais heureux qui peut en avoir la moindre idée : une abstraction, une manière de parler, rien d'autre… Bien évidemment personne ne se risquerait à énoncer un seul caractère commun en quelque domaine que ce soit (genre de vie, costume, habitat, attitudes mentales et spirituelles) pour des générations si éloignées les unes des autres, séparées par des centaines d'années. Ceci, chacun le sait parfaitement mais l'oublie volontiers : les mots viennent d'eux-mêmes, tellement commodes, et entretiennent la notion naturellement fictive d'« âge moyen » pris en un seul ensemble, sans nuances, sans rappeler les évolutions. L'homme médiéval a encore de beaux jours devant lui !

Ces facilités d'écriture et ces refus d'envisager des distinctions ne sont pas toujours acceptées. Les historiens de métier ont, depuis un certain temps, pris conscience du fait que ce Moyen Age ne pouvait s'envisager comme un tout et que la moindre révérence envers notre passé était de ne pas tout confondre d'une manière si désinvolte, de ne pas embrasser d'un seul regard irrespectueux des différences et originalités. Ces auteurs ont proposé de casser le bloc chronologique et parlent de

« haut » puis de « bas » Moyen Age avec, entre deux, un Moyen Age que l'on voudrait « classique ». Mais les mêmes problèmes se posent encore, ne serait-ce que pour fixer, entre ces trois périodes nouvellement promues, d'autres limites.

En fait la rigueur, et même le simple bon sens, exigent de rejeter les mythes, les généralisations et ambiguïtés. Le Moyen Age ne peut, en aucun cas, se concevoir comme une réalité. C'est là une évidence dont il faudrait constamment tenir compte et, dans les moindres discours, s'imposer quelques règles : éviter surtout cet adjectif médiéval, indéfendable car il ne veut strictement rien dire ; utiliser par pure commodité le mot de Moyen Age, mais sans y mettre une quelconque signification et seulement pour indiquer, très approximativement, où se place le propos lorsque ce discours porte sur une large période. L'idéal étant, au prix même d'alourdir gravement la phrase, de préciser, de dater du mieux possible, à quelques décennies près si l'on peut, et, de cette façon, situer ce dont on parle plutôt que de lancer en l'air des abstractions vides de sens.

LES ABUS DE LANGAGE, LES MOTS COMPLICES

Les temps de transition

Le fait de croire à des périodes historiques nettement définies, caractérisées, et donc à des ruptures dans le cours des temps entraîne inévitablement à porter un regard particulier sur les époques limites, époques pourtant déterminées avec la part d'arbitraire que l'on sait. La tentation devient forte de considérer les années situées entre Antiquité et Moyen Age, puis entre ce Moyen Age et les Temps modernes comme des temps « de transition ». Cette idée, aussi spécieuse que celle qui préside à la périodisation, impose à la recherche et à l'enseignement certaines optiques dont on ne se défait pas aisément.

En premier lieu, ces découpures arbitraires, artificielles et combien tyranniques nous ont créé, pendant longtemps, un fort déséquilibre dans les études, une véritable cassure dans le discours scientifique. Il ne fait aucun doute que ces temps intermédiaires, qui, croyait-on, ne pouvaient offrir qu'images incertaines, sans valeur démonstrative, ont été volontiers négligés. Les lectures et investigations se sont plutôt portées sur les siècles « classiques » de l'Empire romain que sur ses derniers moments. D'autre part, les règnes de Charles VII et de Louis XI, en France, retenaient certes l'attention pour quelques aspects, pour la personnalité des souverains dont chaque livre offrait des images aux traits incisifs quelque peu accomodées à la mode romantique, pour la vie politique, l'affermissement de l'Etat et la lutte contre la maison de Bourgogne. Mais, jusqu'à peu de temps encore, les faits de civilisation, tant sur le plan matériel que culturel, n'ont pas vraiment suscité la même application ; la vie économique des années 1400 demeurait beaucoup moins étudiée que, par exemple, celle du temps des foires de Champagne et de la primauté parisienne[4].

Par ailleurs, et d'une façon sans doute plus lourde de conséquences, cette exploitation du concept de périodisation finit par fausser l'interprétation des faits et même par dicter des hypothèses de travail que tout auteur se voit invité à vérifier. Il semble évident que le temps qui marque le passage d'une période à une autre ne peut être que « de transition ». Il ne s'agit pas seulement de mots et de petits ridicules mais d'orientation de recherche, voire d'interprétation des résultats. Les hypothèses de travail pèsent toujours très lourd et trop nombreux sont ceux qui s'appliquent avant tout à illustrer l'idée qui prime plutôt qu'à poursuivre une investigation hors de tout préalable. L'on a trop dit et écrit que, dans les années 1400, le monde occidental s'est trouvé confronté à de graves incertitudes, que la société ne s'est plus sentie solide sur ses bases habituelles. Le tableau d'ensemble s'est imposé ; il suffisait de l'éclairer dans les moindres détails. Soucieux de rester dans cette ligne tacitement admise, nombre d'historiens de bonne foi ont traqué les signes d'une évolution dramatique des structures socio-économiques, des relations humaines, des répartitions des pouvoirs et des fortunes. Ils ont exhumé quantité d'indices plus ou moins clairs mais toujours interprétés dans le même sens. Ces temps de transition portaient inévitablement la marque de sensibles bouleversements dans le régime des propriétés et des exploitations, donc des formes d'enrichissement ; la marque aussi de désarrois et, d'une façon plus dramatique, de conflits, de troubles sociaux, d'émeutes et de « révolutions ». Ces mêmes schémas s'appliquaient naturellement à d'autres domaines : dévotions et sentiments religieux, règles de vie, expressions culturelles. Tout ceci conduisait à des images de malaise, de déséquilibres.

L'automne du Moyen Age ?

La crise, les crises ?

Les mots ne naissent pas de simples hasards et sont toujours chargés d'intentions. Nous imaginons que l'on a su, de tout temps, choisir des vocables porteurs d'images, de messages plus ou moins clairement exprimés mais, à la longue, imparables.

Qualifier de « modernes », à l'heure actuelle, des âges que l'on fait remonter aux années 1500 pour le moins et que l'on clôt quelques trois siècles plus tard, n'est que pure convention. Les mots se chargent d'une vague couleur mais ne correspondent à rien. Il s'agissait simplement d'opposer une ère de grands progrès, de libération de l'homme affranchi de quantités d'interdits, à une longue période de sclérose, d'obscurantismes et de tabous.

Pour « Renaissance », l'intention se marquait plus vive encore et s'est même avivée au cours des temps.

Force est de constater que cette idée d'éveil, ou de réveil, fut cause de grossières erreurs dont nous ne sommes pas encore débarrassés. Les regards jetés sur plusieurs siècles du passé s'en sont trouvés complètement dévoyés, faussés, ponctués d'images en toc. Ceci par la simple magie, par la grave lourdeur des mots.

Si vous affirmez une renaissance, vous allez mieux convaincre en la greffant sur une décadence : le contraste apparaîtra plus vif et l'on vous croira plus aisément. Les temps qui précèdent ce merveilleux réveil ne sont plus alors seulement « la fin du Moyen Age » ou le « bas Moyen Age » (nuance intéressante, chargée d'ombres déjà), ne sont pas simplement des temps moyens ou des temps de transition mais décidément des temps de décadence. Le mot et l'idée ont fait leur chemin, ont pénétré nos manuels et se sont même imposés aux directions de recherche. Tout, dans cette période, globalement les XIVe et XVe siècles, se doit d'être décadent : atmosphère de futilité, drames de lassitude. L'humanité, nous dit-on, se cherche et ne se trouve plus. Que de poncifs, d'aphorismes ridicules répétés à satiété, repris, enjolivés de cent trouvailles ! Là encore, prime à l'abstraction, aux concepts, à un appareillage de mots…

Il fallait, pour expliquer tout d'abord sur le plan matériel cette décadence, trouver des raisons, évoquer des catastrophes, au moins de graves difficultés. Pour la France, nos maîtres ont justement rappelé les malheurs de la guerre de Cent Ans : la désolation des campagnes et des églises, le poids financier des levées d'armes et des rançons, la ruine des activités, l'insécurité sur les routes, les querelles entre les princes, les guerres civiles. Oui, certes… tout ceci est exact mais volontiers exagéré, paré d'accents dramatiques, étendu du particulier au général. Pendant ce temps d'autres pays s'enrichissent ; ainsi l'Angleterre nourrie du fruit de ses conquêtes, des rançons et des rapines ; ce sont les belles années glorieuses de la « joyeuse Angleterre » qui, loin de sombrer, s'ouvre aux grandes entreprises, étale une insolente prospérité[5]. Nulle décadence ici… ni dans les villes d'Allemagne du Sud, « gorgées d'or », ni non plus en Italie…

D'autres malheurs ont sans doute frappé de plus large façon : les mauvaises récoltes, les disettes, les épidémies surtout. Dans les années 1950-1960, l'attention des historiens s'est portée sur les pestes, sur celle de 1348-1350 en particulier, ravageuse d'hommes. Chacun se devait, pour son pays, pour sa ville, de proposer des chiffres pour recenser les pertes en vies humaines. Cette grande peste noire, puis les « retours » de peste, nous l'avons tous écrit et continuons raisonnablement à le penser, furent catastrophiques : ponctions démographiques, angoisses et morosités, misères psychologiques, désespoirs et goût du morbide. Tout pourtant n'est pas si simple et, sur un point du moins, les conclusions doivent être nuancées sinon renversées car le partage des héritages enrichit évidemment les survivants, car la rareté de la main-d'œuvre disponible fait que, dans une certaine mesure, s'améliore la condition des ouvriers à la ville comme à la campagne. Ceci serait à évaluer et à mesurer au plus près. Ce n'est pas facile.

Quelques événements et initiatives spectaculaires démentent nettement l'image de décadence et de dépression. Il y a maintenant plus de trente ans, quelques historiens plus préocupés du réel que des théories, Yves Renouard, Armando Sapori puis Federigo Mèlis entre autres, posaient la véritable question et mettaient en relief une contradiction évidente : comment imaginer ce monde occidental, d'une part atteint de léthargie, de désespoir, vide d'hommes et d'enthousiasmes, incapable de rétablir une économie de conquête, se réfugiant en des investissements frileux, en un mot sclérosé, et, d'autre, part, suivre ces mêmes hommes lancés à la découverte de mondes lointains jusqu'alors perdus dans des brumes légendaires, puis à la soumission de vastes empires vite peuplés de leurs colons, bien exploités et bien administrés ? la réponse n'a jamais été donnée.

Mais l'affaire était d'avance entendue : décadence et crise. L'on a tant et tant écrit sur les crises du XIVe siècle, sur les malheurs de ce temps d'Apocalypse, sur les drames d'adaptation, sur les brusques mutations lourdes de conséquences et, plus encore, sur toutes les formes de déclin, de dégradations ! Il ne faisait aucun doute que l'humanité, en Occident, se trouvait alors en pleine dépression, pour parler un langage plus savant, en pleine « phase B », où l'on ne peut que dénombrer les échecs ou les régressions[6]. Impossible, pour le chercheur ou le conférencier, d'échapper à ces crises, multiples, omniprésentes, monstres aux cent visages responsables de tout. Quiconque s'aventurait en ces temps de noirceurs les rencontrait à chaque détour du chemin.

Le flamboyant : une démission ?

La certitude d'une irrésistible décadence s'impose toujours, de la même façon, aussi largement répandue et sans soulever de grandes contestations, pour d'autres domaines, en particulier pour les créations artistiques et littéraires. A lire nos manuels ou certains ouvrages spécialisés, l'art de la fin du Moyen Age s'enlisait dans un style manifestement décadent. Certes, les mots peuvent varier : « gothique tardif », « flamboyant » surtout en France, « decorated » en Angleterre et, pour une période légèrement postérieure, « plateresque » ou « manuelin » pour les pays ibériques. Mais la leçon se retrouve partout : à une période d'apogée où le gothique classique répondait à des canons bien définis (équilibre des formes, pureté des lignes, retenue des décors et simplicité de bon aloi) succédait un temps où les maîtres d'œuvre et les imagiers se sont montrés incapables de poursuivre l'effort créatif ; leur souffle s'épuisait, leur art négligeait les grands principes tandis que l'élan religieux, lui aussi, se trouvait gravement atteint par diverses déviations et que manquaient par ailleurs les moyens financiers, conséquence évidente de la crise.

Les artistes se seraient donc réfugiés dans la recherche et l'invention de recettes, de procédés d'ornementation à outrance, facilités, frivolités et complaisances : surcharges et acrobaties, formes tourmentées qui traduisent un réel malaise. L'élément purement architectural, jusqu'alors montré dans sa seule rigueur, n'était plus que support à ces fantaisies décoratives, telles celles qui alourdissent les clefs de voûte, les prolongent très bas vers le sol en stalactites parfaitement gratuites qui rompent l'harmonie du vaisseau, qui brisent et encombrent les volumes. Les belles statues monumentales disparaissaient des façades maintenant travaillées comme des retables de plus en plus complexes : de hauts gâbles, découpés en flammes et en lancettes, cachaient la rose. Tout ceci, nous enseigne-t-on, manque de simplicité et de modestie : ces façades d'églises du flamboyant ne servent que de prétextes ; elles s'opposent sans bonheur à celles du XIIIe siècle, tellement plus strictes, plus réservées ; or l'on se garde généralement de dire que les sculptures de ces dernières, de l'art gothique classique, étaient peintes de couleurs variées, aujourd'hui délavées et disparues, mais ravivées de temps à autre. En tous cas, pour une école d'historiens et d'esthètes, le postulat ne se discute pas : un décor trop riche témoigne forcément d'une réelle pauvreté de l'inspiration, donc d'une décadence.

Ces façons de trancher furent peut-être imposées, aux XVIIe et XVIIIe siècles, par les esthètes et historiens anglais et français qui voyaient, dans cet art de la fin du Moyen Age, la négation même des valeurs de simplicité et de symétrie, tellement admirées en ces temps du « classicisme ». Cet art, qu'ils appelaient volontiers le gothique moderne, par opposition au gothique ancien, où certains voulaient distinguer des influences arabes au point de parler d'un style sarrasin, leur paraissait de facture beaucoup trop légère ; ils reprochaient aux maîtres d'œuvre et architectes du flamboyant français et du *decorated* anglais « un style de construction fantaisiste et déréglé » et les accusaient de faire « consister les beautés de leur architecture dans une délicatesse et une profusion d'ornements jusqu'alors inconnus, excès dans lesquels ils tombèrent sans doute par opposition à l'art gothique qui les avait précédés ou par le goût qu'ils reçurent des Arabes et des Maures qui apportèrent ce genre en France ». Les auteurs de l'article « Gothique » dans la *Grande Encyclopédie* tombaient d'accord pour condamner une manière dont « le principal caractère » était d'être « chargée d'ornements qui n'ont ni goût ni justesse[7] ».

Art flamboyant, art de fin d'époque, art décadent : il fallait (et il faut encore ?) préférer Amiens ou Reims, et, plus, Noyon ou Senlis, à Brou ou à Vendôme, à Saint-Maclou de Rouen.

De tels jugements de valeur ne valent évidemment pas plus que tant d'autres aussi arbitraires ; mais ils ont pris couleur de vérité. Ceci d'autant plus aisément que, nous dit-on, ces arts décadents s'inscrivaient dans un contexte économique et social toujours présenté comme très sombre, « en crise ». Tout concourait à compléter un tableau qu'une génération d'étudiants a pu voir analysé dans le livre de Huizinga, *l'Automne du Moyen Age*, ouvrage déjà ancien mais parfois cité comme une sorte de Bible. L'idée maîtresse du livre, pour l'examen des cultures et civilisations des derniers siècles du Moyen Age, est effectivement la croyance, constamment affirmée, en une décadence ou du moins un grave déséquilibre ; une société chevaleresque désorientée, un sentiment religieux réduit à des formes externes dramatiques, à des imageries : « excessive et décadente maturité d'une société qui avait perdu toute vitalité et tout contact avec le réel ». Comme tant d'autres de ce genre, le discours séduit et emporte l'adhésion par l'allure très ferme des conclusions. Emaillé de graves erreurs de faits et d'interprétations hasardeuses, ce livre pilote mêlait volontiers d'heureux aperçus sur quelques aspects de civilisation et des parallèles ou rapprochements complètement factices. Huizinga a fait fureur, a fait école ; il nous a longtemps fourvoyés sur de mauvaises voies.

3

LA RENAISSANCE
LES INVENTEURS (XIVe-XVe SIÈCLES)

Comment définir la Renaissance ?

Est-ce simplement le moment d'un réveil après de longs temps de léthargie, un moment où les hommes se sont mis à mieux écrire, d'une langue épurée ?, un moment surtout où les maîtres, les puissants et les riches, favorisèrent l'éclosion des arts, firent construire de plus beaux monuments, passèrent de généreuses commandes, protégèrent savants, écrivains et artistes ?

S'en tenir à cette conception, relativement perceptible, c'est admettre qu'à l'intérieur même du Moyen Age, toute période de fort développement des activités culturelles serait elle aussi une « Renaissance ». C'est ainsi que furent présentées différentes Renaissances. De celle dite « carolingienne », nombre de livres continuent de parler : Charlemagne apprenait à lire et à écrire, visitait et surveillait les écoles, accueillait dans son palais des maîtres des lettres latines et de philosophie. D'autres auteurs auraient volontiers porté sur les fonts baptismaux une Renaissance « artistique » qui, en France, se situerait au XIIe siècle ; mais il semble que l'adjectif venait mal sous la plume et la démarche n'a pas abouti[8]. Pourquoi ne pas continuer et présenter d'autres suggestions, tout aussi valables ? Se limitant à cette notion de grand intérêt pour les créations littéraires et artistiques, pourquoi se restreindre à cette Renaissance, d'abord italienne, des XIVe-XVIe siècles ? Aucun historien ne peut ignorer et taire les indiscutables témoignages de ce même intérêt en des périodes variées qui ont largement précédé ce présumé réveil. Deux ou trois siècles au moins avant cette grande Renaissance, les seigneurs, les princes, les hommes de guerre, les évêques et les chapitres se flattaient de faire travailler des artistes, de collectionner toutes sortes de livres, ouvrages savants et même profanes pour beaucoup ; tous ces personnages entretenaient près d'eux une suite, une « cour » déjà, de poètes, écrivains, hommes capables de compiler des textes anciens, de les mettre au goût du jour.

Cependant, ce que nous voulons considérer comme la seule véritable Renaissance ne se distingue pas essentiellement par l'intensité ou le nombre des productions artistiques et littéraires, mais par leur qualité. Elle se serait manifestée par une évidente supériorité : originalité de l'inspiration, perfection des techniques, habileté dans l'exécution.

D'où vient l'idée ? Quand et dans quel milieu a-t-on d'abord proclamé que la coupure avec les temps précédents ne faisait aucun doute ? D'autre part, qui a mis le mot à la mode et finit par l'imposer ? Les réponses ne sont pas simples et, en tous cas, il s'agit là de deux moments différents séparés par plusieurs siècles. La croyance en une rupture et donc en un progrès décisif s'est affirmée bien avant que ce mot de Renaissance ne fasse son apparition : dans les années 1300 pour l'idée, vers 1820-1850 pour l'usage commun de l'expression prise dans son sens actuel, pour qualifier toute une période.

L'ART DU FAIRE-SAVOIR : PÉTRARQUE ET BOCCACE

Sur le premier point s'impose une certitude : la conviction d'un renouveau et ce jugement de valeur porté sur les œuvres ne furent en aucune façon le fruit d'un consensus, d'une prise de conscience collective lentement mûrie au cours des années en différents milieux sociaux. Tout au contraire, l'idée fut énoncée puis divulguée par quelques écrivains, personnalités certes remarquables mais qui ne représentaient qu'eux-mêmes ou tout au plus un cercle relativement étroit. Tout a commencé en Italie et précisément dans un petit groupe d'amis liés par des intérêts communs et par un service de cour, en l'occurrence celle de Naples. Ce fut, en somme, une opération de faire-savoir, menée avec une certaine obstination, qui accréditait comme une évidence l'idée de cette supériorité sur les temps précédents et, d'une façon à peine moins discrète, sur les pays voisins, voire sur d'autres foyers de culture et de production artistique en Italie même, non encore frappés du sceau de l'excellence. Dans quelques cercles privilégiés, très peu nombreux à l'origine de la démarche, les lettres et les arts furent proclamés d'une autre qualité par des auteurs qui s'affirmaient capables d'en juger sans réplique.

Nous devons à Pétrarque la première intervention décisive en ce sens. Sa prise de position ne souffre d'aucune ambiguïté. Elle consistait à critiquer, dénigrer et condamner les œuvres des derniers siècles pour porter aux nues celles de l'Antiquité romaine. Cependant son intention, on l'oublie trop volontiers ou on le néglige, était délibérément politique, et sa démarche s'inscrivait dans un véritable combat. L'homme n'était ni pur esprit ni auteur ingénu seulement préoccupé de belles lettres, mais un des écrivains les plus virulents de son temps, engagé dans une grande querelle contre la papauté d'Avignon, et cette acharnement à combattre commandait ses options tant politiques que culturelles.

Pétrarque devait tout à ces papes d'Avignon et à leurs cardinaux qui l'avaient accueilli, aidé, comblé d'honneurs... et de charges lucratives. L'argent ne lui manquait pas : « Il était fort riche malgré le dédain de convention qu'il affichait pour la fortune. » De plus, son éducation s'était accomplie à Avignon même ; c'est là qu'il prit des leçons de grec auprès de Barlaam puis de Nicolas Sigeros, tous deux envoyés de Byzance près de la cour pontificale[9].

Mais pour lui, l'attrait de Rome, les rêves et nostalgies furent plus forts que tout. Frappé d'admiration à la vue des ruines romaines, il se plaît à évoquer les splendeurs de la ville aux temps antiques et appelle de ses vœux des jours meilleurs, à nouveau chargés de gloire. Il porte alors de sévères jugements sur l'ère chrétienne et oppose ce qu'il appelle les *historiae antiquae*, siècles de lumière de la Rome ancienne, aux *historiae novae*, temps qui s'amorcent au moment où « le nom du Christ commence à être célèbre dans Rome et à être adoré par les empereurs » ; pour lui, ce sont des âges obscurs qui connaissent un irrémédiable déclin. Il rejoint alors une pleïade de pamphlétaires, visionnaires et mystiques ou politiques nourris de rancœurs ou d'ambitions, qui dénonçaient violemment les scandales de la papauté d'Avignon, ses vices, ses turpitudes ; qui, surtout, parlaient avec mépris de cette « captivité de Babylone », des malheurs de Rome délaissée, orpheline. Au-delà même d'Avignon, aggravant souvent le débat, ils en rendaient l'Eglise entière responsable et l'accablaient de graves reproches dont, bien sûr, la destruction, avec l'avènement du christianisme, des gloires de la ville éternelle, autrefois maîtresse et phare du monde.

Pétrarque a naturellement milité pour un retour des papes dans Rome ; lorsqu'il déplore « les temps de l'oubli » et évoque « les temps nouveaux », les « ténèbres dissipées », c'est à ce retour qu'il songe, condition, pense-t-il, d'une nouvelle gloire. Son rêve est de voir enfin cette ville désemparée, appauvrie et livrée aux combats sanglants entre les princes, retrouver paix et prestige. Lors de son premier voyage à Rome, en 1336, puis encore l'année suivante, Pétrarque n'avait pu visiter en paix la cité livrée aux guerres entre les factions et s'était réfugié, à Sutri, dans le château d'un de ses parents. A Rome, il était revenu escorté d'une centaine de cavaliers du clan Colonna. Ces luttes partisanes lui deviennent insupportables ; il accuse les nobles, Orsini et Colonna, « tous étrangers à Rome », d'avoir ruiné la ville, dévasté les églises, détruit les ponts, transformé les monuments romains en forteresses, et d'avoir vendu des « matériaux antiques ». De ces désordres, les papes eux aussi sont responsables du seul fait de leur absence, et Rome ne peut revivre ses grands jours qu'en recouvrant ses traditions, ses mœurs des temps anciens.

En 1341, à l'âge de trente-sept ans, il reçoit en grande pompe la « citoyenneté » romaine, cérémonie grandiose qu'il avait d'abord voulue au Capitole, haut lieu de la commune, à vrai dire fort effacée alors. Ce fut, avec la concession du *cappello*, couronne de lauriers et béret-diadème, un véritable couronnement qui vit le prince des poètes prononcer, le jour de Pâques, jour de la Résurrection, un interminable discours exhortant les habitants de la ville à se souvenir du temps où leurs ancêtres gouvernaient le monde.

En 1353, Pétrarque quitte définitivement Avignon pour s'établir dans Rome, « citoyen » d'honneur en quelque sorte ; l'année suivante Colà di Rienzo est capturé par ses ennemis, tué sur place, ses cendres jetées dans le Tibre et avec lui s'effondre l'espoir d'une « dictature républicaine ». Le poète qui l'avait, les derniers temps, fidèlement défendu, se tourne alors vers l'empereur Charles IV de Luxembourg : « [...] vous êtes le roi du monde, l'empereur de Rome, le vrai César ». Il reprend à son compte ce « rêve gibelin » de la monarchie universelle héritière de la Rome antique, rêve de

Dante déjà ; ses disciples ou continuateurs s'y conformeront volontiers[10].

Le rappel de ces engagements montre à l'évidence que, mis à part tout sentiment esthétique, toute référence historique même, ce si célèbre « retour à l'antique » fut, chez son premier et principal propagandiste, directement inspiré par des préoccupations politiques, voire polémiques.

Cette première mention, sous la plume de Pétrarque, d'une supériorité des temps anciens sur ceux d'un passé plus ou moins récent, se traduit effectivement comme un renversement des valeurs, comme une critique des temps « de l'Eglise ». Mais elle s'accompagne, dans le même moment et par le fait du même auteur, d'une autre nouveauté aussi décisive : l'affirmation d'un renouveau remarquable, d'une supériorité indiscutable de quelques rares artistes du temps, à savoir Simone Martini et Giotto. Pétrarque n'hésite pas à chanter les louanges des deux hommes, à convier ses amis et ses lecteurs à visiter la chapelle royale de Naples où Giotto, « le plus grand homme *[princeps]* de son temps a laissé de grands témoignages de son habileté et de son génie ».

Le choix de ces deux peintres n'a rien d'accidentel ni de gratuit. Fut-il seulement prononcé en toute liberté ? On peut en douter... En tout cas c'est un choix qui s'explique sans mal par des relations communes, par l'appartenance en somme à une même clientèle, celle de la cour angevine de Naples. Le poète, familier du roi Robert, dit très haut les vertus de deux artistes comblés de faveurs et de titres, assurés de bons salaires par ce même souverain. Simone Martini, installé à Naples dès 1315, a peint une *Vie de saint Louis de Toulouse*, fils aîné du roi Charles II, tableau qui montre Robert, agenouillé, recevant la couronne royale des mains de son frère aîné[11]. Deux ans plus tard, l'année même de la canonisation de Louis, Simone fut fait chevalier de la

Cour, honneur insigne qui n'avait encore jamais été accordé à un artiste familier de l'hôtel royal. Giotto a travaillé pendant quatre années pour les commandes du roi, de 1329 à 1333, et y connut un grand succès, distingué et récompensé lui aussi : *prothopictor* et *protomagister operis* puis même *familiaris et fidelis*, sans compter de bons gages, une maison et table aux palais. Simone Martini et Giotto, les deux seuls peintres dont Pétrarque dit du bien, étaient alors des artistes de cour qui devaient fidélité au souverain, lui prêtaient serment, en recevaient protection et sécurité et, de plus, gagnaient à ce service une grande renommée.

Or Pétrarque, l'homme qui inaugure la série des éloges dont nous vient sans doute cette notion de Renaissance, est lui aussi homme de cour, familier du roi Robert. Avant d'être couronné à Rome, le prince des poètes s'était, en mars 1341 à Naples, pendant trois jours, soumis à une sorte d'examen devant les docteurs et les étudiants de l'université. Ce fut le roi lui-même qui l'interrogea sur la métaphysique, sur Aristote et les grands hommes de l'Antiquité, sur les historiens grecs et latins. Une même culture, de grandes sympathies, le goût des belles-lettres, des sciences et de l'histoire antique liaient les deux hommes, et Pétrarque ne cachait pas son admiration pour cette dynastie des Angevins, protectrice des arts. Qu'il place au-dessus de tous les deux artistes si proches du maître, servant eux aussi sa gloire, ne peut étonner. Ils faisaient tous trois partie du même cercle et, sur le plan social, de la même mouvance. Cette solidarité d'équipe allait de soi ; nous la retrouvons tout au long des siècles et aujourd'hui encore en quantité d'occasions : complaisances et échanges de bons procédés entre auteurs et artistes appartenant au même milieu culturel voire à la même famille de pensée, ou à une école, ou même à une maison d'édition (comptes-rendus élogieux, enthousiastes parfois dans les journaux et les revues, prix littéraires, distinctions de diverses sortes).

L'alliance, inspiratrice de ces chants de louange, dépassait le cadre strict de la cour de Naples et répondait, sur le plan de la politique et des relations entre Etats, à des intentions précises. Pour tout Florentin, et donc pour Pétrarque, les Angevins sont des partenaires privilégiés, champions de leur indépendance, noyau fort de la ligue guelfe qui réunissait en un même destin, par une solide entente éprouvée en bien des occasions, Rome, Naples et Florence. Charles d'Anjou, fondateur de la dynastie, grand-père de Robert, fut à deux reprises « sénateur » de Rome et pensa même gouverner Florence qui, en tout cas, bénéficia de son aide et de sa protection. Robert recueille cet héritage de sympathie et de gratitude ; Pétrarque s'en fait l'interprète. La seigneurie de Florence n'autorisait de peindre sur les portes et sur les palais de la ville que quelques rares figures : le Christ et la Vierge, et Charles d'Anjou ; en 1310 l'on avait mis le portrait et les armes de Robert sur le *Palazzo della Parte Guelfa* et Giotto avait peut-être peint lui-même cette fresque du *Palazzo dei Priori* où Robert est à genoux devant la Vierge.

Dans le faisceau d'entreprises appelées à témoigner de cette fidélité, les artistes tenaient un rôle non négligeable non seulement par leurs œuvres (portraits, scènes allégoriques ou de leçons politiques) mais aussi comme hommes de cour, de conseil, comme hommes capables de négocier et de convaincre. Après son séjour à Naples, Giotto fut accueilli à Florence non comme peintre, mais pour être architecte de la cathédrale et de la ville, domaine où il ne s'était guère illustré jusqu'alors. Plutôt que de lui confier un travail déterminé, la seigneurie l'engageait « pour récompenser sa vertu et son art » (formule exactement reprise de celle en usage à la cour de Naples) et, quant à sa charge, « pour être le grand ornement de toute la ville ». De ce fait, tenant compte de sa notoriété, des titres et honneurs acquis à Naples, « il semblait plutôt qu'on ait voulu disposer de lui pour lui faire tenir une place dans la politique extérieure de Florence » qui désirait certainement employer un artiste célèbre pour « cultiver ses relations avec les cours ». Très vite, les prieurs l'envoient à Milan auprès d'Azzo Visconti, vicaire impérial (1335). Un an plus tard, Simone Martini est, lui, appelé par le pape d'Avignon pour représenter la ville de Sienne[12] »

Ecrivains et peintres n'étaient évidemment pas seulement préoccupés de leur art, soucieux uniquement d'évaluer des mérites en dehors de tout engagement ou de toute contrainte. Faire état des appréciations de Pétrarque sans tenir compte du contexte socio-politique et de ses prises de position, de ses relations ou obligations, est se priver d'un facteur d'analyse sans doute essentiel. Protections et clientèles, services de cour et amitiés, intérêt supérieur des alliances, tout cela se rejoignait pour le conduire à mettre en relief des vertus qui sans doute ne seraient pas passées inaperçues mais qui devaient, dans cette optique, l'emporter sur toutes les autres... sur ce que l'on avait connu jusque-là, et aussi sur ce que l'on continuait à produire hors de ce cercle, à ses yeux par force privilégié.

Les prises de positions militantes, affirmant un grand renouveau, se sont ensuite précisées et étendues à divers domaines de la production artistique. Ceci en plusieurs temps et selon des démarches complexes, parfois hésitantes, parfois même contradictoires, mais qui toutes, en fin de compte, s'appliquaient à exalter une supériorité[13].

Cette façon de juger de l'évolution des arts fut, en premier lieu, imposée par Boccace (en 1373) qui se réclamait à la fois de Pétrarque et de Dante dont il se disait le commentateur patenté.

Nous savons que Boccace n'est, dans cette démarche à magnifier Giotto artiste de cour, pas plus innocent, pas plus libre que Pétrarque et même plus engagé dans la mouvance napolitaine, prêt à toujours crier très haut la magnificence et les réussites extraordinaires de ces Angevins. Il a vécu de longues années à Naples, de 1327 à 1341, commis de la puissante compagnie marchande des Bardi ; or l'on a quelques raisons de croire que Giotto avait été recommandé au roi Robert précisément par ces Bardi[14]. A Naples, Boccace fréquente la Cour et explore tous les quartiers de la ville ; il s'y fait des relations et c'est là qu'il écrivit plusieurs nouvelles de son *Decameron*, trouvant divers modèles dans la société des marchands et des courtisans[15]. Toute sa vie, ensuite, il n'a cessé d'intriguer, de supplier pour y retourner et y obtenir un grand office de cour ; il y réside en 1355 puis encore en 1362-1363. Courtisan lui-même, Boccace ne pouvait que servir la gloire du maître.

LE PRINCE ET L'ARTISTE : SERVICES ET COMPLAISANCES

En effet, ces éloges ne sont pas seulement le fait de complicité, d'échanges de compliments ; ils doivent s'interpréter comme une démarche qui, au-dessus des artistes eux-mêmes, sert aussi et surtout les maîtres qui les emploient et les gardent dans leur familiarité. C'est là une thèse, originale et féconde, que soutient un historien allemand, dans un essai fort documenté traduit récemment en français, qui apporte plus d'une réponse aux problèmes que pose l'origine de la renommée[16]. L'auteur, Martin Warnke, annonce clairement son intention : il entend appliquer à l'histoire de l'art la théorie plus générale, exprimée par l'un de ses maîtres, Hermann Heimpel, qui, en 1953, affirmait que « du point de vue politique... l'avènement des Temps modernes n'est pas marqué du sceau de la liberté des villes et de la bourgeoisie mais placé sous le signe du pouvoir princier ou étatique », que « les Temps modernes ont été inaugurés par les princes et non par la bourgeoisie[17] ».

Martin Warnke ne prend pas parti sur la notion de Temps modernes ; il ne parle ni de supériorité ni de progrès. Il dit simplement que ceux qui chantaient les louanges des « nouveaux » artistes, essentiellement dans le domaine de la peinture, le faisaient pour marquer, sur ce plan, la supériorité du prince sur la cité et affirmer que lui seul pouvait, grâce à sa culture, apprécier les véritables beautés d'une œuvre. Dès 1427, un écrivain de la cour de Ferrare, Guarino, dans un poème dédié à la vie de Pisanello, rappelait que les doctes de l'Antiquité et surtout les empereurs et les rois, pratiquaient les arts. Alberti et Ghiberti dressèrent plus tard des catalogues des hommes d'Etat peintres et ces exemples illustres étaient constamment invoqués. Pétrarque avait fait hommage d'une *Vierge* de Giotto à Francesco Carrara, seigneur de Padoue, car, homme de bon goût, « clairvoyant », celui-ci était capable d'en voir les mérites alors que les Florentins, « gens ignorants », ne savaient le faire (cette Vierge lui avait été effectivement donnée par un ami florentin qui s'en était dessaisi). Cette opposition souvent proclamée entre clairvoyants et ignorants « révèle l'abîme qui, vers 1350, s'est ouvert entre les milieux urbains et les cours[18] ». Plus encore, la Cour offrait généralement une meilleure situation matérielle et une certaine sécurité, en tout cas une plus grande liberté d'invention et d'exécution. L'artiste pouvait y échapper aux contraintes que lui imposaient les exigences et les avis divergents des conseils du gouvernement municipal, les tracasseries et les règlements des *arti*, les remous et aléas politiques. L'art, dans la ville, semble codifié, coulé dans un moule social ; à la Cour il s'épanouit : « Le service auprès du prince était fondamentalement une activité libre... » et « la position d'artiste de cour entraînait une nouvelle image de la profession[19] ».

Plus tard, les auteurs humanistes à qui nous devons des jugements définitifs sur la valeur des œuvres ont repris les mêmes arguments à l'infini. Sachetti émaillait ses nouvelles de quantité d'anecdotes où il présentait toujours la vie de cour sous un jour favorable, opposant la *noblesse, l'ingenium* de ses artistes à la grossièreté des autres ; Giotto y paraît à plus d'un moment, « grand maître dans l'art de la peinture » et « maître dans les sept arts libéraux ». Vasari n'hésitait pas à souligner une distorsion profonde entre les deux conditions, celle de la Cour et celle de la ville, faisant même remarquer que « les hommes qui changent de statut changent aussi le plus souvent de nature et de volonté[20] ». Alberti, dit très haut son désir d'être admis comme *familiaris* à la cour de Mantoue, où, affirme-t-il, « l'artiste était bien différemment considéré » ; il dédie au duc l'édition latine de son *Traité sur la peinture*, et à Brunelleschi celle en langue vulgaire au moment où ce dernier était sous le coup d'une amende pour ne pas avoir acquité ses droits d'inscription ou de cotisation à l'*arte* des maçons[21].

Il est hors de doute que, glorifiant ses artistes, les hommes de lettres apportaient ainsi leur pierre à l'édification d'une renommée et servaient, d'une façon efficace, le prestige du prince. Son pouvoir se justifiait et se confortait de belles réussites dans tous les domaines : urbanisme et architecture, belles-lettres et beaux arts. Les mérites des peintres nourris à la Cour, mérites proclamés dans toute l'Italie et même au-delà, servaient une politique, et c'est à ce dessein éminemment politique que nous devons tant de jugements décisifs, non seulement sur la qualité des œuvres mais sur le fait qu'elles l'emportaient sur celles commandées et élaborées en d'autres milieux.

Ces écrivains, est-il nécessaire de le rappeler, sont nos seules sources pour connaître ce que les contemporains pensaient de tel ou tel artiste. Les opinions du public, des hommes « ordinaires » de professions variées, nous échappent complètement ; seuls nous parlent ceux dont le métier était d'écrire et d'écrire dans des conditions particulières, leur situation dépendant même de cette écriture. De ces louanges, que nous lisons aujourd'hui sans les mettre en cause, ils faisaient profession, parfois par nécessité ou sur commande : on leur demandait, entre autres services, de rédiger la *harangue*, sorte de discours préambule au contrat qui engageait l'artiste et, bien évidemment, en rappelait alors les vertus et les mérites. Ces essais, « exercices intellectuels ou textes de complaisance », ont ensuite servi de modèles et furent très largement adoptés[22].

Ceci d'autant plus que ces auteurs trouvaient aisément dans l'histoire antique, dans ce qu'ils en connaissaient le mieux et fréquentaient le plus souvent, de beaux exemples de la familiarité du prince et de l'homme d'art. Ils invoquaient, à tout propos, les relations privilégiées entre Alexandre et Apelle. De même qu'Alexandre avait refusé tous les portraits pour n'accepter que celui présenté par Apelle, de même Filippo Maria Visconti, « qui ne voulait faire faire son portrait par personne », se laissa convaincre de le confier à Pisanello qui le fit « avec un *art admirable... et la ressemblance était si parfaite qu'il avait l'air de respirer*[23] ». D'autres réminiscences littéraires de ce genre ont contribué à forger des renommées que nous voulons croire nées d'appréciations spontanées.

De tout ceci se dégage clairement l'idée que l'artiste de cour est proclamé et s'affirme lui-même homme hors du commun ; membre de la *familia* du prince, il sert sa gloire et en recueille naturellement une part. Déjà Giotto s'était placé en personne dans la série des *Hommes illustres* qu'il faisait figurer sur l'un des murs du château royal de Naples. Plus tard l'on pouvait voir Benozzo Gozzoli parmi les personnages de la suite des *Rois mages* de la chapelle du palais Médicis de la Via Larga à Florence ; et ensuite, Mantegna dans la *Camera degli Sposi* de Mantoue. Vasari pensait orner l'une des nouvelles chambres du *Palazzo Vecchio* de Florence d'une vaste composition où le duc Côme et ses parents seraient entourés, non de leurs conseillers et de leurs capitaines d'armes, mais de leurs artistes préférés, peintres surtout. Filarete, architecte et urbaniste particulièrement original, auteur du plan et d'un projet fort minutieux d'une ville nouvelle dédiée à Francesco Sforza – la *Sforziada* –, imaginait d'en peupler la place principale d'un grand groupe sculpté où lui-même accompagnerait le prince et son fils[24].

De ce commerce de l'Antiquité, de ces soins à y faire souvent référence, tous ces auteurs, les premiers à décerner des éloges, ont acquis un goût immodéré une véritable monomanie de la gloire : « S'imposer à l'attention et à l'admiration de leurs contemporains était pour eux un besoin maladif ; et, lorsque la louange qu'ils recevaient ne leur paraissait pas suffisante, ils n'hésitaient pas à faire eux-mêmes leur propre panégyrique[25] ».

LES HUMANISTES, ORACLES DU BON GOÛT AUTOPROCLAMÉS

A la suite de Pétrarque et de Boccace, qui avaient ouvert la voie d'une manière si décisive et lancé cette nouvelle mode, le pli s'est pris de considérer les humanistes comme des juges capables, dans le domaine de la création artistique, de trancher de tout sans que leur verdict puisse être remis en question ; ainsi, toujours dans l'entourage des princes, à Mantoue, à Milan et plus encore à Florence auprès de Côme l'Ancien, non simple citoyen mais déjà « tyran », maître régnant sur une clientèle de fidèles.

La conformité des vues s'impose d'étrange façon ; l'excellence, le caractère « illustre » de Giotto, tout d'abord, inspirent tout ce que l'on écrit sur l'art et les artistes. Ainsi pour Benvenuto Rambaldi, né entre 1336 et 1340, environ au temps de la mort du peintre, qui, comme Boccace, se dit exégète de Dante (*Commentum super Dantis* écrit en 1380) ; pour le chroniqueur Filippo Villani, auteur d'un *Liber de origine Florentie* (vers 1400), ouvrage à la gloire de la cité, livre de propagande politique où l'évocation du peintre si célèbre n'est évidemment pas innocente ; ainsi surtout pour trois artistes, auteurs eux-mêmes de traités à la fois didactiques et historiques, en fait ouvrages qui, tout en analysant les problèmes que posaient la représentation de la nature (en particulier celle du corps humain), magnifiaient eux aussi quelques destins hors pair ; livres de Cennino Cennini (*Il Libro del Arte*, vers 1370), de Lorenzo Ghiberti (*I Commentarii*, 1378-1455), d'Alberti (*della Pittura*, 1436). Toute une série d'ouvrages de plus en plus savants devaient trouver leur meilleure expression, un siècle plus tard ou presque, avec les travaux d'Albrecht Dürer (1471-1528) qui, riche d'apprentissages variés, en Allemagne puis en Flandre et en Italie (à Venise surtout en 1495 puis en 1505-1507), écrivit successivement une *Introduction sur la manière de mesurer* (1525), un *Traité sur les fortifications* (1527) et les *Quatre Livres sur les proportions du corps humain*, publiés après sa mort en 1538 ; traités vraiment techniques mais où l'auteur disait clairement que, pour lui, ces arts et pratiques parfaitement maîtrisés autrefois par les Grecs et les Romains ont été « ramenés à la lumière après avoir été perdus pendant mille ans[26] ».

Parallèlement à ces travaux de professionnels, s'affirmait et gagnait une grande renommée un genre littéraire pseudohistorique directement inspiré de l'Antiquité et très exactement des *Vies illustres* de Plutarque ; genre illustré par le *De viris illustribus* de Bartolomeo Fazio (1456) et enfin, là encore à une centaine d'années d'intervalle, par *les Vies* de Vasari en 1550[27].

Cette littérature savante, œuvre d'auteurs de grande culture, largement distribuée dans le temps et divers milieux, ne pouvait que s'imposer et proposer des modèles. Le résultat ne fut pas seulement de forger ou servir des réputations, de chanter les mérites de quelques-uns, mais aussi d'affirmer des idées nettement définies sur l'évolution de la production artistique. Nous lui devons les principaux caractères que, communément, nous reconnaissons à la Renaissance.

Pour ces auteurs, l'existence d'une rupture ne fait aucun doute. Tous s'accordent sur ce point. Boccace parle du génie de Giotto qui « ramena à la lumière cet art qui pendant tant de siècles avait été enfoui sous les erreurs de quelques-uns[28] ». Il fut « le premier qui, par son *art* et son *génie*, commença à ramener à la représentation exacte l'art vieilli de la peinture qui, par suite de l'ignorance des peintres, s'était perverti et égaré et, pour ainsi dire, puérilement éloigné de la réalité[29] ». Il « était d'une telle excellence qu'il n'était rien de ce que produit la nature, mère et opératrice de toute chose dans le cours de la perpétuelle révolution des cieux, qu'il ne puisse dépeindre au moyen du stylet, de la plume ou du pinceau, avec une telle vérité[30] ». Retour à la nature, admiration pour une habileté méconnue depuis longtemps, supériorité technique des artistes du temps comparés à ceux des temps d'« ignorance »...

Le « retour à l'antique » ou « retour aux classiques » qui nous paraît l'essence même de la Renaissance, ne fut invoqué que dans un second temps, près d'un siècle plus tard, non tellement pour les peintres cette fois mais plutôt pour les sculpteurs et les architectes. C'est Filarete qui, vers 1460, découvrit les beautés des édifices dressés par les Florentins « à la manière antique » et renia aussitôt ce qu'il avait pu voir ou concevoir lui-même auparavant. Ces palais florentins lui font sans cesse penser à « ces nobles édifices qui se trouvaient autrefois à Rome et à ceux d'Egypte que nous connaissons par nos lectures[31] ». Le précurseur aurait été, dans ce domaine, Brunelleschi qui « avait ressuscité l'ancienne manière de bâtir », qui « sut étudier et retrouver l'excellente façon et le grand art de dresser des murs des antiques, et leurs proportions harmonieuses, élégantes et sobres à la fois, conduites à leur terme sans outrances ou erreurs », et qui « avait fait renaître cette façon d'élever les édifices que l'on appelle *à la romaine* et *à l'antique* [...] ; alors qu'avant lui tous ces bâtiments étaient allemands et modernes[32] ». En 1480, Cristoforo Landino exalte, lui, pour la première fois, un maître sculpteur, Donatello, pour sa maîtrise à traduire attitude et mouvements, en quoi il lui semblait voir une preuve d'un retour, là aussi, aux formes et manières des antiques[33].

A ce moment-là seulement, soit cent cinquante ans environ après que Pétrarque eut parlé de Giotto, l'admiration pour un retour aux formes et inspirations antiques rejoint celle pour l'habileté à reproduire la nature. Les deux idées forces de la Renaissance ont émergé et se sont donc imposées de manière inégale selon la nature des œuvres et pour des raisons différentes. Vers la fin du XVe siècle, les deux courants finissent certes par se rejoindre chez certains auteurs, mais non chez tous.

UNE SIMPLE PROPAGANDE ?

Pour la commune

L'artiste, revenu dans sa ville natale après les travaux de cour qui lui assuraient sa renommée, s'est mis au service de la Commune, ou d'une faction, ou en tous cas d'un courant d'idées.

Faut-il voir là l'amorce d'un fort courant d'inspiration communale, ou même tout crûment partisane, qui, à cette époque, utilisait les compositions picturales offertes à l'admiration des foules pour servir le pouvoir en place, magnifier ses bienfaits et clouer ses ennemis au pilori ? De telles intentions apparaissent on ne peut plus clairement à Sienne avec le *Bon* et le *Mauvais Gouvernement* d'Ambrogio Lorenzetti, à Pérouse avec les compositions politiques du palais municipal[34]. En tous cas, très tôt, nos Florentins, libérés de la tyrannie de Gautier de Brienne, en 1343, avaient déjà chargé Giotto de peindre, sur la tour du *Palazzo del Bargello*, une scène édifiante le représentant entouré de « nombreux animaux aussi voraces que sa personne même[35]. Ces images d'infamie, plus parlantes évidemment que les sentences de condamnation et de bannissement simplement lues sur la place publique ou gravées sur la *pietra del bando*, participaient à une politique, à la lutte pour le pouvoir. A cette lutte, l'artiste apportait sa contribution ; il n'en retirait pas seulement le profit matériel d'une commande, mais aussi une position avantageuse dans la cité, considération et renommée.

Contre la barbarie du Nord

Le retour à l'antique témoigne de la même volonté polémique et s'inscrit également dans un contexte politique délibéré, se recommandant d'un courant nationaliste non dissimulé. Il s'agissait d'exalter le génie romain du passé et donc l'héritage que pensaient en avoir gardé les villes d'Italie, Rome en tout premier lieu ; un héritage malheureusement altéré pendant des siècles par quantité d'apports étrangers, peu dignes d'estime. Après Pétrarque et ses invectives contre les papes d'Avignon, les chroniqueurs et les biographes des artistes ont affirmé clairement leurs intentions et ne se privaient pas de décrier ce qui s'était fait depuis la chute de l'Empire romain : expression d'un combat culturel qui s'en prenait à tous les ennemis, réels ou supposés, de la Rome antique. Ceci parfois au prix de curieuses distorsions et sollicitations des témoignages, ou de graves erreurs d'interprétation.

Les attaques menées alors de façon souvent virulente ont donc conforté la condamnation des temps « obscurs », ceux que nous appelons maintenant le Moyen Age. Elles furent régulièrement conduites en deux directions.

Contre les Barbares d'abord, gens venus du Nord qui, des Goths aux Lombards, avaient détruit Rome, sa paix, ses institutions, sa civilisation. De là vient, et d'une façon plutôt paradoxale, la faveur que ces humanistes accordaient à Charlemagne, roi des Francs mais heureux et méritant vainqueur des Lombards. A Charlemagne, nouvel empereur autant « romain » que germanique, un écrivain comme Gianozzo Manetti (1396-1459), auteur d'un traité : *De dignitate et excellentia hominis*, attibuait allègrement un notable renouveau de formes architecturales que, pour la circonstance, il antidatait de quelques siècles[36].

Pour tous, ce temps de Charlemagne mis à part, la disparition de l'Empire romain annonçait une longue ère de décadence provoquée inévitablement, en Italie même, par l'invasion de manières et de traditions barbares, de peuples qui, c'est là une des articulations essentielles de l'argumentation, ne connaissaient rien ou presque à l'architecture ; ces gens n'étaient jamais que de simples maçons *(muratori)*, des orfèvres ou des peintres, et construisaient les édifices à leur façon. C'est sous leur influence que l'on se mit, en Italie, à bâtir des églises et des palais en forme de tabernacles et d'encensoirs... selon cette mode venue d'au-delà des Alpes, amenée par les Allemands et les Français[37].

Chacun s'appliquait à dénigrer. Dans une lettre adressée au pape Médicis Léon X et attribuée à des artistes aussi célèbres en leur temps, et sans doute aussi avertis, que Raphaël et Baldasare Castiglione, nous trouvons une stupéfiante explication de l'arc brisé, invention nordique. Les Barbares auraient d'abord employé, pour la construction de leurs bâtiments, « des arbres vivants dont les branches étaient recourbées et jointes au sommet ». D'où cet arc très particulier que ces artistes italiens et leurs amis humanistes trouvaient, sur le plan esthétique et peut-être aussi sur le plan technique, très inférieur à l'arc en plein cintre : certains prétendaient que ces profils brisés étaient moins solides, moins résistants aux poussées que ceux faits à l'antique, c'est-à-dire à « la romaine »[38]. Un érudit lombard n'hésitait pas à qualifier tout style gothique, inspiré du Nord, d'*incredibile galliche folle*[39].

Les auteurs italiens ont ainsi accrédité l'idée d'une « barbarie » qui, dès la fin de l'Empire romain et jusqu'à leur temps, aurait constamment bouleversé, détruit ou abâtardi l'héritage d'une brillante civilisation, celle de la Rome antique. De là vint l'appel à un retour au classique que d'autres, bien après eux reprenant cet esprit, nommeront Renaissance. Tout ce qui était d'« outre-Alpes », « allemand » (les humanistes théoriciens écrivaient plutôt *tedesco* que *gotico)* était ainsi à rejeter comme barbare et décadent.

Contre les Grecs de Byzance

Les mêmes auteurs humanistes et critiques d'art s'appliquaient à peu parler de l'héritage grec qu'ils affectaient de méconnaître ou de mépriser. Ils passaient communément sous silence tant de siècles chargés d'histoire et tant de monuments insignes. Mauvaise information, ignorance ou documentation encore balbutiante ? Certainement pas... Par toutes sortes d'échanges, d'enquêtes, de voyages des marchands ou des intellectuels, par quantité de contacts humains, les témoignages de la civilisation grecque étaient parfaitement connus en Occident, et particulièrement en Italie.

Dès les dernières années 1300, des savants, philosophes et hommes de lettres venus de Constantinople ou de Crète, enseignaient la langue, la littérature et la philosophie de la Grèce ancienne dans les villes d'Italie ; Crisolora, « noble et lettré de Constantinople », obtint une chaire de grec à l'université de Florence en 1396 et Georges de Trebisonde, chargé d'enseignement à l'école de la chancellerie ducale de Venise, offrait au doge sa traduction des *Lois* de Platon. Les visites en Occident des dignitaires de l'Eglise orientale, celles des empereurs eux-mêmes, puis les longs séjours du patriarche, des évêques et théologiens de l'Eglise orthodoxe lors du concile pour l'union des Eglises, en 1438-1439, avaient encore élargi et approfondi ces contacts. A Venise, puis à Ferrare et surtout ensuite à Florence, pendant plusieurs mois, ces Grecs firent admirer leur liturgie, participèrent à d'interminables débats, défilèrent en longues processions dans la ville. Plusieurs d'entre eux demeurèrent à Rome au service du pape ; Bessarion, archevêque de Nicée, devint cardinal de l'Eglise romaine, légat pontifical en Allemagne, et céda sa magnifique bibliothèque ramenée d'Orient à la ville de Venise.

En 1430-1450, précisément au moment où les humanistes italiens dissertaient sur l'excellence des artistes « grands imitateurs » de Rome, Cyriaque d'Ancône, marchand, voyageur et humaniste lui-même, multipliait ses investigations dans le monde grec, d'Athènes à l'Asie Mineure et aux îles de l'Egée ; de ses expéditions parfois aventureuses, de ses visites à de nombreux sites archéologiques célèbres, ce pionnier infatigable ramenait nombre d'objets « curieux » dont il faisait cadeau... ou commerce ; mais aussi des rapports de fouilles et d'observations[40].

Il s'agit bien d'un refus. L'exclusive en faveur de Rome ressort d'une attitude délibérée, d'une mise à l'écart de la Grèce et, en somme, d'une prise de position commandée par des intentions proprement politiques, reflets là encore d'un sentiment largement partagé qui tirait ses racines d'un passé ancien et s'était conforté au cours des temps. Pour les hommes d'Occident et d'une façon plus virulente qu'ailleurs en Italie, la Grèce n'est pas la mère de Rome mais bien l'ennemie. Nos chevaliers se reconnaissent les héritiers des Troyens massacrés par les Grecs. Rome est née de l'exil d'Enée. Au temps des croisades, cette hostilité, aggravée encore par le schisme oriental, est apparue au grand jour. La prise de Constantinople en 1204, par les croisés de Champagne, de Bourgogne et de Flandre, puissamment aidés par les Vénitiens, par leurs navires et leurs machines de siège, n'est absolument pas une déviation mais s'inscrit au contraire dans une suite d'affrontements. L'installation d'un empereur franc et d'un patriarche vénitien à Constantinople marque simplement l'aboutissement d'un long processus de conflits entre deux mondes antagonistes, conflits qui se nourrissaient souvent de désirs de revanche par référence à d'antiques querelles.

Les perfections de la Grèce ancienne ont été volontairement négligées. Parler de *grec*, de *maniera greca*, était, pour nos auteurs d'Italie, évoquer non l'art du temps de Périclès mais celui de Byzance et de ses provinces. Ici, tout paraissait mauvais et méprisable ; les nouveaux Grecs étaient « aussi rudes et grossiers que les anciens avaient été habiles et compétents »[41]. L'expression *maniera greca* ne s'employait que pour désigner des œuvres d'un style dépassé, vieillot, sans réel intérêt. On complimentait Giotto d'avoir « ramené l'art de la peinture du grec au latin et donné ainsi naissance à un art nouveau »[42]. La même opinion devait prévaloir pendant des siècles, aussi délibérément arrêtée, aussi sectaire en somme : pour Vasari, en 1550, les arts commencèrent à refleurir dès que l'on renonça à imiter « les Grecs » (à savoir les artistes de Byzance).

Au total, ces écrits, didactiques ou biographiques, qui sans aucun doute ont forgé l'idée d'une rupture décisive avec le passé et, par la suite, ont largement contribué à la diffuser et à l'accréditer, paraissent en heureuse harmonie avec leur temps ; ils s'y insèrent parfaitement. Ce sont les œuvres d'hommes engagés, appliqués à servir un dessein, une renommée : manifestations d'un nationalilisme qui veut exclure ce qui rappelle des influences étrangères ; qui n'ignore certes pas l'existence d'autres foyers artistiques que le sien propre mais se refuse à les faire connaître, les accable même d'un rude mépris. Ces humanistes, ces artistes-écrivains mêmes, qui évidemment savaient très bien ce qui se faisait ailleurs, qui recevaient des nouvelles et des visites, ne parlaient volontiers que des Italiens, Romains et Toscans surtout ; et jamais ou rarement des Flamands, des Allemands ou des Français. Le propos traduit un net a priori. Nous en avons accepté l'héritage et, inconsciemment peut-être, faisons nôtres des jugements de valeur entachés de partis pris.

Nationalisme, esprit de clocher pour certains, service du prince pour beaucoup, mais, tout autant, plaisir de se dire membre d'un cercle d'initiés. Ces auteurs, que nous suivons communément comme des oracles, n'étaient pas tellement nombreux ; ils ne cachaient pas leur bonheur de se démarquer des hommes ordinaires. Souvent, ils osaient s'affirmer seuls capables de contempler et de juger des œuvres plus difficiles d'accès que les images « vulgaires » offertes aux foules des croyants ; celles qui avaient leurs faveurs, se chargeaient de symboles ésotériques et, en tous cas, suivaient des règles de composition rigoureuses que seuls pouvaient déceler des esprits supérieurs. Boccace ne manquait pas de dénoncer les erreurs des peintres d'avant Giotto « qui peignaient pour plaire aux yeux des ignorants et pour gagner de l'argent plutôt que pour satisfaire l'intelligence des sages[43] ». Et, disait-on, le mérite de Giotto fut précisément d'avoir dessiné une Vierge « dont les beautés confondent les maîtres de l'art mais que les ignorants ne peuvent saisir ». L'intelligence triomphant de l'ignorance : thème préféré des cénacles…

Pendant près de deux siècles (de 1350 à 1550 environ), au cours de cette longue gestation qui vit s'affirmer des jugements définitifs que nous reprenons maintenant à notre compte, intentions politiques et snobismes d'intellectuels liés par l'amitié, l'intérêt ou la connivence, se sont donc rejoints et confortés pour tresser des couronnes et établir des renommées. Rien de bien exceptionnel en somme : la démarche, très ordinaire, est de tous les temps. Celle-ci, appelée à une étrange fortune, ne traduit en aucune façon un large consensus et ses choix ne représentent rien de plus que ceux arrêtés de concert par un groupe restreint, au demeurant sans mandat ni compétences particulières, qui, dans quelques milieux élitistes, s'auto-attribuait la qualité de juger mieux que le commun des hommes du temps.

4

LA RENAISSANCE, GENÈSE D'UN MYTHE

À LA RECHERCHE DES MOTS : LES INCERTITUDES

L'histoire d'une renommée n'est jamais aisée à suivre. Celle attachée à cette production artistique qualifiée de « Renaissance » très étalée dans le temps, diversement appréciée, souvent et parfois cahotique dans ses manifestations, ne peut encore, malgré un nombre considérable d'articles critiques ou d'exégèses, s'appuyer sur des jalons solidement plantés.

Dans ce champ d'investigations, l'examen des mots mérite certainement une attention particulière car ces mots, ou tombés d'abord par hasard d'une plume ou choisis délibérément, portent forcément un message et finissent par susciter une conviction.

Au temps des humanistes italiens, il semble que l'on se soit peu soucié de définir d'une manière rigoureuse, largement suivie par tous, cette époque de grand renouveau, objet de tant de louanges. Sur ce plan, l'usage est longtemps resté incertain, et à l'époque de Vasari régnait toujours une extrême confusion que lui-même ne réussit pas à éclaircir. Le mot *moderne*, pour certains, désignait la période que nous appelons médiévale, donc celle de l'obscurantisme par opposition à l'antique, et, pour d'autres tout au contraire, le moderne s'appliquait aux temps de la lumière, à partir de Giotto. *Antico* pouvait se référer au passé romain mais, tout aussi bien, à un passé plus récent. Vasari voulait distinguer la *maniera antica*, celle de l'Antiquité, de la *maniera greca* qui n'était pas celle des Grecs anciens mais des Byzantins ; et cette maniera greca correspondait, pour la peinture, à la *maniera tedesca* pour l'architecture. De telle sorte que demeuraient incertitudes ou ambiguïtés et que certains mots, celui de moderne en particulier, finissaient par être tout simplement incompréhensibles. Plus de deux cents ans après Pétrarque et Boccace, Vasari qui bénéficiait pourtant d'un bon recul, devait se livrer à diverses acrobaties et user de circonlocutions qui ne rendaient pas forcément les choses plus claires : *quella maniera moderna* ou mieux encore : *quella terza maniera che noi vogliamo chiamare la moderne*[44].

Aucun mot clé ne réussit à s'imposer. Le seul souci était alors d'éviter les confusions en accumulant les précisions d'écriture qui, naturellement, alourdissaient le discours : *buona maniera moderna* voisinait avec *buona maniera moderna greca antica* ou même avec *moderno glorioso*. Si Vasari écrivit, à un seul moment semble-t-il, *rinascita del l'arte*, c'est bien au courant de la plume, pour exprimer une admiration, un jugement de valeur, sans autre intention particulière. Le mot de Renaissance n'apparaît pas dans les textes italiens jusqu'au XVIe siècle compris. Une telle expression ne se trouve, et dans un contexte particulier, que chez Dürer, dans une esquisse de ses *Quatre Livres...*, écrite en 1532 ; le mot est *Wiederwachsung* et nous voyons assez mal ce qu'il recouvre. Est-ce retour aux sources ?, ou plutôt nouvel essor[45] ?

Par la suite, en Angleterre et en Allemagne, en France aussi, nous nous trouvons toujours devant une floraison de mots différents, incertains ou ambigus, qui insistent surtout sur la notion de réveil, sur la qualité et sur l'admiration que l'on doit y porter, sans vouloir, en aucune façon, qualifier une époque entière ni même une école artistique dans son ensemble. Dans les années 1670, un auteur français, biographe des « artistes anciens et modernes », suivait toujours Vasari et cherchait ses mots ; il écrivait qu'en Italie, au temps des humanistes, l'art « s'était renouvelé », s'était « remis au jour » et, en fin de compte, qu'à partir de Cimabue et de Giotto, « la peinture commença à renaître[46] ». Ce qui ne signifie pas grand-chose…

UN LONG SILENCE ; UN LONG OUBLI ?

De fait, l'idée d'une Renaissance telle que nous la concevons de nos jours, pour désigner non la particulière nouveauté d'une œuvre définie, mais l'ensemble de la production artistique puis littéraire ou même philosophique d'une époque et, enfin, cette époque en elle-même, douée alors d'une personnalité propre, est de création bien tardive. Elle ne s'est affirmée que dans les années 1830-1850.

Ainsi, au moment où s'impose dans le langage et dans les esprits cette Renaissance comme réalité véritablement historique, plus de cinq siècles s'étaient écoulés depuis le temps où les auteurs de cour, en Italie, s'employaient à accréditer l'idée de vivre des années d'exception, en totale rupture avec un passé d'obscurantisme et de médiocrité. Au cours de ce très long intervalle, les convictions et les théories de ces humanistes italiens n'ont pas toujours connu des fortunes heureuses. Bien au contraire. Entre Pétrarque ou Boccace, prônant l'excellence de Giotto, et la Renaissance des livres d'histoire de l'art du XIXe siècle, s'intercalent de longs oublis, des remises en question, pour le moins des hésitations.

Bien sûr, deux siècles après Pétrarque encore, Vasari reprend à son compte, dans ses *Vies illustres*, les affirmations et les jugements de valeur de ses prédécesseurs. Ce sentiment était alors largement partagé dans divers pays d'Europe occidentale, chez les plus proches du moins, ceux que les courants commerciaux ou les avatars de la guerre mettaient en relation aisée avec Rome ou Florence ; chez ceux qui ne manifestaient pas encore un nationalisme, trop marqué et acceptaient cette manière de dépendance. Les artistes italiens étaient appréciés, sollicités et volontiers accueillis à la cour de France et dans les villes de Castille ; certains s'y installèrent et y connurent une bonne fortune, entretenant par leur seule présence, par leurs œuvres ou leurs écrits, cette renommée que personne autour d'eux n'osait mettre en doute.

Au temps des « lumières » : Rome avant tout

Les historiens ou « philosophes », les architectes et ceux que nous pourrions déjà qualifier de critiques d'art de l'époque « classique », tant en Angleterre qu'en France, ne laissent pas de dire leurs goûts et de marquer leurs préférences, leurs refus en tous cas. Tous, sauf de très rares exceptions, portent de durs jugements sur cet art médiéval qu'ils qualifient généralement de gothique. Leurs observations, sans appel, rejoignaient exactement celles des humanistes italiens d'autrefois. Ils ne se lassaient pas de rappeler que cet art médiocre, éminemment « barbare », était né sur les cendres de Rome, de son empire, de sa civilisation ; c'était bien un art de conquérants, imposé par des peuplades quasi primitives qui foulaient aux pieds des cultures qui leur étaient infiniment supérieures : « C'est après l'irruption et l'invasion de ces peuples féroces venus du Nord, des Maures et des Arabes venus du Sud et de l'Est, ravageant le monde civilisé, que, partout où ils s'établirent, ils commencèrent à corrompre cet art noble et utile des Romains ; lorsque, au lieu et place de ces beaux ordres [...] ils élevèrent des minces et mesquins piliers, ou plutôt fagots de piques et autres états incongrus destinés à supporter des poids démesurés. » Les mêmes auteurs nous disaient aussi que les maîtres maçons de ces temps de barbarie,

« bien que n'étant pas dépourvus d'une grande habileté technique [...], égarent l'œil plutôt qu'ils ne le comblent et ne le charment d'un plaisir raisonnable [...], dispersent et éparpillent l'angle de vision et le brouillent tant que l'on ne peut délibérer avec tant soit peu de fermeté, par où commencer et par où finir, s'éloignant de cet air noble et de cette grandeur [...] que les Anciens avaient si convenablement et excellemment établis[47] ».

Pour sa part, Montesquieu écrivait que, dans cette architecture gothique, « la confusion des ornements fatigue par sa petitesse [...] de manière qu'elle déplaît par les endroits même qu'on a choisis pour la rendre agréable » et « qu'un bâtiment d'ordre gothique, est une espèce d'énigme pour l'œil qui le voit », que « l'âme en est embarrassée comme quand on lui présente un poème obscur[48] ». Et Goethe de confesser, avant d'avoir pu contempler la cathédrale de Strasbourg : « Par ouï dire, j'étais un ennemi déclaré des arbitraires des ornements gothiques. Sur la rubrique "gothique", j'accumulais toutes les erreurs que l'on fait communément sur le sens de ce terme ; des qualificatifs similaires comme indéterminé, désordonné, contre nature, sans unité, surchargé, me venaient à l'esprit[49]. »

Au temps des lumières, du préromantisme même, un solide consensus s'était imposé ; tous ceux qui se sentaient autorisés à trancher, tous ceux qui disaient la mode, tous condamnaient l'art du Moyen Age. Cependant il ne semble pas que, dans ce même temps, les experts et les clients mécènes, les écrivains avertis des goûts de cette époque aient unanimement chanté les mérites des peintres ou sculpteurs italiens, de Giotto à Léonard, de Donatello à Michel Ange. Nombre de Français allaient et séjournaient à Rome pour apprendre peut-être d'autres techniques ou, plutôt, chercher d'autres thèmes d'inspiration et surtout d'autres décors ; mais s'ils manifestaient, pour certains du moins, un intérêt prononcé pour l'« antique », pour des paysages et des cadres architecturaux qui évoquaient quelques réminiscences littéraires, nous les voyons peu se recommander des modèles de la Renaissance.

Si les auteurs exaltent alors les beautés et les génies des civilisations anciennes, de la Grèce en particulier, ils ne font pas volontiers référence aux arts d'Italie des Trecento ou Quattrocento. Lorsque La Bruyère se félicite de ce que l'on ait « entièrement abandonné l'ordre gothique que la barbarie avait introduit pour les palais et pour les temples » et que l'on ait « rappelé le dorique, l'ionique et le corinthien », lorsqu'il fait remarquer que « tant de siècles se sont écoulés avant que les hommes, dans les sciences et dans les arts, aient pu revenir au goût des Anciens, et reprendre enfin le simple et le naturel[50] », c'est bien à la France et au siècle de Louis XIV qu'il songe, non à une Renaissance italienne dont il semble tout ignorer ou qui ne lui paraît pas digne d'être mentionnée.

Les *Vies*, écrites par Bartolomeo Fazio ou par Giorgio Vasari, si célèbres au temps des grands enthousiasmes, ont-elles été souvent republiées ? L'œuvre monumentale de Vasari ne pouvait s'adresser qu'à un public de curieux parfaitement avertis et sa remise en chantier exigeait la certitude, ou pour le moins l'espoir, de rencontrer un certain succès. Or ces *Vies*, dont l'édition originale dans sa version remaniée et complétée, datait de 1568, n'ont pas été rééditées avant 1759, deux siècles plus tard : un long silence que l'on pourrait interpréter comme une marque d'indifférence... La première édition française, d'ailleurs inachevée (en trois volumes), date seulement de 1803 ; l'allemande de 1832 et l'anglaise de 1850-1853.

Il est vraisemblable que la prééminence de ces Italiens de notre Renaissance n'ait été à nouveau clamée que très tard, dans les premières décennies du XIXe siècle. En quelque sorte, on les a redécouverts après un long oubli.

Les signes apparents d'une prise de conscience se limitent d'abord à des mots, à des formules. Nous les voyons surgir, isolés puis plus nombreux, triomphants enfin mais, comme très souvent en pareil cas, nous demeurons incapables d'en cerner l'origine exacte : initiative d'un auteur inspiré ?, sécrétion d'un cercle d'érudits ?, ou lente maturation, ou simple fait de hasard ?

Selon Huizinga[51], la première mention du mot Renaissance se trouverait dans un roman de Balzac, *le Bal de Sceaux* écrit en 1830 : l'héroïne, Emilie de Fontaine, « spirituelle et nourrie de toutes les littératures… raisonnait facilement sur la peinture italienne et flamande, sur le Moyen Age ou la Renaissance ».

L'intention paraît claire : il s'agissait bien de qualifier une période historique, un ensemble d'œuvres. Que Balzac se soit ainsi exprimé sans précaution, dans une nouvelle destinée à un large public, implique que l'idée ou même l'usage s'étaient déjà affirmés au-delà de certains cénacles de critiques.

Etait-ce une invention proprement française et, en l'occurrence, parisienne ? Le romancier anglais Anthony Trollope (1815-1882), dans l'une de ses premières œuvres, parle du « style de la Renaissance comme les Français choisissent de l'appeler » *(Summer in Britanny* 1840[52]). Le mot, en tous cas, s'impose alors dans tous les pays, dans tous les registres d'écriture. Le petit berger, « beau comme un saint Jean-Baptiste des peintres de la Renaissance », de George Sand vient comme un cliché que chacun reconnaît et accepte. Puis ce sont Ruskin *(Stones of Venice* 1851), Michelet *(la Renaissance* 1855), puis enfin les ouvrages décisifs de Jacob Burckhardt (1819-1897) qui, en 1867, en venait à adopter le mot français sans en chercher même de traduction : *Die Kultur der Renaissance in Italien et Geschichte der Renaissance in Italien.*

Tels sont, pour s'en tenir aux plus marquants, les jalons d'une démarche qui finit par créer un concept. Le détail des différents courants d'influence, des genèses et des renforts, le rôle des personnalités ou des écoles philosophiques ne se discernent pas aisément[53]. Deux points cependant méritent de s'y attarder davantage :

d'une part, le fait que le nouvel engouement pour cet art italien, loin d'avoir été unaniment partagé, entrait en concurrence avec d'autres modes, d'autres sympathies, en particulier avec un renouveau d'intérêt pour le gothique médiéval, intérêt que soutenait une certaine nostalgie « romantique » ou un nationalisme très affirmé ; d'autre part, une interrogation : les plaidoyers pour cette Renaissance italienne étaient-ils véritablement nourris d'une forte et exclusive admiration pour les œuvres ou, plutôt, d'une disposition d'esprit qui portait à s'identifier avec les hommes de ce temps, en tout cas avec l'image que l'on s'en faisait ?

Le néo-gothique, expression des nationalismes (XVIIIe siècle)

Dès les années 1700, dans les pays du Nord et plus particulièrement en Angleterre et en Allemagne, mais aussi dans une moindre mesure en France à la cour comme à la ville, les gens de lettres, aristocrates ou bourgeois, marquaient un vif intérêt pour les formes du gothique, du « moyenâgeux ». Cette redécouverte *(gothic revival)* semble bien antérieure à celle de la Renaissance et fut certainement, pendant plusieurs générations, appréciée d'un large public. L'art gothique, sous ses aspects architecturaux et ornementaux surtout, si durement vilipendé encore peu de temps auparavant, recueillait alors toutes sortes de faveurs. En 1720-1730, le mouvement s'était déjà manifesté en Angleterre par quelques signes, s'appliquant d'abord au mobilier, aux décors des fenêtres et des portes, aux dépendances (écuries, granges, celliers) des maisons de maîtres, jusqu'à une « salle de billard gothique » et à une « arène gothique destinée aux combats de coqs ». Quelques années plus tard, les lords anglais faisaient restaurer leurs châteaux dans le même style. En 1742, Batty Langley (1696-1750) publiait un premier ouvrage (*Ancien Architecture Restaured)* où il entreprenait de concilier, par une curieuse démarche mais quelques arguments intéressants à l'appui, l'art médiéval avec les ordres antiques ; en 1747, sortait des presses son *Gothic Architectural Improved by Rules and Properties* qui donnait les noms de cent quatorze « bienfaiteurs de la restauration de l'architecture saxonne » ; ici, l'éventail social, des ducs et comtes aux simples artisans, témoignait d'une mode solidement implantée. Langley osait écrire que « les meilleurs édifices gothiques surpassent de très loin en magnificence et en beauté tout ce qui a été fait par les Grecs et les Romains ». D'autres auteurs, amateurs éclairés, souvent propriétaires de domaines, de parcs et de jardins, ont suivi avec enthousiasme, tels Sanderson Miller (1716-1780) et Wiliam Shenstone (1714-1763), tous disant très haut, à l'encontre d'un conformisme « classique » qui fut si longtemps admis, les charmes et les mérites de ce gothique médiéval.

Ce fort courant, entretenu certainement par un nationalisme à peine tempéré, et donc par un retour à tout ce qui pouvait évoquer un fond « saxon », se confortait aussi d'un goût prononcé pour la nature plus ou moins policée, pour les grandes frondaisons, les jardins et les rocailles, pour les ruines et les grottes. Nombre d'historiens, soucieux d'illustrer les origines, pour eux toujours « barbares », de cet art gothique, affirmaient volontiers que les architectes du Moyen Age s'étaient constamment inspirés, pour les structures comme pour les ornements de leurs édifices, des vastes forêts des pays de leurs ancêtres. En 1724 déjà, William Stukeley (1687-1785), animateur de la Society of Antiquarians, passionné par le druidisme, qui fit façonner des vitraux gothiques pour un temple consacré à la déesse Flore dans son jardin, citait, comme un parfait exemple de beaux ornements architecturaux, le cloître de la cathédrale de Gloucester, « car l'idée en a été empruntée à une allée d'arbres, dont les cimes entrelacées sont imitées par les voûtes, d'une manière curieuse ». William Warburton (1698-1779), évêque de cette même cathédrale, analysait davantage et ne manquait pas d'invoquer les héritages décisifs d'un passé barbare : « [...] ces peuples nordiques ont été accoutumés à adorer la divinité au cœur des forêts [...], quand leur nouvelle religion exigea des temples, ils décidèrent ingénieusement de les faire ressembler à des forêts, autant que leur permettait la distance de l'architecture [...] ; nul n'a jamais contemplé d'une manière attentive une allée de grands arbres, entremêlant leurs branches au-dessus de lui, sans que cela le fît songer à la longue perspective qu'offrent les cathédrales gothiques[54] ».

Pour analyser les particularités de cet art gothique, y trouver un sens et cerner les influences fondamentales, les Anglais du XVIIIe siècle reprenaient donc, à peu de variantes près, les théories émises trois ou quatre cents ans plus tôt par les humanistes italiens responsables de l'idée de Renaissance. Mais ce qui n'était, pour ces derniers, qu'objets de dérision et de mépris, acquiert au contraire maintenant des nobles vertus et cette façon d'apprécier un art d'essence barbare reste en faveur jusque dans les premières décennies du XIXe siècle, au moment où certains parlent déjà des supériorités de l'art italien du Trecento ou du Quattrocento.

En France, à cette même époque de la redécouverte des inestimables talents des peintres de la Renaissance, dans les années 1810-1820 donc, les regards ne sont pas tous admiratifs, tournés vers l'Italie. Loin de là. Les romanciers et les poètes, les dramaturges de notre ère « romantique », manifestent souvent un goût prononcé pour les temps gothiques, pour les architectures et les décors compliqués, pour ces expressions d'archaïsme qui, comme en Angleterre, semblent alors le reflet d'une culture propre, non importée d'outre-monts, quasi « nationale ». Quant aux influences et aux leçons venues de l'étranger, nous sommes alors au moment où les amateurs s'intéressent passionnément à l'Espagne et se prennent d'une « hispanomanie », mode récente qui s'impose comme une grande nouveauté. Les peintres espagnols semblaient encore presque inconnus au début du siècle.

Le *Jeune Mendiant* de Murillo, acheté par Louis XVI en 1782, demeurait alors la seule œuvre espagnole des collections royales. Les toiles prises par les armées napoléoniennes ne s'exposaient que dans les galeries privées ou furent restituées en 1815. Mais, dès 1816, Quillet publiait son *Dictionnaire des peintres espagnols*, et la mission du baron Taylor, en 1835-1837, qui permit d'ouvrir un Musée espagnol dans les salles du Louvre, suscita de grands emballements ; plusieurs collections mises en vente s'arrachèrent à hauts prix et l'on fit éditer de nouveaux catalogues[55]. Lorsque Théophile Gautier, victime complaisante de cet engouement, visite les couvents de Castille pensant y réaliser de fructueuses acquisitions, force lui est de constater, attristé et amer, que les plus beaux tableaux ont déjà disparu[56]. Les auteurs, amateurs et critiques d'art, portaient alors autant leurs intérêts et leur admiration vers l'Espagne que vers l'Italie de la Renaissance.

L'« HOMME DE LA RENAISSANCE » : UNE MODE, UN MANIFESTE

C'est pourtant dans un tel contexte culturel qu'est née puis s'est propagée en Europe l'idée d'une indiscutable supériorité de certains artistes italiens. En sont responsables à l'origine quelques écrivains voyageurs qui s'affirmaient capables de distinguer les vraies valeurs artistiques et clamaient très haut leurs verdicts. Affaire d'« école » là encore et, comme au temps de Pétrarque et de Boccace, de petits groupes qui s'appliquaient à dicter une mode tout en assurant leur renommée.

L'idée était déjà en germe dans quelques passages de *l'Histoire de la peinture en Italie*, publiée en 1817 par Stendhal à frais d'auteur et signée seulement de ses initiales (H. B. = Henri Beyle). L'ouvrage réédité en 1825, cette fois sous son nom de plume, puis en 1834 et encore en 1854 après sa mort, ne se présentait certes pas comme une étude critique originale, fruit d'analyses personnelles ou de recherches spécifiques. Ce n'était que la version française de textes recueillis lors de ses visites et lectures ; il ne s'en cachait pas et convenait volontiers que « sur vingt pages, dix-neuf au moins étaient traduites de l'italien ». Il avait surtout pillé ou largement recopié la *Storia pittorica dell'Italia* de Luigi Lanzi, sortie de presses en 1789, remarquable travail de référence.

Cependant Stendhal allait, en peu de pages certes, au-delà des descriptions et des biographies ; son *Histoire* se charge de réflexions personnelles qui l'amènent à définir ce qu'il appelle un « beau moderne » et à indiquer clairement ses préférences. Il parle de progrès, de perfectionnement de la peinture, de Giotto à Léonard de Vinci, et place effectivement Léonard en une sorte de sommet jamais égalé, lui consacrant de longs développements enthousiastes. Son livre n'eut qu'un succès assez maigre et ne rencontra qu'une petite audience, mais faite d'un public choisi, capable d'amplifier.

Cette admiration pour une école, pour une époque, ne tenait pas uniquement à la qualité des œuvres, à leur inspiration antique plus ou moins affirmée, ni même à une quelconque perfection technique dans la représentation des formes et des perspectives. Pour Stendhal et ses semblables, ces artistes de la Renaissance sont les témoins, mieux, les symboles, d'une civilisation, d'un esprit. L'idée était dans l'air ; pour nombre d'auteurs, c'était là un choix manifestement subjectif et, au plein sens du mot, une sympathie. Ils vivaient avec les héros de ce temps et s'identifiaient à eux ; ils se délectaient de chroniques, de nouvelles, sombres mélodrames parfois aux limites du ridicule, qui décrivaient des meurtres, des vengeances, des assassinats par le fer ou le poison, des enlèvements de religieuses : passions exacerbées, amours et jalousies. A cette littérature, toute d'invention mais habillée le plus souvent d'un tour historique pris en Italie, les écrivains les plus célèbres avaient prêté leur talent : Byron *(Marino Faliero* 1820 et les *Deux Foscari* 1821), puis Stendhal lui-même (ses *Chroniques italiennes)*, Balzac *(Facino Cane* et *la Confidence des Ruggieri*, tous deux de 1836) et Victor Hugo *(Lucrèce Borgia*, 1833 et *Angelo tyran de Padoue*, 1835). Ces contes extravagants, teintés mêmes de sorcellerie et de magie noire, de cruautés malsaines, leur procuraient « comme un frisson esthétique » qu'ils voulaient croire de haute qualité. Tous se passionnaient pour une époque qu'ils voyaient troublée, menée par des hommes forts, affranchis de toute contrainte ; pour une époque « marquée au coin de l'irréligion, de la violence, des passions et des crimes contre nature[57] ».

En 1829, paraissait une nouvelle édition de la *Vie* de Benvenuto Cellini, héros « qui répondait merveilleusement à l'idée que l'on tenait à se faire de la Renaissance italienne, en opposition avec l'obscurantisme clérical[58] ». L'homme, certes, n'a pas tout pour plaire : escroqueries, abus de confiance et filouteries, meurtres et détournements... Sa *Vie*, écrite par lui-même, n'est qu'une suite d'aventures rocambolesques, pour certaines inventées, et de plaidoyers *pro domo*. De toutes façons, né en 1500, Cellini n'appartient absolument pas à l'une des générations célébrées d'ordinaire comme celles de la Renaissance ; il vient trop tard et, face aux grands artistes de la pleine époque, se situerait plutôt, à la façon d'un petit maître, à la fin d'un temps. Mais qu'importe... il incarnait un idéal.

Stendhal, l'un des premiers, le fait sien. Son *Introduction* à son *Histoire de la peinture en Italie* est une manière d'hymne à la passion « qui cherche à se satisfaire » et à la violence ; sous prétexte d'évoquer le cadre socioculturel de Florence au Quattrocento, il fait état de quantité d'épisodes dramatiques, de sombres intrigues et crimes de sang. Cellini et les fortes figures de son temps (ou à peu près...) tels les papes Alexandre VI et Jules II, Cesare Borgia, Francesco Sforza et les Médicis, princes et cardinaux, tous ces hommes admirables pour leur « génie », rejoignaient au Panthéon de ses gloires César et Napoléon.

Quelques trente ans plus tard, cet enthousiasme est toujours de bon ton et Jacob Buckhardt renchérit. Il reconnaît, bien sûr, que Benvenuto Cellini « ne se révèle comme artiste accompli que dans le genre décoratif et reste inférieur à tant de ses contemporains, si on le juge d'après ceux de ses ouvrages qui sont parvenus jusqu'à nous » ; mais il ne se lasse d'admirer l'homme : « l'impression que produit cette nature violente, énergique et complète, fait oublier tout le reste… » ; et encore : « Benvenuto est un homme qui peut tout, qui ose tout et qui ne porte sa mesure qu'en lui-même[59] ».

Burckhardt, « doté d'une ascétique intégrité de caractère », incertain de ses propres choix au fur et à mesure que se poursuivaient ses lectures et que s'approfondissait sa réflexion, finit par se renier, ou presque. Il laissa inachevée, après un premier volume consacré seulement à l'architecture, son *Histoire de l'art de la Renaissance*, longtemps sur le chantier, et refusa toute autre participation, affirmant « que cette époque lui était devenue étrangère[60] ». L'élan cependant était donné, irrésistible ; l'œuvre ainsi abandonnée et que son auteur aurait sans doute très largement reconsidérée connut un extraordinaire succès. Les intentions et pulsions demeurèrent aussi vives, les options délibérément tranchées : exaltation de l'homme d'action, du héros, de ses audaces ; en somme, de l'individualisme qui permettait de donner sa pleine expression à chaque talent ; de plus, identification d'une époque, d'une civilisation, d'un milieu culturel, géographique, voire ethnique pour certains, à un génie propre. Tout ceci se retrouve, parfois manifestement accentué, orienté vers certaines directions, chez les auteurs qui ont transmis le message et fixé les choix. Chez Hippolyte Taine *(Philosophie de l'Art en Italie*, 1866) qui de façon déterminée, au prix d'assez lourdes répétitions, insistait sur la notion d'environnement socio-politique et liait étroitement les créations artistiques et culturelles à ce milieu ; celui de la Renaissance étant, par excellence et comme par définition, parfaitement apte à forger d'indiscutables chefs-d'œuvre. Chez Gobineau aussi *(La Renaissance.* 1877) qui, dans une suite de scènes historiées, assez mal juxtaposées, montrait les princes et capitaines, figures de proue de leur temps, les Borgia et les Médicis toujours, mariant en eux la soif du pouvoir à une appréciation éclairée et souvent judicieuse de la littérature et des arts.

L'« homme de la Renaissance » était né et s'opposait vigoureusement à ceux des temps précédents : images de pures fictions qui reposaient, la plupart du temps, sur de simples hasards ou sur des malentendus, sur des interprétations erronées, des distorsions chronologiques mêmes ; mais des images qui ont fait leur chemin, plus solidement ancrées encore au fil des générations.

AUJOURD'HUI : UN MYTHE QUI A LA VIE DURE

De nos jours l'affaire est entendue : par conviction ou par pure habitude et irréflexion, le mot a droit de cité et d'université. Nous rencontrons cette Renaissance à chaque occasion : titres des ouvrages ou des chapitres, formules constamment rappelées, libellés mêmes des chaires, des centres de recherche, des programmes pour nos étudiants. Quelle université se priverait de faire figurer l'*Art de la Renaissance* sur ses livrets et ses affiches ?

Certes, la fortune du mot s'avère, d'un pays à l'autre, inégale, fluctuante aussi. Jusqu'à ces dernières années, nous restions en France fort modestes face à nos collègues d'outre-Atlantique qui, non seulement appliquaient la formulation à toutes les formes de production artistique, littéraire ou musicale, à tous les signes de l'activité humaine (telle la vie économique), mais admettent maintenant, pour la recherche comme pour l'enseignement, un découpage chronologique qui ménage clairement une période spécifique appelée Renaissance. Celle-ci, prise en bloc et marquée alors d'une véritable identité, se substitue, d'une façon il est vrai assez floue et parfois pour une seule part, à celle que l'on disait moderne. Ainsi voit-on, aux Etats-Unis, fleurir quantité d'ouvrages qui, dès le titre et la couverture, situent leur objet « en la Renaissance » ; dans un livre dénommé dont le titre français serait « Florence de la Renaissance », l'auteur parle autant des institutions, des structures sociales, des conflits politiques, des activités marchandes et bancaires que des manifestations artistiques. L'invasion sémantique prend parfois d'étonnantes dimensions : voici maintenant « la première Renaissance » (*the early R.*) et « la Renaissance tardive » *(the late R.)*. A quand la « Renaissance classique » ?

Ce sont d'étranges facilités, des procédés d'édition peut-être, supposés recevoir un bon accueil. A regarder les présentoirs de nos librairies, la contagion gagne déjà quelque terrain.

5

LA RENAISSANCE. LES IDÉES REÇUES

L'idée encore communément admise est que la Renaissance se serait manifestée par un retour à certaines sources fondamentales, par une redécouverte de l'Antiquité, principalement dans le domaine des belles-lettres (histoire, poésie, théâtre, écrits politiques), de la philosophie et des arts. Sans aucun doute, le mot lui-même est inspiré de cette conviction.

Cette vérité si bien reçue repose sur deux ensembles d'affirmations nourries elles-mêmes de choix naturellement subjectifs ou de graves erreurs et ignorances. Il s'agit, d'une part, d'un jugement de valeur : les œuvres antiques et celles qui s'en inspirent directement l'emporteraient manifestement, sur le plan esthétique et de l'inspiration, de la qualité humaine intrinsèque pourrait-on dire, sur celles du Moyen Age. D'autre part et surtout d'une grossière erreur d'appréciation qui conduit à affirmer que ces œuvres antiques auraient été redécouvertes dans les tout derniers temps du Moyen Age, après un très long oubli.

Tout ceci est à revoir.

UN CURIEUX PENCHANT POUR LES JUGEMENTS DE VALEUR : LE MOYEN ÂGE, TEMPS DES MALADRESSES

A en croire nos livres, l'art « antique » et l'art « médiéval » seraient décidément de natures différentes, marquées par une opposition fondamentale sur le plan des techniques : d'un côté, une parfaite maîtrise à représenter la nature (corps humain surtout) d'une façon exacte et harmonieuse, sans erreurs ou incohérences ; de l'autre, irrespect des proportions, manque d'équilibre, incapacité à traduire les profondeurs, méconnaissance des règles de la perspective. Il était un temps, pas si lointain, où des esprits distingués n'hésitaient pas à parler des « maladresses » commises par les peintres et les sculpteurs du Moyen Age ; ils y voyaient la preuve d'une sorte d'infériorité, en somme d'un manque de métier et pensaient que, faute de mieux, ces hommes se contentaient d'à-peu-près.

Si les opinions ont quelque peu évolué ou, du moins, ne s'expriment plus d'une façon aussi tranchée, la conviction demeure et l'on considère souvent que l'avènement de techniques spécifiques, telles celles qui rendent mieux compte de l'étagement des divers plans, doit s'interpréter comme le signe d'un véritable progrès. Découvrir ou redécouvrir ces façons de composer et de dessiner aurait été, pour les artistes éclairés, une fin en soi. Volontiers, les historiens des formes recherchent les premières manifestations, les balbutiements encore imparfaits de ces progrès ; ils en suivent, attentifs, scrupuleux et émerveillés, l'évolution jusqu'au moment où l'artiste est censé avoir atteint une perfection ; leurs lecteurs en couvent les gestations et les premiers pas d'un regard admiratif. Tous pensent qu'il s'agit d'une réussite, de l'éclosion d'un « nouvel art ».

Mais les dispositions d'esprit et les a priori qui conduisent à de telles manières de voir paraissent pour le moins curieux. Chacun pourrait s'interroger sur le bien-fondé de prises de position qui autorisent à disserter des « valeurs », des perfections ou maladresses, de telle ou telle civilisation, à établir des classements en fonction de quelques critères. En l'occurence, c'est n'attacher d'importance qu'à la représentation exacte du réel, du matériel : le corps de l'homme par exemple, et non ses croyances, ses espoirs et dévotions ou ses angoisses. C'est porter un intérêt excessif aux techniques à l'état pur en négligeant les inspirations.

A l'origine de cette optique, encore admise, confluent divers courants de pensée. D'une part une admiration sans bornes pour les procédés proprement techniques, pour les inventions susceptibles de bouleverser le cours des choses et le train du monde. D'autre part, rejoignant cette attitude, le discrédit porté sur toute forme de spiritualité et particulièrement ici sur la spiritualité chrétienne, vue comme une contrainte, un carcan, en tout cas un obstacle à l'expression libre. Considérée de ce point de vue, la représentation exacte du corps humain pouvait paraître le signe d'un épanouissement de l'individu, de son accession à une forme de liberté personnelle.

Nous justifions aisément, jusque dans les petits manuels, les Egyptiens de l'Antiquité qui, pour leurs figures humaines, plaçaient volontiers les deux yeux côte à côte sur le même profil. Nous nous efforçons de réintégrer les images de l'Afrique noire et de l'Amérique précolombienne, ou de toute autre civilisation marquée par ses dévotions et ses cultes, dans leurs environnements complexes. Mais nous n'avançons pas aussi loin cette démarche intellectuelle pour examiner notre propre passé ; l'idée de Renaissance, la ferme croyance en des niveaux techniques redécouverts s'y opposent.

D'autre part, dans ce qui nous reste à contempler, il s'agit souvent de compositions qui devaient se plier aux surfaces proposées (tympans et linteaux des portails, chapiteaux, reliquaires…) et donc imposer à leurs sujets, aux personnages ou animaux, de graves distorsions, tout en s'appliquant à peupler certains espaces aux formes incongrues.

LE MOYEN ÂGE : L'OUBLI DE L'ANTIQUITÉ ?

Une culture toujours nourrie des faits des Grecs et des Romains

La redécouverte de l'Antiquité, affirmée avec tant de vigueur et de constance, mérite plus qu'un rapide examen. La Renaissance a-t-elle vraiment exhumé ce qui était demeuré inconnu depuis si longtemps ?

Dire que les hommes du Moyen Age ne faisaient pas volontiers référence à leur passé grec ou romain est faire preuve d'idées préconçues et d'un grave manque de lectures ; les deux allant souvent de pair, car l'on se trouve naturellement plus à l'aise pour asséner de grandes vérités à l'ombre de l'ignorance que muni d'exemples qui nuancent ou contredisent. Que le christianisme, les gestes de ses martyrs, puis la chevalerie, ses quêtes, ses combats ou ses jeux, aient enrichi le bagage culturel de l'Occident et lui aient donné une autre couleur, cela s'impose comme une évidence. Mais cet enrichissement n'impliquait pas de faire table rase d'un héritage cultivé au contraire avec une vive révérence et parfois avec passion. Certains cycles antiques restaient à l'honneur, au cœur des préoccupations, inspirant quantité d'écrits, de réflexions, d'attitudes intellectuelles et de fidélités spontanées.

Comment affirmer l'ignorance ou la simple désaffection des hommes de cette époque pour l'héritage antique alors que celui-ci a sans cesse inspiré quelques œuvres maîtresses de la littérature « médiévale », promises toutes à une étonnante fortune auprès de publics nombreux et variés ?

Les hauts faits d'Alexandre se retrouvent, à travers l'Occident, des pays du Nord à l'Espagne et à l'Italie, dans des dizaines d'ouvrages, poèmes épiques, principalement, de plusieurs milliers de vers. Aux alentours de l'an mille, le prêtre Léon le Diacre, qui vécut tant à la cour de Constantinople qu'à celle de Naples, traduisit en latin les histoires grecques, et sa *Vita Alexandri*, vite appréciée, fut à l'origine d'une floraison de poèmes et de romans de toutes manières, par toutes sortes de filiations. Vers la fin de ces années mille un Français, Albéric de Pisançon, écrivit une *Alexandréide* inspirée d'un auteur romain du IVe siècle, Julius Valerius, et de ce Léon le Diacre : ce chant épique fut démarqué peu après par l'Allemand Lamprecht (en 1138) et amplifié même par un continuateur anonyme (entre 1160 et 1170). En France, l'œuvre fut reprise par Lambert de Tors, cette fois non en latin mais en dialecte picard pour une diffusion plus large, et par Alexandre de Bernay, clerc de Paris (en 1175), également en picard et selon une métrique qui, par la suite, fut régulièrement retenue pour tous les poèmes consacrés à la vie du héros grec. De là est né, bien plus tard (vers 1400), le nom *d'alexandrins* appliqué d'abord à ces vers de la *Vie d'Alexandre*.

Ces compilations et histoires plus ou moins arrangées découlaient d'une seule source antique : une *Vie* abrégée du héros écrite à Alexandrie au IIIe siècle de notre ère, connue sous le nom de *Pseudo Callisthènes*, dont l'original était perdu mais qui fut exploitée par diverses versions interposées, sans discontinuer. Comme elle n'offrait que des possibilités romanesques limitées, et que le désir du public d'en connaître davantage ne cessait de croître, vers les années 1200 plusieurs clercs greffèrent de nouveaux épisodes sur cette histoire ancienne si familière, inscrite à tous les répertoires.

C'est ainsi que devait émerger le thème de l'emprisonnement d'Alexandre et de la punition des coupables ; deux poètes, Gui de Cambrai et Jean de Nevilos, composèrent une *Vengeance d'Alexandre*. D'autres suites, aussi nombreuses que diverses, prirent le relai dont, en particulier, la cérémonie du serment prêté sur un animal pour venger Alexandre et châtier les infâmes ; à partir de 1300 ou environ, fleurit le *Vœu du Paon* poème de pure fiction qui connut un extraordinaire succès. En 1340 encore, Jean de la Mote en présentait une autre version enjolivée, le *Parfait du paon*, tandis qu'à la même époque, en Angleterre, la vie d'Alexandre et le culte du conquérant inspiraient le *Roman de toute chevalerie* écrit par un certain Thomas de Kent. De telle sorte que les chevaliers des temps « féodaux » trouvèrent racines et modèles, pour leurs divertissements et pour leurs exploits, dans ce cycle issu en droite ligne de l'histoire antique.

Le *Roman de Thèbes*, d'un auteur anonyme qui vivait vers 1150, originaire de la Touraine ou du Poitou, conte l'histoire légendaire de la ville et s'ouvre par un long préambule de dix mille vers sur les aventures et les malheurs d'Oedipe.

Virgile, ici considéré comme une sorte de prophète et là comme un magicien, demeure, tout au long de la période médiévale, l'objet d'un véritable culte. Les marques de son passage se retrouvaient en de nombreuses villes d'Italie du Sud, témoignages et souvenirs pieusement rappelés par diverses légendes. C'est lui qui avait dressé les deux colonnes derrière la cathédrale de Brindisi ; lui qui construisit « par son art magique, avec des pierres plates de formes égales et larges », la belle chaussée antique qui relie Rome à Naples[61] ; qui fit élever « ces nombreux édifices anciens, aujourd'hui à ras de terre », qui parsèment la campagne aux approches de Rome pour qui vient de Velletri[62] ; lui, enfin, qui fit percer à naples la « Grotta Vecchia » ou « Grotta di Virgilio », galerie qui permettait d'atteindre Pouzzoles à travers le Pausilippe[63].

Ce n'était pas seulement fantaisies ou fables dites sur les lieux où vécut le poète. Son œuvre demeura pendant des siècles l'une des grandes sources d'inspiration pour les écrivains, compilateurs et moralistes. Une première imitation de l'*Enéide* vit le jour aux alentours de 1160 sous la forme d'un poème de plus de dix mille vers en dialecte normand, œuvre d'un clerc anonyme qui y démarquait également plusieurs autres auteurs anciens, Ovide notamment ; ce *Roman d'Eneas* fut vite repris, dès 1170, par Henrich von Veldeke, homme du Limbourg qui mit une vingtaine d'années à l'achever car son manuscrit encore incomplet, gardé à la cour de la comtesse Marguerite de Clèves, fut subtilisé par le comte de Thuringe et seulement rendu neuf ans plus tard : preuve du vif intérêt qu'y portaient les princes et leur entourage de ce temps fort éloigné pourtant de la Renaissance.

La légende de Troie, transmise directement de l'Enéide, est à l'origine d'un premier *Roman de Troie*, épopée de trois mille vers, écrite en 1165 en dialecte de Touraine par Benoît de Sainte-Maure qui le dédia à Aliénor d'Aquitaine ; ce long poème connut une carrière triomphale, tout spécialement en Allemagne où, de génération en génération, il subit divers remaniements et adaptations non exempts d'intentions « nationalistes » : c'est le moment où les chevaliers allemands entreprennent une croisade qui, en cours de route, infligea aux Grecs de durs revers dans les Balkans et faillit s'emparer de Constantinople.

Un célèbre avatar de ce *Roman de Troie*, roman médiéval par excellence, fut l'histoire des amours malheureuses de Troilus, autre héros troyen, et de Griselda (ou Cressida) fille du grand prêtre Chalcas. C'est Boccace qui, semble-t-il, en donna la première version sous le titre de *Filostrato* (« Navré par l'amour »), poème composé à Naples en 1337-1339. Cependant, pour cette composition, Boccace, humaniste pourtant et passionné de lettres anciennes, n'a pas cherché son inspiration directement chez Virgile mais s'est contenté d'exploiter un des épisodes du *Roman de Troie* français qu'il connaissait bien grâce à la traduction qu'en avait donnée, en latin, Guido delle Colonne. C'est ainsi qu'une œuvre généralement considérée comme l'un des tout premiers signe d'un renouveau d'intérêt pour l'héritage antique puisa, en fait, sa source dans un texte purement médiéval et s'en inspira de très près tant pour la structure que pour la manière. Le Moyen Age obscur servit alors de relai entre Virgile et l'un des plus célèbres auteurs de la Renaissance.

Ces œuvres, destinées à être lues ou plutôt contées devant un public assemblé, ces longs poèmes qui cherchaient le plus fort de leur inspiration dans les « histoires » grecques ou romaines et brodaient avec une certaine redondance sur ces trames classiques, ne s'inscrivaient pas en marge de la vie sociale. Elles demeurèrent, jusqu'au temps de l'humanisme et de la Renaissance, au cœur de la création littéraire, constamment à l'honneur, constamment sollicitées. La façon dont elles étaient présentées témoigne à l'évidence du désir de propager mythes et légendes de la Grèce ancienne dans différents milieux culturels et sociaux ; elles n'étaient absolument pas réservées à des cercles étroits, à des clercs érudits : preuve en sont l'intervention, la sollicitude des princes et, d'autre part, l'emploi fréquent de dialectes provinciaux, langues vernaculaires. De plus, les allégories figurées ici et là sur les murs des châteaux et des palais, les histoires présentées sous forme de jeux à personnages lors des fêtes en pleine rue (au cours des entrées royales par exemple), montrent que ces légendes antiques étaient alors largement offertes aux foules[64].

L'analyse pourrait s'étendre à tous les domaines et conduire aux mêmes conclusions. Une proposition nourrie par divers partis pris, malheureusement encore admise par nombre d'ouvrages rapides, voudrait que les grandes œuvres « techniques » de l'Antiquité furent pendant longtemps méconnues. Ce serait là le signe d'une grand rupture, d'un obscurantisme, du triomphe de croyances simplistes qui ne s'appuyaient sur rien de réel, de superstitions générées par les récits des Ecritures et par le rabâchage des hommes d'Eglise et des maîtres des universités d'alors, aussi pédants qu'intransigeants. S'est imposée dans nos manuels, et plus encore dans la littérature de tout-venant, l'idée d'un Moyen Age ignorant et borné, imaginant la terre plate comme une galette, entourée de précipices affreux. Tout ceci est parfaitement inexact. Ptolémée fut lu et relu, publié et commenté. Dès les années 1300 pour le moins, non pas tellement en Italie « renaissante » mais en France à la cour et à l'université, se précisait l'image de la rotondité de la terre toujours présentée comme une sphère. En 1377, Nicolas Oresme, évêque de Lisieux et conseiller du roi Charles V, auteur d'un traité sur la monnaie et sur les mutations monétaires, de manuels d'astronomie et de mathématiques, traducteur d'Aristote, proposait à ses lecteurs une sorte de jeu : il supposait que, partant d'un même lieu de l'Europe, Platon était allé vers l'Ouest pour faire le tour de la terre tandis que Socrate se dirigeait vers l'Est ; la solution était que Platon aurait une journée de moins à vivre que ceux qui resteraient en place et Socrate une de plus. Un peu plus tard, il reprenait et développait cette même idée en deux ouvrages savants intitulés *De l'Espace* et *Livre du Ciel et du Monde ;* il y affirmait la nécessité de déterminer une ligne de démarcation où l'on devrait, en la passant, changer de jour. Tout ceci était en place et certainement analysé, compris, assimilé[65].

Contrairement à une idée diffusée à différents niveaux de l'enseignement et dans l'opinion, soutenue ces derniers temps avec une virulence de mauvais aloi, les traducteurs ou savants juifs ou « arabes » (persans surtout et andalous) n'ont pas été les seuls à transmettre, au Moyen Age, les leçons des auteurs de l'Antiquité. Tout au contraire. Leurs activités et leur influence, certes non négligeables, se trouvaient limitées à des secteurs géographiques circonscrits. Les clercs d'Occident, hommes d'Eglise et hommes de loi, n'ont pas attendu l'exil des

Grecs de Constantinople, après la prise de leur ville par les Turcs en 1453, pour s'initier directement aux textes anciens, pour les étudier, se passionner pour eux. Ce fut bien le fait d'une filière byzantine mais qu'il convient de situer beaucoup plus tôt, dès les années 1100. Yves Renouard, dans son cours professé en Sorbonne en 1950, attirait l'attention sur l'extraordinaire floraison intellectuelle de la ville de Pise, immédiatement après la première croisade. Burgundio, né à Pise en 1110, a résidé à Constantinople de 1135 à 1140 ; il y a appris le grec, s'est perfectionné en théologie et a entrepris une longue série de traductions en latin d'ouvrages grecs savants, traductions proposées à son retour aux lettrés de sa ville natale, accompagnées de commentaires : les œuvres de Jean Chrisostome et de Jean Damascène ; des livres de médecine tels ceux de Galien et d'Hippocrate. Il fit connaître le *de Natura hominis* de Nemesios, « fondement de l'anthropologie chrétienne », ainsi que des livres d'histoire naturelle comme les *Geoponiques* de Cassius Bassus, vaste compilation de recettes et de pratiques agraires. C'est lui qui offrit à Pise le fameux manuscrit des *Pandectes*, recueil des décisions des juristes romains rassemblées par ordre de Justinien et sur lesquelles se fondaient déjà, depuis deux ou trois générations, les contrats commerciaux et les sentences d'arbitrage, armature des règlements de la vie économique pisane, des armements des navires et des associations marchandes ; ce manuscrit était alors estimé « le plus précieux du monde après la Bible » ; il fut gardé jalousement par les magistrats de la cité... jusqu'à ce que, deux cents ans plus tard, les Médicis s'en emparent pour le placer dans leur *Biblioteca Lorenziana*. Ainsi les Florentins du Quattrocento, hommes de la Renaissance, n'innovaient-ils en rien, se contentant ici de s'approprier, de piller, ce qu'avaient recueilli les marchands du Moyen Age. C'est aussi Burgundio qui proposa à l'empereur Frédéric Barberousse un ambitieux programme de traductions d'ouvrages grecs qui devait embrasser l'ensemble des connaissances humaines. Il eut des disciples et continuateurs zélés : Ugo Eteriano qui vécut aussi à Constantinople ; Uguccione, commentateur du *Décret* de Gratien, professeur de droit canonique à Bologne en 1178 puis évêque de Ferrare ; Rolando Bandinello enfin, chanoine, maître en théologie à Bologne, qui fut pape sous le nom d'Alexandre III[66].

La vie artistique : une fidélité jamais oubliée

Tout au long du Moyen Age, la création artistique n'a jamais négligé les modèles anciens mais y cherchait au contraire inspirations et exemples à suivre ou à interpréter. Les copies, les emprunts ou adaptations plus ou moins fidèles abondent[67].

Les humanistes italiens du Trecento, qui reprochaient aux artistes des siècles « barbares » d'avoir oublié ou méprisé les leçons de l'Antiquité, faisaient, nous l'avons noté, une exception pour ceux du temps de Charlemagne champion d'une reconstruction de l'empire.

Charlemagne, certes, avait fait venir des marbres sculptés, des colonnes et des chancels, pris aux églises byzantines de Ravenne, pour orner la basilique d'Aix-la-Chapelle. Cette église, et plus encore la salle impériale du palais en forme d'octogone, s'inspiraient étroitement des canons du monde méditerranéen au temps de la splendeur de Rome et de Byzance, du Panthéon de Rome, de Saint-Vital de Ravenne et même des églises de Constantinople. Le décor très sobre des façades couvertes d'un enduit de couleur rose, aux entablements accentués et plus foncés, faisait penser aux monuments du Bas-Empire romain. Pour les ivoires et les enluminures, les artistes reprirent également, à même époque, quantité de thèmes et d'ornements. Sur les pages des Evangéliaires, des Bibles, des Sacramentaires, richement enluminées, les bordures et les lettres initiales se chargeaient de rinceaux de feuillages et de rosaces à la manière des fines sculptures ornementales de Rome.

S'imposait également un art de la mise en page où de grandes figures se tenaient campées sous des arcs aux plafonds à caissons, supportés par des colonnes à chapiteaux de styles antiques, corinthiens souvent. Certains paysages mêmes, dans les pages peintes, à l'arrière-fond, évoquaient des images des temps hellénistiques[68].

Tout ceci est exact, mais non exceptionnel. Les curiosités de Charlemagne, couronné à Rome en l'an 800, et les inspirations des artistes de son temps s'inscrivaient dans une longue tradition et ne s'affaiblissent en aucune façon après eux.

Plus tard, la chute de l'Empire carolingien consommée, les modèles romains connaissent toujours une grande faveur en Occident ; les maîtres maçons, les sculpteurs, les peintres et les orfèvres les sollicitent constamment. Dans les années 1200, les artistes des villes de la Meuse, orfèvres et maîtres émailleurs, cherchaient leurs inspirations, pour leurs encadrements, leurs sujets mêmes et les types de personnages, dans les formes antiques, et l'on a fort justement évoqué, pour leurs sources et modèles, non seulement la filiation des ivoires carolingiens, ce qui paraît tout naturel, mais aussi celles, plus lointaines, des camées ou figurines du temps de l'empereur Théodose (mort en 395), des statues hellénistiques et même des peintures murales de Pompéi. Leur renommée s'étendait bien au-delà de ce pays mosan. Dès 1180, Nicolas de Verdun s'était rendu célèbre par une magnifique chaire à prêcher dressée dans l'église du collège des chanoines de Klosterneuburg, sur le Danube en amont de Vienne.

Dire que l'art « roman » d'Italie, d'Espagne et de Provence s'inspirait largement de l'Antiquité romaine est simplement rappeler une évidence. Les sculptures des sarcophages et les tombeaux, de la période paléochrétienne au très haut Moyen Age et jusqu'aux plus belles manifestations de cet art roman en son plein épanouissement, restaient fidèles aux mêmes thèmes iconographiques et aux mêmes factures ; ceci non seulement dans les églises des villes proches de la mer intérieure mais également loin dans l'arrière-pays, jusque dans les hautes vallées de la Drôme par exemple. Réemploi ou copie, ou simple imprégnation, les sculptures monumentales, pour les portails des sanctuaires ou les chapiteaux des cloîtres, témoignent, un peu partout en Provence et dans le Languedoc oriental, des mêmes influences. Certains ateliers d'Arles, de Saint-Gilles-du-Gard et de Maguelonne travaillaient dans ce registre ; les belles figures de la façade de Saint-Gilles se présentaient dans un encadrement caractéristique de cette manière antiquisante. Quant à l'architecture, les arcatures et les bandes en relief, les moulurations, les corniches rappellent très exactement celles des arcs de triomphe et autres édifices romains. De telles ordonnances « classiques » se rencontrent non seulement à Saint-Trophime d'Arles et à Saint-Gilles, si souvent cités, mais dans toute la Provence, pour de modestes églises même, qui évoquent, par leur forme et leurs dimensions, par leur allure d'ensemble, la *cella* d'un temple antique.

Ces manières architecturales si caractéristiques ont gagné d'autres provinces dont l'art roman paraît souvent très différent de celui de Provence. La cathédrale d'Autun, élevée dans les années 1150-1170, présente à l'intérieur une élévation à trois étages dont l'un, le *triforium*, reprend fidèlement l'ordonnance et les formes de l'une des portes de l'enceinte romaine de la cité ; la base de ce *triforium* s'orne d'une frise de rosaces directement copiée sur celle des monuments antiques, frise que l'on retrouve à l'église de Beaune et à la cathédrale de Langres.

L'art gothique ne rompt absolument pas avec cette fidélité, bien au contraire. Il est possible que notre tradition historiographique ait quelque peu privilégié les techniques de construction en mettant surtout l'accent sur la célèbre croisée d'ogives, création certes originale, mais en négligeant ou plaçant à un autre niveau d'intérêt les décors et ornements, la sculpture monumentale entre autres. De ce point de vue, l'optique paraît bien différente. Les historiens de l'art s'accordent à parler de l'« atelier antiquisant » de Reims (début du XIIIe siècle), illustré certes par les deux figures de la *Visitation*, dans l'embrasement droit du grand portail occidental, mais présent en quantité d'autres statues dispersées dans l'édifice. La nouvelle manière, ici bien afirmée mais annoncée déjà sur d'autres chantiers antérieurs, se démarquait nettement de celle de nombreux ateliers « romans » et témoignait sans conteste du désir de traduire de plus près le réel (figures, attitudes, proportions) ; elle marquait aussi une recherche esthétique différente que certains caractérisent en parlant d'un effort pour traduire le « beau ». Tout ceci accrédite un renouveau d'intérêt pour l'Antiquité et force est de constater ainsi que les humanistes et critiques d'art de l'Italie de la Renaissance ont accablé du mot infamant, en tous cas méprisant, de *gothique* (donc barbare) un art qui, précisément, se recommandait davantage de l'héritage antique.

Du carolingien au gothique, dans tous les domaines de l'expression artistique, de l'art monumental aux petites figures, aux enluminures et travaux d'émailleurs, ces hommes du Moyen Age certes cultivaient leurs propres registres d'émotion mais savaient, en quantité d'occasions, toujours puiser aux sources antiques.

L'idée d'un oubli de ces héritages et des modèles paraît, comme tant d'autres aussi définitives, le fruit d'une vue simpliste, artificielle et erronée.

Renaissance et Antiquité

Respect ou désinvolture ?

Pouvons-nous, d'autre part, parler en toute certitude d'un intérêt unanime pour cette Antiquité, aux moments mêmes privilégiés de cette Renaissance des XIVe-XVIe siècles, et dans les villes phares généralement citées en exemple ? Cet intérêt fut-il vraiment le ferment d'un « art nouveau » qui se serait imposé sans mal et sans partage, conforté par le désir de tout connaître de cet héritage, de le préserver ? C'est là un vaste sujet à débattre, bien plus complexe que nous l'imaginons ordinairement, contraints que nous sommes souvent de tout enfermer en quelques formules.

Certaines curiosités, voire des passions pour l'Antique, se sont effectivement manifestées alors en Italie ; mais d'une façon très inégale. Les monuments romains en place n'inspiraient généralement que de maigres préoccupations, et leurs ruines encore moins. Florence avait complètement oublié les siens et ne cherchait pas à les retrouver : le théâtre, les thermes et l'amphithéâtre, envahis de nouvelles constructions, se trouvaient rayés du plan. Au temps des premiers Médicis et donc en pleine Renaissance, les magistrats, les écrivains même ne savaient pas à quoi ces bâtiments avaient autrefois servi et inventaient à leur sujet d'étonnantes légendes. Dans toutes les villes d'Italie le *forum* était gommé, méconnaissable sous un lacis de ruelles et d'édifices disparates, cloisonné le plus souvent en îlots fermés. A Florence, ce *forum* était devenu le *Mercato Vecchio* encombré de plus d'une dizaine d'entrepôts et d'églises de grandes familles. A Bologne, c'était le *Mercato di Mezzo*, traversé par une rue marchande, étroite, irrégulière.

Nulle part, au temps de cette Renaissance marquée nous dit-on par une respectueuse admiration pour l'Antiquité, les édiles municipaux ne s'employaient à dégager ces hauts lieux romains, centre socio-culturels, emblèmes et vitrines autrefois de la cité. Le mot même de forum n'est pas volontiers repris dans les textes de l'époque et les humanistes eux-mêmes ne se préoccupèrent pas de marquer, sur ce plan, un quelconque intérêt pour un retour aux formes de l'Antiquité classique. Les auteurs des traités d'architecture et d'urbanisme présentent des projets de villes qui ne s'inspirent pas du tout de l'héritage romain ; ces villes se veulent toutes nouvelles et, radio-concentriques, se démarquent de celles de l'Antiquité.

A Rome, trop de beaux monuments ont été détruits ou reconvertis tant bien que mal en forteresses privées ou en églises, sans que les maîtres de l'heure, au Quattrocento, et les mécènes ne songent à les restaurer. Au meilleur temps de ce « retour à l'antique », aucune ruine n'est remise debout et chacun continue allègrement à exploiter temples, théâtres et amphithéâtres comme de véritables carrières. Les chauffourniers allument toujours leurs fours à chaux qui brûlent jour et nuit, chargent l'air d'âcres fumées sur le champ de Mars et en plein cœur de chaque forum ; les marbriers arrachent des blocs de marbre, des colonnes et des architraves, des balustrades et des pierres tombales aux monuments déjà malmenés par le temps[69] ; ils les utilisent sur place, pour les palais des cardinaux ou des banquiers florentins, et en envoient en différentes régions d'Italie : à Pise et à Lucques, au baptistère Saint-Jean de Florence, à Orvieto. Ce n'était en aucune façon signe de curiosité, de révérence, ou souci même de collectionneur, de savant désireux d'étudier, mais simplement habitude du réemploi, préoccupation d'économie. Ces carrières romaines de marbres antiques faisaient toujours concurrence à celles, naturelles celles-ci, de Carrare ; cela revenait moins cher et le respect de la Rome ancienne, tant célébrée dans les écrits, n'était pas assez fort, dans les années 1500, pour mettre un terme à de telles pratiques dévastatrices. A cette époque, méritait encore bien son nom le district *di Calcarario* (« des fours à chaux ») où quatre églises au moins étaient dites situées *aile Calcarare*, c'est-à-dire au milieu des carrières et des fours[70].

Tout au long du XVe siècle, après le retour des papes dans Rome, alors que la ville devenait sans conteste un grand foyer d'humanisme où les lettrés se targuaient de bien connaître leurs auteurs antiques, papes et cardinaux, amis et protecteurs de ces savants, faisaient prendre de belles colonnes anciennes encore intactes pour les péristyles des *cortili* de leurs palais, pour la basilique Saint-Pierre et le Vatican. Nicolas V (1447-1455) fit travailler des carriers à Tivoli, mais plutôt dans l'antique villa d'Hadrien que dans les montagnes ; il appela à Rome un maître maçon de Bologne, spécialiste bien connu, pour qu'il transporte d'énormes fûts de marbre, du temple de Minerve au Vatican ; d'autres entrepreneurs, mal surveillés ou avec l'aval tacite des maîtres, mettaient au même moment en coupe réglée la basilique de Constantin. Un peu plus tard, Paul II (1464-1471), vénitien, grand humaniste, fit lui aussi de larges emprunts aux monuments antiques mis au pillage pour son « palais de Venise » élevé au cœur du tissu urbain ; et Sixte IV (1471-1484) n'hésita pas à faire complètement détruire le temple d'Hercule et un arc de triomphe du *forum boarium* pour sa bibliothèque vaticane[71].

Le forum républicain n'est plus alors qu'une vaste carrière d'exploitation louée par secteurs à des maîtres maçons contre le tiers de leurs profits. Bien entendu, certains responsables, les édiles municipaux ou le pape, regrettent, protestent vigoureusement et parfois désignent les coupables. Pétrarque déjà leur faisait de beaux procès et lançait contre ces barbares de dures invectives. En 1363, les magistrats de la commune édictaient des statuts qui interdisaient de porter atteinte aux monuments anciens et, cent ans plus tard, Pie II (1458-1464) promulguait une bulle pour protéger ceux restés encore convenables ; avant même son élection, il avait sévèrement pris à partie le peuple romain coupable de tant de négligences ou de complaisances : « O Rome… ton peuple arrache de beaux marbres aux murs vénérables pour en tirer de la chaux vile ! O peuple indigne, si tu perpétues encore pendant trois cents ans de telles profanations, il ne te restera aucun signe de noblesse ! » Dans l'intervalle, plusieurs auteurs, humanistes, membres de la curie pontificale ou des livrées cardinalices, s'étaient employés à décrire les gloires du passé et dénonçaient de façon virulente les destructions de ces vestiges exceptionnels, dignes d'éloges et de servir d'exemple. De retour à Rome (septembre 1443), dans la suite du pape Eugène IV qui avait dû, dix ans auparavant, fuir ignomigneusement la ville, Flavio Biondo entreprend la rédaction de ses *Romae instauratae*, dédiés précisément au souverain pontife : essai de reconstitution topographique de la ville antique, inventaire des monuments insignes, appels au respect des ruines. Le constat est, en tout point, plus que sévère. Biondo montre la place du Capitole en piteux état ; le seul bâtiment encore debout servait à la fois de salle de réunion aux sénateurs et de grenier à sel ; tout autour, ce n'étaient que ruines et blocs de travertin empilés ; chaque jour des marchands, qui s'en étaient fait une spécialité, venaient piller pour les vendre plus loin les belles pierres et les marbres. Quant au dessin des rues et à l'emplacement des bâtiments, il ne peut en donner un schéma à peu près cohérent que pour de rares secteurs : pour le tracé des murailles, pour le quartier du Vatican, l'Esquilin et une part du Viminale ; pour le reste, il doit se contenter de citer simplement les édifices antiques en les classant selon leurs usages (les thermes, les temples, les théâtres...), sans les situer avec quelque certitude. Il est clair que, passionné pourtant pour cette reconstruction du paysage urbain, du dessin des voies et des places, l'homme de science dut abandonner son premier propos et limiter ses ambitions : trop de destructions, trop de tracés complètement effacés, perdus dans les mémoires[72].

En ces temps encore, rien ne pouvait freiner l'appât de bons profits. En 1518, Raphaël écrivait au pape Médicis Léon X pour se plaindre amèrement de ces disparitions ; il lui rappelait, amer et désabusé, que, dans les douze années passées à Rome, il avait vu mettre à bas le temple de Céres au forum, la porte triomphale des thermes de Dioclétien et une bonne partie du forum de Nerva[73].

Le moins que l'on puisse dire est que la passion mise par quelques uns, humanistes ou artistes, à magnifier la ville, à perpétuer le souvenir de ses gloires et de ses vertus, de ses conquêtes et de sa domination sur le monde entier, n'avait pas encore suscité de grands efforts de conservation du patrimoine hérité de ces temps exaltants. Sans doute faut-il y voir la conséquence de l'étroitesse des moyens financiers ; mais il n'est pas déraisonnable d'invoquer, au-delà des habitudes et de la recherche d'économie en matériaux et en main-d'œuvre, une certaine indifférence, un manque de véritable curiosité.

En tout état de cause, l'interprétation des cris d'alarme ou d'indignation et des quelques mesures de conservation, plus ou moins contraignantes et efficaces, pose en elle-même un problème. Toutes ces interventions, ces proclamations et ces interdictions, ne répondaient pas seulement à un vif intérêt pour les vestiges de la civilisation antique. Ce serait mal les comprendre que de n'y voir que des marques de respect. Ces discours se fortifiaient d'intentions politiques : il s'agissait de clamer très haut la gloire de Rome, sa paix et son juste gouvernement du temps de sa splendeur, et de rehausser du même coup le prestige de la papauté qui s'affirmait héritière de ses traditions.

La commune de Rome, vacillante, sans grands pouvoirs politiques réels, se réclamait constamment de la Rome républicaine ; elle s'était installée sur l'une des éminences du Capitole et y cultivait le culte du souvenir et les symboles. La ville s'efforçait de promouvoir, alliée aux papes, la reconquête des lieux et bâtiments insignes qui firent la parure et la renommée de l'*Urbs* et cette reconquête ne reflétait naturellement pas les seules intentions culturelles ; elle se chargeait de préoccupations précises et s'inscrivait dans un climat de luttes souvent dramatiques contre les grandes familles nobles, toujours maîtresses de la cité. Lorsque les Annibaldeschi, seigneurs guerriers, furent chassés du Colisée, en 1332, cette victoire fut célébrée comme un triomphe par des belles fêtes, des tournois et des courses de chevaux ; des foules étaient venues si nombreuses dans l'arène que cette presse fit onze morts qui furent ensevelis comme des héros ou des martyrs à Sainte-Marie-Majeure et à Saint-Jean-du-Latran.

L'idée de continuité, la foi en la gloire immortelle de Rome soutenaient, à même époque, les discours et les écrits de Pétrarque : l'accord entre l'aventurier politique et l'humaniste s'affirmait sans discordance, tous deux engagés dans ce combat idéologique ; proclamant l'un et l'autre que les vertus de *l'imperium* s'étaient directement transmises des temps antiques à la Rome de leur temps.

Cela certes n'allait pas de soi. Pétrarque devait, insistant sur les Vies des Romains illustres et réduisant à la ville son seul champ d'observations, rejeter toute la *translatio imperii* et tirer un trait sur les temps des Barbares, sur l'empire restauré par les Carolingiens puis par les Ottons. Ces empires germaniques, pour lui, ne comptaient pas : « Si l'*imperium* romain n'est pas à Rome, où sera-t-il ? » D'autre part, il disait et redisait que la *virtus romana* s'était maintenue, en sommeil peut-être pour un temps, dans le peuple romain même dégénéré.

En Italie, beaucoup refusaient d'adhérer : « Cette identification de la vertueuse Rome républicaine et de la cité des papes correspondait si peu à la réalité qu'elle ne produisit pas une forte impression sur les humanistes italiens venus après lui[74]. » Un fort courant, politique et littéraire, exaltait au contraire la vertu des « communes », villes d'Italie qui se gouvernaient elles-mêmes et échappaient ainsi à la tyrannie d'un prince et à la corruption des mœurs inhérente à la Cour. Là, dans ces cités libres, et là seulement, s'étaient réfugiées les vertus d'autrefois. Ce discours fut développé, pendant plus d'un siècle, par nombre *d'Histoires* vigoureusement encouragées par les gouvernements municipaux qui ne voyaient aucun intérêt à une soumission, même simplement culturelle à Rome. Leonardo Bruni, chancelier de la seigneurie de Florence, écrivit une *Histoire du peuple florentin* (1449)[75]. Mercantonio Coccio, dit Sabellicus, une *Geste des Vénitiens* (1498). Plus tard encore, Machiavel, lui aussi appointé par la seigneurie de sa ville, s'inscrit exactement dans cette série avec ses *Histoires florentines* (1525), affirmant, sans l'ombre d'une quelconque révérence pour Rome, lui qui montrait tant d'admiration pour les auteurs de l'Antiquité, que « des ruines de Rome, rien n'avait surgi qui puisse être comparé à son ancienne grandeur » ; alors que les villes nouvelles, dont Florence évidemment, firent preuve de tant de *vertu* et de *génie* qu'elles furent capables de vivre en liberté et de se défendre contre les Barbares[76].

Pourtant, Rome l'emporte et, malgré ces compétitions et rivalités, se place indiscutablement en seule héritière, ou peu s'en faut. Ses défenseurs ne manquent pas d'arguments ; ils reprennent ceux de Pétrarque et, comme lui, parlent de la ville, de ses monuments, de ses ruines grandioses. Très significatif est, sur ce plan, l'itinéraire intellectuel de Flavio Biondo, humaniste, auteur fécond qui lui aussi finit par s'engager au service d'une politique déterminée. Après son *Italia illustrata* qui laissait une large place à l'Histoire et à la description de nombreuses villes et régions depuis la chute de l'Empire romain, après un vif intérêt porté, lors des années d'exil de la papauté, à Venise, voici, en 1443, ses *Romae instauratae* où se développe tout l'arsenal proromain. Il est alors familier du pape, membre de la curie ; il a gravi tous les échelons de la hiérarchie ; c'est un conseiller écouté, souvent chargé de missions, un homme influent susceptible d'orienter et de soutenir une action diplomatique et une mise en condition de l'opinion. Il s'est mis à l'ouvrage pour mieux défendre la position du pape Eugène IV dans une ville qu'il vient de retrouver dévastée, encore déchirée par les luttes entre les factions. Mais Rome, tête de la Chrétienté, est toujours la capitale du monde et tout le discours tend à le montrer. Biondo admoneste sévèrement les peuples chrétiens d'Europe, d'Asie et d'Afrique (des envoyés du prêtre Jean sont venus rendre visite), leur demande de se soumettre à l'« empire chrétien de Rome ». Il ne manque pas de rappeler l'allure médiocre, le peu d'espace en tout cas, des villes où, dans les temps de malheur, la cour pontificale a dû s'installer. Avignon, Bologne, Ferrare, Sienne ou Florence peuvent-elles rivaliser ? Laquelle de ces cités peut se dire héritière d'un tel passé chargé de gloires[77] ? Pour lui, comme pour tous ceux qui adhèrent à cette politique au lendemain de la « captivité de Babylone » dans Avignon, décrire ce passé, inventorier les illustres témoignages, dénombrer les « merveilles » de la ville, exhiber de beaux morceaux de colonnes ou de tympans, de belles statues mutilées et même des monnaies d'or ou des bijoux, tout ceci participe de la même démarche, pour convaincre, pour ancrer des fidélités.

Erudits, collectionneurs, brocanteurs ?

Dans les années fastes du Quattrocento, à Rome comme dans toute l'Italie, l'intérêt se portait surtout sur les « trésors » recherchés tout autant pour leur étrangeté ou pour leur prix que pour leur signification historique : camées, médailles et monnaies, statuettes, tous objets à la mode et déjà pieusement conservés par des amateurs passionnés, acharnés à enrichir leurs collections. Vénération pour ces témoins directs d'un lointain passé qui avaient bravé le temps et donnaient aux hommes conscience de leur histoire ? Admiration des belles formes et des beaux matériaux ? Plaisirs de l'esprit et enthousiasmes des experts ? Plus souvent sans doute occasions de fructueux commerces et de spéculations, sources parfois de rivalités, de trafics douteux, de contrefaçons même. Cette passion s'apparentait dans bien des cas au pillage.

Il est hors de doute que la mise à jour, généralement fortuite, d'une « pièce » romaine, d'un « antique », naturellement étrange ou insolite mais toujours admiré, prenait alors figure d'événement. Celui qui s'en rendait possesseur offrait une fête, la montrait puis l'exposait. Les premiers musées prenaient forme : salles ou galeries bien éclairées, accueillantes pour de vastes séries. Le pape Paul II avait réuni de riches trésors : un inventaire précis, commencé en 1459 par l'un des notaires apostoliques et pas encore achevé trois ans plus tard, dénombrait plus de cent monnaies d'or, plus de mille en argent, cent trente-six pièces gravées, des dizaines de petits bronzes et deux cent vingt-sept camées qu'il fit sertir dans des cadres en argent doré, frappés de ses armes et d'inscriptions tant à la gloire de saint Pierre qu'à celle de Bacchus. En 1466, il engageait par contrat une troupe de maçons et précisait que ceux-ci devraient lui livrer aussitôt tout ce qu'ils trouveraient d'intéressant pour ses collections : « images » sculptées, monnaies, même de cuivre[78]. Sixte IV, lui aussi amateur invétéré, mit tout en œuvre pour interdire la sortie de Rome des pièces anciennes, souvent achetées par les commissionnaires des princes, les Sforza de Milan, les Este, les Médicis surtout, qui payaient largement divers intermédiaires secrets. C'est lui qui fit don à la ville de Rome de plusieurs statues ou groupes remarquables (un *Hercule* de bronze doré, le *Tireur* et la *Louve)* placés au Capitole, premières amorces d'un *Musée capitolin* qu'il inaugura en grande pompe le 14 décembre 1471[79].

Les statues restées en place sur un forum, rares certes mais bien connues, faisaient partie du décor quotidien et figuraient sur toutes les images de la ville ; elles servaient de repères ; certaines avaient donné leur nom au quartier environnant ; sur le Quirinal, la *contrada de'Cavalli* (dite aussi *ad equos marmareos)* devait le sien aux deux grands chevaux que la tradition attribuait délibérément l'un à Phidias, l'autre à Praxitèle[80] !

Quant aux « inventions », les plus belles trouvailles suscitaient de véritables dévotions et parfois de grands mouvements de foule. En 1485, la pioche des démolisseurs mit par hasard à jour, sans le rompre, dans l'un des grands tombeaux de la *via Appia*, le sarcophage d'une jeune romaine encore parée de ses bijoux. Exposée au Capitole, la presse des curieux fut telle que le pape dut, après quelques jours, la faire enterrer, de nuit et secrètement, en un lieu reculé.

Mais, pour certains, cette quête aux antiques devint un vrai métier ; des maçons et vignerons ou jardiniers aux libraires et orfèvres, aux artistes qui servaient d'intermédiaires, ajustaient ou copiaient médailles et statuettes, beaucoup en tiraient d'appréciables ressources. Dans les années 1510, la veine n'en était pas encore épuisée et les commerces fleurissaient toujours. Benvenuto Cellini s'était acoquiné avec des manouvriers lombards occupés à biner les vignes au printemps : « Ces manants, en piochant la terre, trouvaient à chaque instant des médailles antiques, des agates de diverses couleurs, des cornalines et des camées, des pierres fines, des émeraudes, saphirs, diamants et rubis. Des hommes à l'affût de ces découvertes les leur achetaient pour presque rien et moi je courais après eux. » Il les revendait aux cardinaux, s'attirant ainsi leur reconnaissance et amitié ; à l'un une émeraude, en forme de tête de dauphin, « aussi grosse que les fèves dont on se sert dans les scrutins » ; à l'autre un camée où l'on voyait Hercule enchaînant les trois têtes de Cerbère ; ou encore une Minerve faite d'une topaze[81].

Aussi voit-on cet intérêt pour l'antique se limiter souvent à la recherche des objets et des fragments de décors. En somme, l'art romain s'appréhendait alors par morceaux, par éléments forcément disparates non reliés, non datés ni identifiés, le plus souvent mal compris. La passion pour le détail, pour le motif, l'emportait communément sur toute autre approche.

Chacun s'extasiait et s'enthousiasmait dès qu'un heureux hasard apportait une découverte mais personne ne pouvait la situer dans le temps, ni même, le plus souvent, en définir le sujet. L'effort pour insérer une pièce dans son contexte demeurait limité. D'étonnantes légendes, des explications extravagantes s'attachaient aux lieux insignes, aux statues, aux édifices en ruines, dans une totale confusion, sans qu'aucune recherche systématique amène quelque secours. Etait constamment évoqué non un passé historique bien défini mais l'intervention du surnaturel, parfois d'un surnaturel chrétien. Les miracles y tenaient une grande place. Les histoires colportées faisaient état de merveilles, de trésors, de plaques d'or. Dans le Capitole, les Romains voyaient certes un haut lieu de leur passé, mais ils l'entouraient de récits fabuleux, de pure invention. Là se dressait autrefois, disait-on dans le peuple et trouve-t-on rapporté par les meilleurs auteurs, un édifice admirable revêtu de verre et d'or, construit pour être le miroir de toutes les nations. Ce *Capitolium aureaum* avait été, pensait-on, surmonté d'une grande tour portant une lanterne d'or pour indiquer aux marins où se trouvait la capitale du monde ! A l'intérieur s'alignaient les statues de tous les rois et de tous les empereurs.

Chaque place publique, chaque monument portait sa légende où se mêlaient les souvenirs de la mythologie antique, de l'histoire plus ou moins légendaire de Rome et des Ecritures. C'était Noé qui, après l'échec de la tour de Babel, aurait fondé la ville de Rome, son fils Jason installant son palais fortifié sur le mont Palatin. Pour les autres collines, étaient cités Saturne et Hercule, un roi nommé Italus, Evandre roi d'Arcadie, Tibris roi des aborigènes, Coribas (?), Glancus, le plus jeune des fils de Jupiter, et même… une fille d'Enée qui, elle, n'était pas nommée. Quant aux ruines, beaucoup se voyaient également attribuer de fausses appellations nées d'étonnantes confusions parfaitement inexplicables, ou de totales ignorances, de lectures fautives des inscriptions.

Nos Romains de la Renaissance, incapables de comprendre leurs vestiges antiques, de les insérer dans une histoire dont ils clamaient pourtant les merveilles, se tiraient volontiers d'embarras par de simples jeux de mots. Le Vélabre, cette dépression marécageuse, quartier populaire situé entre le Palatin et le Capitole, simplement illustré par la petite église de San Giorgio in Velabro, devint dans le langage populaire, d'une façon pour le moins inattendue, le *Velum Aureum*... En 1452, un voyageur allemand, pourtant renseigné sur place, disait que la statue équestre du Latran (le Marc Aurèle) représentait « un vilain appelé Septime Sévère qui tua un roi qui assiégeait Rome et le ramena dans la cité » ; il affirmait aussi que Romulus était enseveli sous la pyramide de Cestius[82]. Lorsque fut découverte, en 1480, dans les vignes du cardinal della Rovere, une admirable statue d'Apollon aussitôt exposée dans la cour du Belvédère au Vatican, personne ne fut capable ni de la dater même d'une façon approximative, ni de l'identifier ; les clercs et les notaires des cardinaux, les humanistes des académies, enthousiastes certes, proposèrent quantité d'explications et attributions toutes plus fantaisistes les unes que les autres.

Il faut avouer que le goût du merveilleux et la mode du moment ne facilitaient pas les choses. A même époque, la *fama* populaire donna à une statue d'Isis dont on ne savait que dire le nom de *Lucrezia ;* c'était tout bonnement par référence à la favorite du roi de Naples dont la visite, peu de temps auparavant, et ses cortèges dans la ville avaient si fort frappé les imaginations[83].

Ces quelques indications montrent à l'évidence le caractère imparfait et fragmentaire, au Quattrocento et à Rome même, de la connaissance, sur ce plan du moins, de l'ancienne Rome. Les hommes les mieux avertis, les humanistes férus de l'antique, devaient se contenter d'admirer sans toujours savoir. Les véritables identifications demeuraient rares, fêtées dans le cercle des érudits comme de véritables miracles. Le fameux groupe du *Laocoon* et de ses deux fils assaillis par les serpents, découvert le 14 janvier 1505 dans une vigne près des thermes de Titus, aussitôt admiré par Michel Ange et pas Sangallo, fut bien reconnu pour cette œuvre insigne dont parlait Pline. L'inventeur de cette pièce exceptionnelle, un nommé Felix de Fredi, fut fêté comme un héros, honoré de faveurs toute sa vie et, après sa mort, enseveli dans l'église de l'Aracoeli consacrée, sur le Capitole, aux gloires de l'Urbs. Le pape Jules II donna six cents écus pour que ce *Laocoon* soit joint aux collections du Vatican. Un tel succès, de tels enthousiasmes tenaient-ils seulement à une vénération sans mélange de l'art antique ou au plaisir de retrouver là un des épisodes familiers et parmi les plus dramatiques d'une histoire chantée et apprise depuis des siècles ? En effet, si le drame était si bien connu, c'était simplement parce qu'il s'insérait dans l'histoire de la guerre de Troie et du cheval d'Ulysse, largement divulguée depuis des générations. C'est donc bien par la grâce d'un répertoire proprement « médiéval » que les hommes de la Rome « renaissante » furent capables de mettre un nom sur l'une de leurs découvertes antiques.

Les timides essais de reconstitution des civilisations disparues se faisaient en ordre dispersé, utilisant pêle-mêle des éléments des temps républicains et d'autres des derniers siècles de l'empire. Le culte de l'objet et la folie de collectionner poussaient à se passionner pour les accessoires ornementaux ou anecdotiques dont les significations n'étaient pas toujours exactement perçues. Soucieux de suivre ces modes, les peintres chargeaient abusivement leurs compositions d'un nombre considérable d'appareils antiquisants, d'un véritable bric-à-brac romain. Ainsi, en particulier, pour les *Triomphes :* celui de Jules César par Mantegna (de 1484 à 1494), celui de Scipion l'Africain par Jules Romain une dizaine d'années plus tard. Au temps du pape Léon X, Raphaël s'inspira, pour les loges du Vatican, des fins décors de la *Maison dorée* de Néron : guirlandes de feuillages, hommes et animaux fantastiques ou burlesques. Dès lors, les sculpteurs mirent de ces guirlandes partout et, comme de cette *Maison* les maçons avaient surtout mis à jour les grottes du jardin, ces fantaisies prirent le nom de « grotesques » ; elles firent fureur.

Révérence consciente à l'antique ? N'est-t-il pas permis d'en douter ? Ne vaut-il pas mieux invoquer en bien des cas la magie des modes, une sorte de snobisme dirions-nous, le désir de reprendre à satiété, servilement, le goût du jour ?

Paganisme ou retour aux sources du christianisme ?

Rome restait au cœur de toutes les démarches et la connaissance s'appuyait avant tout sur les découvertes faites dans la ville ou d3ans les environs immédiats, dans les ruines, les champs ou les vignes, le plus souvent dans les propriétés des cardinaux de l'Eglise. Cette constatation invite à souligner une orientation des curiosités et des intérêts.

Contrairement à ce qui est souvent écrit cette renaissance ne s'affirme pas du tout comme une complaisance pour les temps du paganisme, comme un affranchissement des croyances traditionnelles. L'admiration pour les auteurs anciens, pour les œuvres d'art retrouvées, ni, d'autre part, la liberté des mœurs prêtée aux hommes de lettres du temps, n'excluaient en aucune façon la fidélité à la religion des pères ni les multiples références à la culture chrétienne. La légende du Capitole se confortait du récit d'un miracle. C'est là, disait-on, qu'Octave Auguste avait vu apparaître en pleine lumière, vision provoquée par la Sybille de Cumes, une Vierge portant un enfant au-dessus d'un autel, annonçant la venue du Sauveur ; à cet emplacement exact fut construite l'église d'Aracoeli où Cola di Rienzo devait parler aux foules, et les héros du peuple romain et chrétien trouver leur dernier sommeil. Si, dans le parler commun, la *Porta Aurelia* change de nom et perd cette référence à l'empereur pour devenir la *Porta Aurea*, c'est pour rappeler celle de Jérusalem où Joachim rencontra Anne, où le Christ fut acclamé le jour des palmes, par où Heraclius entra dans la ville ramenant la Sainte Croix après sa victoire contre les Perses.

Les seules explorations romaines entreprises au temps de la Renaissance, les seules recherches de structures antiques, ne furent pas conduites pour exhumer des vestiges païens, des temples ou des théâtres, mais les cimetières témoins des premiers temps du christianisme en Occident.

Cet intérêt porté alors, aux XVᵉ et XVIᵉ siècles, aux catacombes romaines, étonne généralement nos historiens qui pensent que les hommes de la Renaissance, les poètes ou philosophes humanistes les premiers, ne portaient leurs curiosités que vers les temps de la République romaine et de l'empire triomphant, temps des dieux païens. Pour eux, l'archéologie chrétienne ne s'est affirmée véritablement, après quelques balbutiements maladroits à la fin du XVIᵉ siècle – dus au hasard d'une découverte inopinée (le 31 mai 1578), qu'avec les travaux du père Marchi et de Giovanni-Batista De Rossi, à partir des années 1850. L'article du *Dictionnaire d'Archéologie chrétienne et de Liturgie (1910)*, signé de dom Henri Leclercq, affirme que les cimetières chrétiens de Rome furent complètement oubliés pendant des siècles et que « le Moyen Age épaissit sur les cimetières la nuit dont il recouvrait le passé tout entier ». Quant aux temps de la Renaissance, l'auteur indique bien que la catacombe de Calliste portait des graffitti de frères franciscains, de 1433 à 1482, et celle des saints Pierre et Marcelin les signatures du célèbre Pomponius Loto et de ses compagnons (1475). Mais le même article y accorde peu d'importance et semble même suggérer que ces écrivains, membres et ornements de la célèbre Académie romaine condamnée par le pape Paul II, auraient trouvé là un refuge contre les poursuites, du moins un lieu sûr où se rencontrer à l'abri[84].

En fait, les deux propositions étaient à revoir :

Les catacombes n'étaient, au Moyen Age, ignorés ni des Romains ni des visiteurs. En 625-638, un pèlerin demeuré anonyme donnait, dans un récit qui se voulait surtout un guide, quantité de détails sur les églises et les cimetières anciens de Rome. Un contemporain de Charlemagne laissa des notes topographiques et des relevés d'inscriptions. Les catacombes figuraient en bonne place, dans les années mille, dans les descriptions de la ville, ces *Mirabilis urbis Romae* si largement diffusés, et, un siècle plus tard environ, dans les écrits de l'Anglais Guillaume de Malmesbury qui évoque le passage des croisés à Rome au temps d'Urbain II, et reproduit une liste topographique des monuments et des cimetières[85].

Les humanistes ont fait bien davantage que de s'aventurer par hasard ou de se réfugier, contraints et forcés, dans l'un des cimetières. Ils en ont visité plusieurs attentivement (celui de Pierre et Marcelin donc, et aussi ceux de Calliste, de Prétextat et de Priscelle), situés en des lieux éloignés et de structures différentes les unes des autres. Ce fut une véritable exploration et ils en ont tiré profit[86].

Pour ces hommes, humanistes de la Renaissance qui s'affublaient des noms des auteurs grecs ou latins (Callimaque, Asclépiade, Glaucus, Sabellicus), les antiquités chrétiennes leur parlaient tout autant, et mieux peut-être, que les autres. Maffeo Vegio, (+ 1458) consacrait alors tout un volume à la description très minutieuse de la première basilique Saint-Pierre. Flavio Biondo (+ 1463) dédiait sa *Roma instaurata* au pape vénitien Eugène IV, livre à la gloire de toutes les antiquités de Rome, à ses grandes basiliques chrétiennes tout autant qu'aux vestiges plus anciens. Tout ceci témoigne d'un vif intérêt, que rejoint celui porté, exactement à la même époque, à Ravenne, à ses églises et baptistères[87].

CONCLUSION

Il est bien possible que la faveur manifestée par les auteurs des années 1820-1840 aux peintres italiens des Trecento et Quattrocento soit, pour une bonne part, née d'un malentendu ou plutôt d'une équivoque. Voulaient-ils que l'on admirât les œuvres pour elles-mêmes ou, plutôt, leurs auteurs ? Ces promoteurs d'une nouvelle mode ne semblent pas en parfait accord avec ceux qui l'avait lancée autrefois, au temps des humanistes. Ils ne reprennent pas volontiers les critères de Pétrarque ou d'Alberti. Ils font assez peu de cas de *l'art* à bien représenter la nature, et n'invoquent pas à tout propos l'imitation des œuvres antiques ni les hauts faits des Grecs et des Romains. Ce qui semble surtout les intéresser serait davantage l'idée qu'ils se font de la personnalité des artistes de cette époque et, plus généralement, de la condition de l'homme face aux contraintes de la société et de la religion.

Cet homme, cet artiste, ils pouvaient le connaître, définir ses insertions sociales et son caractère propre, alors que tous ceux des siècles précédents leur demeuraient, faute de documents ou de recherches suffisamment attentives, complètement inconnus. Grâce à Petrarque et à Boccace, puis surtout à Vasari, les critiques et amateurs d'art du XIXe siècle disposaient enfin de noms et de figures. Ces *Vies* de Vasari les comblaient ; celle de Benvenuto Cellini écrite par lui-même, véritable roman de cape et d'épée aux cent rebondissements, les passionnaient. Cette intimité leur paraissait une merveilleuse nouveauté et c'est, en somme, à leur enthousiasme – et à leur ignorance – que nous devons cette idée parfaitement erronée de l'anonymat de l'artiste au Moyen Age.

De plus, ces peintres, sculpteurs et orfèvres leur plaisaient. Pour ce qu'ils en savaient, ils pensaient s'y retrouver eux-mêmes. Pour ces historiens et critiques des années 1800, il ne faisait aucun doute que la Renaissance avait marqué un net refus des contraintes « morales » et sociales, un abandon intelligent des dévotions traditionnelles. Stendhal le révolté, qui se déclarait athée et jacobin, ne cessait d'applaudir ; ses *Chroniques d'Italie* disent assez ses ferveurs pour un monde de violences et de reniements ; Burckhardt faisait de Cellini un héros, peut-être même un modèle. Ce n'était là, bien sûr, qu'une erreur d'appréciation ; mais cette erreur s'est maintenue et l'idée d'un « modernisme » païen, d'une Renaissance qui acceptait tout de l'Antiquité et rejetait le christianisme a fait son chemin.

Dès 1942, l'admirable livre de Lucien Febvre, le *Problème de l'incroyance au XVᵉ siècle*, dénonçait ces vues trop simplistes et remettait magistralement les choses au point. Une étude approfondie des véritables curiosités intellectuelles, dans la Rome du Quattrocento et un peu plus tard, apporterait à sa thèse, malheureusement souvent négligée, nombre de confirmations et reléguerait l'image de la Renaissance, férue à tous crins de la civilisation antique, sans discernement, et par cela même païenne, au répertoire des clichés vieillis.

DEUXIÈME PARTIE

La féodalité et les droits du seigneur

1

LES PARTIS PRIS

L'ÉTAT TENTACULAIRE ET SES VERTUS

Ce que nous savons, ou plutôt ce que nous retenons volontiers du Moyen Age, de sa civilisation, des structures politiques et sociales, des genres de vie et surtout des relations humaines, nous a été dicté, il y a déjà très longtemps, par des œuvres de pure propagande, élaborées consciencieusement, reprises par des foules de polygraphes appliqués à seulement copier. Ces auteurs furent des donneurs de leçons qui, sans aucun complexe, portaient des regards sévères sur un passé dont ils ne savaient pas grand-chose. Les mêmes clichés se retrouvent encore ici et là, dans de simples manuels pour écoles primaires, dans de beaux livres illustrés destinés à un large public cultivé, et même dans des études plus spécialisées, commentaires par exemples d'ouvrages littéraires ou artistiques. Sans parler, bien sûr, de ce qui échappe à tout propos au courant de la plume ou au discours non contrôlé.

La condamnation, déjà très lourde pour le Moyen Age dans son ensemble, hausse le ton et atteint ses plus hauts degrés dès qu'il s'agit de la féodalité, des « sociétés féodales », sources de tant d'abus, de malheurs et de crimes. Condamnation sans nuances, car tout est généralement pris en bloc, des pays du Nord aux rivages de la mer intérieure, des temps de la chute de l'Empire romain jusqu'à l'aube radieuse des « Temps modernes ». La féodalité, voilà le mal absolu, la barbarie incarnée.

Il suffirait de reprendre un manuel d'enseignement d'avant la dernière guerre, et même d'avant 1950-1960, du temps où ces livres pouvaient à juste titre se prévaloir d'un certain contenu, pour avoir une assez nette mesure des intentions. En France, en tout cas, l'école savait quel discours tenir et, sous différentes étiquettes, n'en changeait pas beaucoup. Le Malet-Isaac indiquait clairement la ligne à suivre ; ni les élèves ni leurs maîtres n'en n'ont connu d'autres et ne se posaient de questions. Ces livres développaient et illustraient par maints exemples édifiants une analyse qui confortait l'idée que la République apportait en elle-même la paix et la justice sociale ; plus encore, ils renforçaient la conviction que rien ne pouvait se faire de grand, de solide et d'équitable sans une forte concentration politico-administrative. Notons d'ailleurs que, sur ce dernier point, sur les mérites de l'Etat sévèrement structuré et sur les méfaits de l'« anarchie féodale », adversaires et partisans de l'idéal républicain ne se distinguaient en rien. Tous se sont appliqués à condamner la féodalité, mère de l'anarchie. L'accord s'est toujours fait, dans les sphères de pensée politique, sur les bienfaits d'un pouvoir fort, sur l'œuvre méritoire de nos rois – de Louis le Gros à Louis XIV – qui ont su mettre les affreux seigneurs à raison. Aucune discordance : de tous les bords venaient et viennent encore de dures diatribes contre les brigands féodaux qui, l'affaire était bien connue et chacun pouvait pigmenter le tableau à sa guise, avaient mis la France à feu et à sang. Nous connaissons tous ces mises en garde solennelles contre cette anarchie féodale dont nos maîtres à penser agitent sans cesse le spectre d'effroyables misères. De nos jours encore, ce consensus paraît établi.

C'est ainsi que de tout temps l'image de la féodalité, système achevé de la dilution des pouvoirs, s'est trouvée entachée de ce vice abominable, accusée et condamnée sans procès d'être, par sa nature même, source d'anarchie et de malheurs.

Histoire d'une littérature de combat

Cette littérature prétendument historique, les messages et les slogans dont nous héritons, furent, en leur temps, des œuvres de combat politique et idéologique dictées par des programmes d'action soigneusement élaborés. Sans doute doit-on admettre (... et déplorer) que chaque « école » historique et même chaque investigation individuelle portent la marque de leur temps ; que les auteurs, chercheurs consciencieux par ailleurs, ne peuvent aisément s'affranchir des préoccupations de l'heure, ni des modes, ni du contexte spirituel ; et qu'il existe ainsi, pour tout ouvrage appelé à quelque succès, des limites aux vertus d'objectivité et de détachement. Mais, ici, pour la féodalité comme pour l'Eglise au Moyen Age, mieux vaut ne plus parler de climat ambiant mais de consignes, de directions et, véritablement, d'un manque total d'originalité. Les schémas assénés n'étaient certainement pas le fait de hasards, mais bien au contraire de solides déterminations.

Ceux qui ont forgé cette image d'un Moyen Age frappé du sceau de l'obscurantisme ont souvent, sans même se rencontrer, formé des cercles de pensée soigneusement protégés des ingérences extérieures et des critiques. Les esprits trop indépendants, trop curieux des faits, furent délibérément écartés de la scène pédagogique ; leurs travaux demeuraient généralement inconnus du grand public alors que ceux des amis et de ceux qui, sciemment ou non, se pliaient aux conformismes, étaient portés au pinacle, analysés ou plutôt reproduits, cités jusqu'à satiété. On retrouvait partout les mêmes formules, les mêmes exemples susceptibles d'entraîner l'émotion. Si bien que, sur cette société féodale, le discours historique, morne et sectaire, tournait en rond. Nous en gardons encore de beaux restes.

Avant 1789 : les ministres du roi

La dénonciation des droits féodaux fut conduite par deux courants d'idées, deux réflexions et actions nettement distinctes au départ, convergentes en fin de compte par leurs effets.

En premier lieu, et d'une façon parfaitement logique, par les ministres du roi eux-mêmes ou par leurs conseillers. Rien d'étonnant en cela : il s'agissait de parfaire l'établissement du pouvoir central et donc de supprimer les particularités, les droits seigneuriaux et privés, de rendre tous les hommes directement sujets du roi. Les auteurs, théoriciens de l'économie agraire souvent, s'en prenaient essentiellement au servage et aux corvées, « vestiges des temps barbares », qu'ils rendaient responsables de la mauvaise exploitation des terres et de divers désordres. Le roi avait déjà, dans ses propres domaines, aboli ces droits fort anciens ; il lui appartenait d'exiger les mêmes réformes chez les nobles et peut-être même sur les terres des abbayes.

Turgot avait entrepris d'imposer la suppression des droits féodaux et surtout des corvées remplacées par une contribution. Il échoua mais son programme inspira de nombreux ouvrages. Tout d'abord le livre de Boncerf, juriste de Besançon et défenseur des serfs, livre précisément intitulé les *Inconvénients des droits féodaux* et qui connut un indéniable succès. Exemple bientôt suivi par Letrosne *(De l'administration provinciale et de la réforme de l'impôt)* 1779) qui, lui aussi, affirmait plaider pour une bonne gestion des terres et de bons profits des labours mais dénonçait sans ambages cette féodalité « très onéreuse, très contraire à la plénitude de la propriété et au bien de la culture », cette féodalité qui « ne procure aucun avantage réel qui puisse compenser le moindre de ses inconvénients ». A Supprimer donc... De son côté, d'Argenson lui-même publiait en 1784 ses *Considérations sur le gouvernement ancien et présent de la France*. La question des corvées et des droits seigneuriaux était toujours discutée publiquement : *Correspondance d'un homme d'Etat avec un publicicite sur la question de savoir si le roi peut affranchir les serfs des seigneurs à charge d'indemnité* (A. Mangard, 1789)[1].

Les réformateurs des « lumières »

Ce courant réformateur, inspiré par les commis de l'Etat, par des préoccupations d'efficacité et d'ordre, fut relayé ou plutôt renforcé, à la même époque déjà, par un autre courant, plus polémique et contestataire. Celui-ci dénonçait les abus, les situations indéfendables et insupportables, s'en prenait à l'arbitraire que secréterait invariablement toute forme même atténuée de féodalité. Ces auteurs voulaient avant tout se placer sur le plan de la condition des hommes, de leur dignité. Nous leur devons un grand répertoire d'œuvres « historiques » parfaitement exploitables pour de grandes polémiques, car écrites à dessein. Ni l'intention ni la concertation ne font aucun doute et depuis peu, les historiens français, revenus à une analyse moins fallatieuse des origines de la Révolution de 1789, redonnent au mouvement intellectuel sa juste importance. Ce mouvement, auquel Daniel Mornet avait, en 1933, consacré un remarquable ouvrage[2], n'était plus, dans les années 1940, admis comme hypothèse de recherche, trop en opposition, à Paris surtout, avec ce que croyait pouvoir enseigner les maîtres du matérialisme historique[3].

Qui songerait aujourd'hui à nier ou minimiser l'influence des grands penseurs du siècle des lumières, de cette pléiade de moralistes vertueux, Voltaire, Rousseau, Diderot..., tous hommes de très grand renom, choyés des princes et des grands, redresseurs de torts, donneurs de leçons, toujours prêts à dénoncer les abus et prendre parti pour de justes causes[4] ? Cependant, ces maîtres des exercices de l'esprit s'en tenaient volontiers aux maux de leur époque, plus pamphlétaires ou journalistes qu'historiens en somme ; ils ne remontaient pas loin dans le temps. D'autres en ont fait un métier et leurs travaux (?), leurs affirmations en tout cas, assénées en forme de certitudes, ont conduit à de dures condamnations du passé, à réclamer de profondes réformes ; ils ne se contentaient plus de dénoncer quelques abus mais exigeaient de profonds bouleversements, parlaient de supprimer les privilèges odieux et ridicules ; et se reportaient de préférence au Moyen Age. Ces auteurs, très prolixes, y ont trouvé leur compte d'informations plus ou moins contrôlables et d'anecdotes de toutes sortes. Une bonne part de notre folklore médiéval, d'apparence scientifique parfois et ridicule ailleurs, est née de la sorte, dans ce contexte de la préparation de la Révolution.

Le Montesquieu de *l'Esprit des lois* (1748) prend exactement place parmi ces auteurs très engagés, capables d'accréditer d'étonnantes fantaisies, en recherchant dans le passé les origines de telle ou telle pratique. Germain-François Poulain de Sainte-Foix le suit de près et reprend les mêmes discours, se limitant à l'Ile-de-France proche, dans ses *Essais historiques sur Paris* (1754-1757). Une trentaine d'années plus tard, à la veille donc de la Révolution, fleurissait une littérature, celle-ci vraiment spécifique, qui s'en tenait, d'une part aux droits du seigneur féodal, à leurs abus *(Des banalités* de Frémainville, *Des droits de justice* de Baquet), d'autre part à la vie politique et aux rapports de société dans le cadre d'un seul grand fief *(Mémoires pour servir à l'Histoire du comté de Bourgogne* de Dunod de Charnage, *Mémoires historiques sur la ville d'Alençon et sur ses seigneurs* d'Odolant Desnos). Ces livres étaient publiés quelques mois avant ou au moment même de la rédaction des cahiers de doléances où, plusieurs études sérieuses le disent maintenant très clairement, il serait difficile de trouver le reflet d'une certaine spontanéité et même d'une totale sincérité. D'autres livres paraissent aux derniers moments encore, pamphlets en forme de traités savants qui s'habillent du titre, fort à la mode alors, de « mémoires » : *Modestes observations sur le « Mémoire des princes » faites au nom de 23 millions de citoyens français* (G. Brizard, 1788) ; *Mémoire sur les moyens d'améliorer en France les conditions des laboureurs, des journaliers, des hommes de peine vivant dans les campagnes et celles de leurs femmes et de leurs enfants* (S. Cliquot de Blerwache) ; puis vint le *Cri de la raison ou Examen approfondi des lois et des coutumes qui tiennent dans la servitude mainmortable quinze mille sujets du roi* (Abbé Clerget, 1789).

La nuit du 4 Août : beuveries et discours

Les adversaires des privilèges et des « droits féodaux » se targuaient de ne pas manquer d'arguments ; au-delà des principes généraux du souci d'égalité et de fraternité, ils versaient au dossier quantité de faits précis, glanés ici et là dans ces traités « historiques » qui offraient un riche répertoire, quasi inépuisable, de pratiques scandaleuses, d'abus, de cruautés et d'arbitraires. Devant l'Assemblée constituante, lors de cette mémorable séance de la nuit du 4 Août qui vit, nous dit-on, l'« abolition de tous les privilèges », les orateurs du premier front disposaient d'un riche arsenal de faits divers.

Ils avaient, par ailleurs, parfaitement préparé leur attaque, menée par un groupe d'hommes très unis, bien avertis du projet. Tout avait commencé par l'adoption d'un nouveau règlement qui, aux séances générales du matin, ajoutaient celles du soir, poursuivies jusqu'à une heure très tardive, afin de démobiliser ceux que l'on ne tenait pas informés « des motifs cachés ». Vint aussitôt l'élection d'un nouveau président qui « se fit une affaire capitale de réduire ses adversaires à l'inertie en faisant aller la sonnette soir et matin » ; et Camille Desmoulins, bon observateur de ces machinations, de poursuivre : « ce fut un trait de génie et c'est à cette conduite que nous devons les grands événements de sa présidence et la nuit du 4 Août ». Sans compter les grands dîners offerts par les partisans de l'abolition : « Un festin splendide tel que Louis XIV, dans les jours de sa plus grande magnificence, n'en donna pas un semblable. Toutes les sortes de vin y furent versées [...]. L'orgie dura jusqu'à neuf heures du soir [...]. De tous les députés qui avaient dîné chez les ducs d'Aiguillon et de Liancourt, il n'y en eut pas un seul qui ne se trouvât en état de complète ivresse [...]. Les Voidel, les Chapelier, les d'Aiguillon avaient tellement bu que le vin leur sortait des yeux en pleine assemblée[5]. »

Les discours, cette nuit-là, témoignent de cette « documentation » puisée dans des livres ou pamphlets très récents. Suite à quelques exposés de principe très généraux[6], sont venus à la tribune les dénonciateurs des abus qui, de leurs lectures, avaient recueilli quantité d'exemples horrifiques et d'anecdotes scandaleuses. Les deux vedettes furent Le Guen de Kerengal, député de la noblesse de Bretagne, et Lapoule, avocat à Besançon, celui-ci « entraîné par l'horreur que doivent inspirer à toute âme honnête les déplorables vestiges de la barbarie féodale ». Tous deux, et plusieurs autres, se sont malgré tout couverts de ridicule et furent renvoyés à leurs bancs sous les huées de l'Assemblée. Il n'est pas certain pourtant que ces propos extravagants aient été oubliés par la suite et n'aient pas été cités comme de grandes vérités. Longtemps il en est resté quelque chose. Et aujourd'hui encore ? Régulièrement nos manuels rapportent de ces abus purement imaginaires. Nos historiens s'en sont inspirés sans toujours nuancer, sans opérer des tris.

De plus, il est clair que l'attaque contre les privilèges, préparée depuis des années par quantité d'écrits et parfaitement concertée, ne visait pas à une totale refonte des systèmes en vigueur, ne cherchait pas vraiment à établir une égalité des hommes devant les charges et les impôts. Les seuls privilèges abolis dans l'enthousiasme se rapportaient exclusivement aux droits féodaux et à tout ce qui concernait la propriété rurale. D'autres sont restés en place sans trop faire murmurer[7].

Selon un programme défini depuis longtemps, les députés de la Constituante s'étaient appliqués à renforcer les pouvoirs de l'Etat et des villes, dont les maîtres au lendemain de 1789, bénéficiaient de nouveaux moyens d'actions, de meilleures fortunes, en tout cas sortaient indemnes de ces bouleversements.

De Michelet à aujourd'hui : l'anarchie féodale dénoncée par nos maîtres

Au lendemain du Premier Empire et de la Restauration, l'école historique française s'est à nouveau inscrite, d'une façon aussi virulente, dans un courant « républicain » délibérément hostile à l'Ancien Régime. Nombre d'auteurs, et non des moindres, de ceux dont nous citons toujours les noms avec une sorte de révérence émue, s'employèrent alors à dénoncer les méfaits des nobles et des seigneurs, de la féodalité ; plus, maintenant, du pouvoir royal lui-même. Ce fut, émaillant un demi-siècle et à divers degrés du sérieux, une série d'études précises ou, plus souvent, de grandes fresques qui, toutes, conduisaient aux mêmes conclusions. Les catalogues d'anecdotes dramatiques, d'abus insupportables, furent mis en place, les arguments choisis et présentés, au service d'une seule grande idée : sens de l'Histoire, progrès continu tant des techniques que du sens moral, marche inéluctable vers la paix et la justice républicaine qui trouvent forcément leurs plus fermes soutiens en les vertus naturelles de l'homme, affranchi des préjugés et des contraintes.

De nos jours, Augustin Thierry est surtout connu pour ses *Récits des temps mérovingiens* (1840) et accessoirement pour *l'Histoire de la conquête de l'Angleterre par les Normands* (1825). Mais les hommes de son temps s'intéressaient tout autant et même davantage à des travaux et écrits plus dispersés, plus fragmentaires, et d'une autre nature. Les *Lettres sur l'histoire de France* (1827) et les *Nouvelles lettres* (1833-1837), les *Considérations sur l'histoire de France* (1840) et surtout *l'Essai sur l'histoire de la formation et des progrès du tiers état* (1853), toutes ces œuvres répondaient visiblement à des intentions polémiques, politiques : de véritables recueils de leçons qui distribuaient louanges et opprobes.

La même analyse peut s'appliquer certainement à Jules Michelet (1798-1874), écrivain polygraphe, un des « pères » incontestés de l'histoire de France qui, homme de si petite figure et d'une si belle plume, a réussi à s'imposer, à exercer plus qu'un contrôle, une sorte de maîtrise tyrannique sur les carrières et sur les renommées. Or l'œuvre de Michelet, dont on peut certes citer de très fortes pages, paraît elle aussi très complexe et les travaux proprement historiques n'y tiennent qu'une place relativement limitée : des livrets rapides, de simples évocations, des réflexions personnelles et même des souvenirs notés presque au jour le jour ; plus une série d'ouvrages plus ou moins romancés dont on ne parle plus car le genre n'est plus de mode. Mise à part son *Histoire de France*, fresque hâtive que l'on pourrait prendre pour une initiation, pas davantage, ses livres d'histoire s'en tiennent essentiellement à rappeler les abus d'autrefois et l'émergence d'un ordre nouveau qui a toutes ses sympathies. Ainsi ses *Origines du droit français*, ainsi son *Histoire de la Révolution française* (1847-1853).

Déjà, en 1833, était sorti de presse le dernier des quinze volumes de *l'Histoire de France* d'Henri Martin ; puis ce fut A. Hugo, sa *France historique et monumentale* (en 1849) et marqués par les mêmes inspirations, alourdis par les mêmes clichés, *l'Histoire des serfs* de Gaudy, les *Fiefs et Champarts* et les dissertations, *Des droits honorifiques*, des *Corvées*, de Maréchal et Guyot ; sans oublier Barginet de Grenoble, Horace Raison et même Mas Latrie.

Tous ces auteurs ne se ressemblent pas. Certains avaient, en effet, sur des sujets particuliers, conduit des investigations personnelles et s'attachaient alors à des enquêtes sérieuses et originales ; ils y montraient d'indéniables qualités d'analyse critique et leurs travaux, ces travaux-là, restent encore appréciés. Mais, dès qu'il s'agissait des droits féodaux, de la noblesse, de l'Ancien Régime, intentions et conclusions se rencontraient. Aucune fausse note : partout l'unisson. La fabrication des images se trouvait parfaitement assurée : un long travail appliqué, d'allure souvent soignée, dont nous récoltons aujourd'hui les fruits calibrés, conditionnés à merveille.

De tels écrits, parfois brochures d'allure savante, n'étaient pas tous accessibles à un large public. Leur vocabulaire, certaines références à des textes juridiques, pouvaient rebuter nombre de lecteurs et interdisaient une large diffusion dans le système éducatif. Le relai fut assumé par une gamme de livres destinés, eux, à de plus grands succès pédagogiques : manuels scolaires, traités didactiques et dissertations, et même romans de cape et d'épée qui, sous le récit d'aventures rocambolesques, délivraient tout de même le message.

Les fabricants de manuels d'histoire, responsables de la prise en main de l'école au lendemain des lois de 1880-1882, ceux qui nous ont fabriqué les mots et les images véhiculés un peu partout et encore imposés à nos enfants, ces guides, souvent obscurs, médiocres en tout cas et complètement étrangers à la notion de rigueur historique, ne cachaient pas leurs intentions. Au début de ce siècle, les livres d'histoire annonçaient un engagement politique fermement assis, dès les premières pages. Les limites de l'exposé se définissaient en fonction d'un service d'Etat ; il fallait que l'« histoire du peuple français » soit substituée « à la biographie des rois et aux récits de convention si longtemps confondus avec l'Histoire » ; il fallait diminuer « la place accordée aux siècles lointains au profit des périodes voisines de nous ». Ce qui évitait, bien sûr, d'éclairer d'un jour nouveau les zones d'ombre. Quant au contenu, « faire de leurs élèves, dès l'âge le plus tendre, des hommes de progrès, de bons et sincères républicains »[8].

Ces auteurs professionnels, faiseurs de manuels pour les petites classes, n'avaient, dans les années 1900-1930 principalement, aucune formation scientifique ; leur moindre souci était de vérifier ; ils pouvaient, poursuivant un but si nettement avoué et à leurs yeux parfaitement honorable, se contenter de reprendre ce qu'ils lisaient ici ou là, et le fait est qu'ils disposaient d'un très riche répertoire d'œuvres écrites à dessein, celles des grands auteurs du XIXe siècle.

De plus pour ceux désireux de s'instruire hors ou après l'école, fleurissait une littérature « historique », à la fois savante, sermonneuse, et romantique, qui puisait très exactement aux mêmes sources. Recenser tous ces livres deviendrait vite fastidieux ; certains n'ont laissé aujourd'hui aucun souvenir ; mais, à l'époque, c'est-à-dire dès les années 1850 et pendant plus d'une génération, chacun d'eux avait apporté sa pierre à l'édifice. Tous témoignaient de la même volonté de convaincre à tout prix… au prix des pires extravagances, amalgames, acrobaties étymologiques, outrances et enfantillages…

2

ANATOMIE D'UNE PROPAGANDE RÉPUBLICAINE

Parmi tant de livres, que personne ou presque ne lit plus, en voici un qui, pour l'historien de ces manipulations et pour l'analyse des méthodes présente un double mérite : d'une part, sa nature même (style, clins d'œil et allusions) qui le destinait à une très large audience ; d'autre part, le fait que ses auteurs se réfèrent constamment et complaisamment à des ouvrages, pamphlets ou procès-verbaux, ou discours plus anciens. Il s'agit d'un volume intitulé *les Droits du seigneur sous la féodalité* avec, pour sous-titre *Peuple et Noblesse. Grand roman historique*, et pour auteur Charles Fellens. Quant à l'éditeur, on note simplement : « Bureaux de la Publication. 78, boulevard Saint-Michel, Paris. » Il n'est pas explicitement mentionné de date mais, dans le cours de l'ouvrage, il apparaît que nous sommes en 1851. C'est un *in-quarto* convenablement relié et illustré, un texte riche et dense de sept cent soixante pages, sur deux colonnes. Sans doute l'un de ces livres donné aux brillants collégiens des grandes classes lors des distributions des prix ou que les pères de familles bourgeoises, de bon niveau culturel, se plaisaient à acheter et à garder dans leurs bibliothèques pour leur éducation propre et celle de leurs jeunes gens.

Comme tant d'autres avant lui, l'auteur ne fait aucun mystère de son intention de servir une juste cause ; il s'y emploie sans pudeur ni retenue, usant de tous les artifices, frappant tour à tour aux cœurs et aux esprits. Ce qui donne un ensemble à la fois littéraire et historique, fort complexe, d'un genre plutôt bâtard : une juxtaposition de textes qui se situent à différents niveaux et déconcertent quelque peu. Le genre en est perdu et tout porte à croire que, de nos jours, de tels procédés ne rencontreraient que de maigres audiences. Mais, vers 1850, les propagandistes pouvaient, semble-t-il, s'y adonner sans crainte de fatiguer ou soulever quelques sarcasmes. La démarche et les procédés méritent de s'y attacher un long moment car tout n'était certainement pas neuf et tout n'a pas été, depuis lors, abandonné.

Le roman historique ou comment exalter la vertu

Le livre se veut d'abord un « grand roman historique ». La première partie, effectivement un roman, compte près de cinq cent cinquante grandes pages d'une typographie peu aérée et suit les règles d'un genre qui avait déjà connu de grands succès. S'y retrouvent tous les registres de l'invention et, pour l'écriture, une manière qui, depuis les premiers romans d'Alexandre Dumas offerts au public une vingtaine d'années plus tôt[9], avait largement fait ses preuves et acquis assez de crédit pour ne pas trop se renouveler. C'est ici une suite ininterrompue, toujours confuse et parfois indéchiffrable, d'épisodes rocambolesques qui, de désastres en rebondissements, mènent le lecteur à un train d'enfer et sans lui laisser loisir de se reconnaître, du château seigneurial aux masures des paysans, de la cour royale au cloître du monastère ; le tout ponctué de combats et de duels, de défis et trahisons, de surprises très attendues, d'évasions acrobatiques ; rien ne nous est épargné. Les personnages, héros ou démons, s'insèrent fort nombreux dans cette chaîne si bien ourdie et n'étonnent personne : le noble pervers, luxurieux, avide, assoiffé de sang et de vengeance ; le jeune homme pauvre mais vaillant, honnête, champion des vertus et des justes revendications ; la jeune femme aussi sage et fidèle que belle ; les confidents dont on devrait se méfier davantage ; les vieillards aux bons conseils ; le capitaine d'armes pas trop méchant mais qui ne comprend rien et se laisse berner. Roman feuilleton donc, grande fresque qui sacrifie à des modèles, roman de cape et d'épée qui se nourrit de facilités et, du point de vue littéraire, ne montre aucune prétention à l'originalité. Celle-ci s'affirme dans l'intention politique et pédagogique : désir d'instruire et de convaincre, de décrire des abus et des turpitudes, non seulement par le biais d'une « histoire » et d'une intrigue inventées, mais aussi par de fréquentes références à ce que l'on présente comme des « preuves ».

Le titre dit clairement dans quel registre s'inscrit le chapelet d'aventures, toutes plus invraisemblables les unes que les autres ; il s'agit d'opposer « peuple » à « noblesse » et de dénoncer les terribles droits du seigneur. Tableau naturellement d'un manichéisme achevé car il ne pouvait en être autrement ; les hommes du peuple, tous honnêtes, tous acharnés au travail, appliqués jusqu'au sacrifice à servir leurs voisins, se trouvent sans cesse en butte aux vexations, aux abus et exactions de maîtres cupides et sans cœur qui les réduisent à une condition misérable, au désespoir, à la révolte. Le roman, à longueur de pages, dit ces malheurs : scènes de violences et de cruautés gratuites, d'emprisonnements et de tortures. L'auteur souvent campe de sinistres figures de nobles capables de tout, poursuivant leurs sujets de leur mépris, les accablant de taxes, s'en prenant à leurs femmes et à leurs biens, à seule fin de satisfaire le caprice d'un moment ; figures marquées d'arrogance insupportable. Ces silhouettes coulées dans un moule conforme peuplent à chaque instant le récit.

La morgue du « noble féodal », son mépris des « classes laborieuses » étaient des stéréotypes utilisés en toutes occasions jusqu'à satiété, qui se répondaient de page en page jusqu'à l'ennui. Aucun auteur, alors, n'y échappait.

Où visiblement nos auteurs des *Droits du seigneur* excellent et où leur art ne connaît pas de limites, ce n'est ni dans le ton ou l'invention des caractères et des situations, mais dans l'habileté à se poser en pédagogues sérieux, constamment appliqués à démontrer que, précisément, ni les tristes aventures ni les profils de leurs personnages ne devaient rien à l'imagination ou au hasard ; ce ne sont là, le rappellent-ils souvent, ni fictions ou outrances de plume ou emballements de partisans mais des réalités, des hommes et des faits conformes à ce qu'attestent communément les récits de l'époque et les « coutumes » rapportées tant par les juristes éminents que par les travaux des meilleurs auteurs. Et d'en administrer des preuves par force citations (allusions plutôt…) et références, il est vrai généralement imprécises ou tronquées. Chaque chapitre du livre se trouve ainsi nourri et enrichi de digressions lourdes et longues, au simple but de montrer que tel ou tel abus, telle forme de violence, ont bel et bien existé.

Lorsque l'occasion s'en présentait, et même en dehors de tout prétexte, ces additions « documentaires » prenaient d'étonnantes proportions : de véritables leçons, appels aux bons sentiments, à l'indignation ; des kyrielles d'exemples toujours d'un grand relief mais toujours extravagants. Tout est bon pour rappeler que la fiction romanesque s'appuie sur une documentation « indiscutable » ; qu'elle n'est en fait qu'une illustration dans le simple but de rendre des vérités attestées plus accessibles.

LES GRANDES FIGURES DU PASSÉ : LEÇONS DE CIVISME

Ceci conduit à mettre en place dans le même volume une curieuse deuxième partie qui s'intitule *Marche et Décadence de la féodalité*, non plus « roman » mais « récit » qui, lui, fait appel à des personnages historiques pour reprendre les mêmes thèmes sous d'autres dehors, s'efforçant de montrer siècle après siècle, règne après règne, les travers d'un système politique qui tolérait, avec les privilèges, l'existence de la noblesse. Cela commence avec Henri Ier, roi de France, fils de Robert le Pieux, dont le règne vit s'établir en France, contre les exactions des seigneurs, la trêve de Dieu et les communes, signes avant-coureurs de liberté et de paix. La suite est de même veine. Un des chapitres porte un titre étonnant : *Décadence des communes. La tour de Nesles*, sans que le lien de cause à effet apparaisse clairement. Pour un autre c'est : *Dissolution des mœurs. La Jacquerie. La mère des écoliers*, cette dernière victime d'un injuste procès en sorcellerie ; arrivent ensuite le *Premier Prisonnier de la Bastille, le Maréchal de Rais, le Bâtard de Vauru*. Pour *Louis XI. Les fous des rois de France*, l'auteur retranscrit in extenso de longs, très longs passages d'une tragédie de Casimir Delavigne[10] où l'on voit le roi s'entretenir des vertus de générosité et de la mort qu'il sent prochaine avec saint François de Paule, « ermite d'une austérité extrême ». Tous les grands moments du passé ont droit à ces évocations désinvoltes, jusqu'à la *Saint Barthélemy des privilèges*, à savoir la nuit du 4 Août 1789, longuement décrite grâce aux « souvenirs » de M. de Saint-Hilaire, morceau de bravoure de ce gros ouvrage… qui se termine, comme l'on pouvait sans doute s'y attendre, par une absolution des excès de 1792-1793.

La troisième partie de ce volume traite des *Impôts singuliers et Redevances bizarres* : suite d'anecdotes pêchées ici et là sans discernement qui permettent à l'auteur, toujours animé d'un esprit vengeur et d'une grande fraîcheur d'âme, de tourner en dérision gestes et symboles liés à l'hommage féodal : signes recognitifs, tombés certes souvent dans l'oubli, mais qui plaçaient le vassal ou le tenancier dans une situation de dépendance, qui visaient, nous dit-on, à l'humilier, à lui enlever toute parcelle de dignité. C'est un florilège, un inventaire, tout en désordre, bourré d'erreurs et d'approximations.

Il restait encore plus de deux cents pages pour parler de la noblesse, vaste et redoutable sujet abordé en deux temps, par un autre auteur, nommé J. M. Dulaure. C'est d'abord un exposé, construit selon une trame chronologique, qui examine sérieusement tous les moyens de puissance et les méfaits de ces nobles, sous les « races » successives des rois de France. Le dessein s'affiche : *Histoire de la noblesse depuis le commencement de la monarchie jusqu'à nos jours, où l'on expose ses préjugés, ses brigandages, ses crimes ; où l'on prouve qu'elle a été le fléau de la liberté, de la raison, des connaissances humaines, l'ennemi du peuple*. Ni plus ni moins… A ce programme auquel Dulaure se donne avec un zèle jamais en défaut, invoquant tour à tour les brigands des temps barbares, les Huns, les Vandales, les « Bourguignons », les Visigoths, « peuples bruts et vagabonds qui ne vivaient que de pillages et dont tous les nobles se peuvent dire les dignes héritiers ». Pillages, usurpations et violences, l'histoire de notre passé, jusqu'aux aurores républicaines, s'inscrit inévitablement dans ce climat de crimes et de terreurs, de luttes dramatiques, où les privilégiés, en toute impunité, écrasaient ceux qui peinaient pour eux, pour servir leurs appétits et leurs vices. Rien n'échappe ici à l'œil vigilant du redresseur de torts qui juge pour la postérité. Tout ceci truffé d'erreurs grossières, d'anachronismes qui laissent rêveur. Cette verve et ce capital d'indignation s'exaspèrent pour évoquer les croisades qui, à n'en pas douter, furent pour les nobles une belle occasion de donner libre cours à leurs mauvais penchants ; et de parler alors des « trahisons, perfidies, vols, brigandages, cruautés des nobles » ; mais de rappeler aussitôt (pp. 463-464) qu'à la première croisade en Orient, « ces chevaliers qui dévastaient tout sur leur route et se livraient par dévotion aux excès les plus atroces, sans ordre comme sans instruction, vinrent se faire massacrer par Soliman » (lequel vivait plus de quatre cents ans plus tard [1494-1566]... !).

Pourtant, M. Dulaure s'est informé et ne laisse pas ses lecteurs l'ignorer ; il a lu Joinville et y a trouvé, dit-il, de curieux renseignements qui valent la peine d'être rapportés pour servir à l'édification des citoyens éclairés : à Damiette les nobles (« plusieurs illustres chevaliers... ») se livrèrent à l'indigne métier d'accapareurs de vivres, confisquèrent les provisions de bouche et louèrent aux marchands « les esteaux et ouvrouers pour vendre leurs marchandises aussi cher comme ils pouvaient faire ». Le « comble de la turpitude » ressort du fait que le dévot roi Louis découvrit un jour, dans son camp, à un jet de pierre de sa tente, « plusieurs bordeaux que ses gens tenoient », lieux publics de débauche « dont les nobles officiers étaient les administrateurs et les bénéficiers ». Les femmes prostituées exploitées par les nobles de la maison royale... ; tout est, au fil des siècles, de la même eau ; le procédé « historique » bien rodé, peut servir en toutes occasions : décrire les malheurs des temps, les misères, les crimes et les dévergondages et n'en rendre responsable ni les intempéries, ni les guerres elles-mêmes, ni la nature humaine et ses mauvais instincts mais, toujours et simplement, la survie des affreux privilèges qui ne peuvent que corrompre. L'homme est naturellement bon, seul le système pervertit.

Les routiers, brigands, grandes compagnies, écorcheurs « qui désolèrent la France depuis le XXe siècle jusqu'au XVIe », tous des nobles... Quant aux *gendarmes* (« qui étaient tous nobles de race »), au temps de Charles VII, leurs compagnons, leurs valets et écuyers « étaient aussi, ordinairement, des gentilshommes » ; or l'un de ces domestiques s'appelait *le pillard*, « nom qui indique assez l'emploi qu'il remplissait auprès de ses maîtres ». Le discours, toujours vertueux, toujours soutenu du même ton d'indignation, aligne perle après perle jusqu'à une très longue conclusion, en deux grands chapitres fort documentés qui administrent la preuve de ce que « le régime féodal a détruit en France l'agriculture, le commerce, les lettres et l'industrie » ; de ce qu'« il a seul causé l'excès de barbarie des Xe, XIe et XIIe siècles » ; qu'enfin de ce que « les nobles ont été généralement plus ignorants que les non-nobles ».

LE DICTIONNAIRE DES SORNETTES

Arrive, en tout dernier lieu, ce qui tient lieu de répertoire scientifique et résume les informations sur la société, le droit et les mœurs, jusque-là dispersées en ce gros volume. C'est le *Dictionnaire de la féodalité*. Au total, deux cents pages serrées et exactement deux cent soixante-huit rubriques de tout genre traitées de la même façon, avec le même souci de bien démontrer ; avec la même dose de malhonnête et le même étalage d'ignorance. Cela commence par « Abbaye », « Abonnement », « Adultère », et va jusqu'à « *zéro* » : « Sous les lois féodales, c'était par ce chiffre que l'on pouvait énumérer les droits de l'homme lorsqu'il n'était pas noble. » ; mais maintenant que les sinistres droits féodaux n'ont plus cours, qu'une « législation nouvelle » fait prime, tout est parfait : « Les fiefs et les arrière-fiefs [...] les droits honorifiques, les servitudes de la glèbe, les justices seigneuriales et les tortures [...], tous les droits seigneuriaux, jusqu'au droit de cuissage et, qui plus est, la corvée, les dîmes et les privilèges, tout est réduit à « zéro ». Ces enfantillages et ces belles professions de foi civique mises à part, le *Dictionnaire* n'apprend rien de plus à un lecteur qui serait resté attentif jusqu'alors. Mais c'est visiblement un outil commode, preuve que l'auteur se veut pédagogue et ne néglige aucun moyen d'instruire.

D'autres procédés plus directs, sans doute plus prompts à frapper l'imagination et graver d'images l'esprit sont abondamment sollicités. Sans que l'on en dise la raison, sans avertissement et sans référence. Voici, en toute fin du volume, un grand nombre de scènes illustrées, gravures ou dessins assortis de légendes. Les gravures, dont on ne connaît ni l'auteur ni la provenance, de facture soignée et encombrées souvent, pour le cadre et les décors, de ce bric-à-brac romantique qui se veut moyenâgeux, se haussent au ton dramatique et prolongent le combat contre abus et injustices ; on voit là *les Moines chez eux* (une jeune fille au visage angélique et de gras moines verre en main), *la Justice du seigneur* (jeune femme accablée dans sa prison), *Une orgie dans un couvent* (avec démons cornus dansant sur la table, vomissant des flammes) ; sans oublier, bien sûr, les *Oubliettes :* un beau jeune homme voit le sol lui manquer sous les pieds, précipité dans le cachot par un juge féroce qui lui brandit une torche enflammée sous le nez, devant un autel et un grand crucifix. Les simples dessins, médiocres, s'en tiennent, par quelques traits hâtifs, à des scènnes de genre, bien choisies et agrémentées de deux ou trois lignes d'éclaircissement en forme de moralité ou de dialogue. Toutes ne sont pas du meilleur goût, loin de là, mais toutes veulent instruire, provoquer l'indignation et appeler à la révolte. Un moine de grosse stature voit trois pauvres hommes ronger de misérables os : « Ils mangent des rats, des souris, des chiens et des chats ! Ah ! qu'ils sont heureux d'avoir faim ! » Un autre prie à genoux au pied d'une croix immense tandis que des hommes d'armes mettent le feu au village : « Au nom du Père, du Fils et du Saint Esprit, au nom du Dieu de miséricorde, tuez, pendez, brûlez ! »

LES TÂCHERONS DE LA PÉDAGOGIE À LA MODE DE JULES FERRY

Insister ainsi sur un seul livre, analyser la démarche à partir d'un cas particulier, permet-il vraiment de conclure et de caractériser, de démonter un processus ? Sans doute cet ouvrage ne fut-il pas présenté comme une sorte de Bible, de manuel assuré d'un quelconque appui officiel. Mais je tiens cependant ce morceau, ou plutôt ces morceaux épars de littérature de combat, pour significatifs. Tout y est, tous les moyens d'écriture et de présentation du roman au dictionnaire scientifique, à la caricature sociale et politique. Et, dans chacun de ces genres, le livre s'affirme une parfaite réussite, un exemple remarquable, une sorte d'archétype d'ouvrages largement offerts à plusieurs générations de lecteurs attentifs à bien apprendre. Ce que nous voyons là se trouvait ailleurs et sera repris, indéfiniment, pendant plus d'un siècle, à tous les degrés d'apparence de l'authentique et du sérieux. Ceci jusqu'aux auteurs d'hier encore (et peut-être d'aujourd'hui ?) qui, en toute ingénuité ou impudeur, sans craindre en tout cas la moindre contradiction, ont repris ces images, nous ont abreuvés du même suc vertueux.

De plus, en dehors même de son contenu, ce gros ouvrage témoigne d'un procédé bientôt érigé en habitude, à savoir confier la rédaction de livres d'histoire, à vocation pédagogique, à des rédacteurs qui ne pouvaient prétendre à aucune qualification scientifique, qui se contentaient de recopier, parfaitement étrangers à la recherche proprement dite. Une habitude, fort heureusement abandonnée depuis lors, mais qui a perduré, à partir de ces années 1850-1860, pendant plusieurs générations, le temps qu'il fallait pour imposer des images.

Les deux auteurs de ces *Droits du seigneur*, MM. Fellens et Dulaure, ne sont pas historiens au sens où nous l'entendons, absolument pas ; ils ne sont pas davantage chefs d'école mais personnages plutôt falots.

L'un et l'autre se situaient très exactement dans la ligne maîtresse de leur époque et se nourrissaient des idées du temps. Leurs « travaux » ne vont pas au-delà de compilations et ils n'en font pas mystère. Les efforts de ces pédagogues pour grand public se limitent ainsi à reproduire, en déformant si besoin en est, les « ouvrages savants et consciencieux » d'hommes que l'on est prié de croire tels. Et de conclure, par une sorte de confession : « Le lecteur me saura gré de l'avoir initié à l'opinion plus ou moins avancée, plus ou moins démocratique d'un certain nombre d'écrivains dont j'ai cru devoir respecter la propriété littéraire. » Cela suffit à situer exactement la nature d'un travail fait d'agencements et d'emprunts... Il ne s'agit en effet de rien d'autre que d'initier un public peut-être néophyte, encore ignorant sans doute des règles, des rites et des symboles ; non pas tellement de le convaincre par des démonstrations ou des analyses mais d'encombrer son esprit de fausses preuves et d'apparentes certitudes ; de le conduire aux marches d'un autel.

Cette initiation, menée à bon succès à force de pédagogie autoritaire, quiconque se hasarde à prendre quelque recul en mesure, de nos jours encore, les effets : une véritable tyrannie intellectuelle qui a complètement orienté nos manières d'appréhender ce passé médiéval, féodal surtout.

3

OUTRANCES ET RIDICULES

Cette image qui se devait être si claire, définitive, sans doute l'avons-nous maintenant quelque peu retouchée. Nous n'en gardons que l'allure générale, comme une silhouette plus ou moins floue. Mais nous demeurons assurés de quelques vérités qui nous conduisent à condamner en bloc cette féodalité, à nous inscrire dans ce courant de pensée préparé de longue date, au temps des prémices « révolutionnaires ». Alors que nous invoquons, à tout propos, les vertus de l'impartialité et de la rigueur historique, nous restons héritiers et complices d'hommes engagés en leur temps dans un combat politique qui a complètement occulté les réalités.

Cet héritage mérite examen et il ne semble pas inutile de prendre conscience des « vérités » que l'on voulait alors imposer en priorité ; certaines, trop outrancières, n'ont connu que de brèves fortunes mais quelques-uns de nos auteurs d'aujourd'hui restent toujours fidèles à plusieurs clichés inventés et peaufinés alors.

L'ART DES AMBIGUÏTÉS ET LA CONFUSION DES MOTS

Ce qui frappe, au premier chef, dans tous les écrits prérévolutionnaires puis dans ceux mis au service de l'endoctrinement scolaire, est qu'ils semblent se complaire en une grande confusion. Les mots porteurs d'idées sont employés à tort et à travers sans que ces « historiens » ne prennent la peine de les définir. En étaient-ils capables ? Est-ce simple fait d'ignorance ? Habitudes trop ancrées et facilités de plume ? Ou, au contraire, volonté d'entretenir divers amalgames et ne pas se reporter au réel ? Aucun de ces mots, pourtant au centre des discours et des démonstrations, ne se dégage d'ambiguïtés que l'on pourrait croire savamment entretenues.

A la veille de la Révolution de 1789, les écrivains pouvaient parler d'une noblesse qu'ils connaissaient parfaitement et voyaient vivre sous leurs yeux, dont ils étudiaient aisément les statuts et les structures. Cependant, la démarche paraît pour le moins audacieuse de transposer ainsi ce tableau de la noblesse du XVIIIe siècle aux périodes bien plus anciennes, au Moyen Age donc. Les livres d'alors, comme d'ailleurs ceux du XIXe siècle, tombent volontiers dans l'anachronisme, source évidemment de graves erreurs. Ne serait-ce que par cette habitude très commune d'imposer l'idée d'une noblesse médiévale déjà fermée, caste déjà en place, inaccessible aux gens du peuple. Cette classe sociale solidaire, cohérente, sclérosée, n'est que vue de l'esprit, d'un esprit systématique qui se refuse à envisager les réalités, à tenir compte des véritables recherches. Nous voyons maintenant que la notion même de noble était alors, dans plusieurs pays d'Europe occidentale et singulièrement en France, une, notion très floue[11] ; que cette noblesse ne bénéficiait pas d'un statut juridique précis mais connaissait, à l'inverse des idées reçues, un perpétuel renouvellement, tant par l'arrivée de nouvelles familles dont l'ascension sociale était parfaitement admise[12], que par la déchéance d'infortunés qui, ruinés, dépossédés du plus clair de leurs biens, ne pouvaient plus soutenir leur rang[13].

A ces privilégiés, pris en bloc, sont généralement opposés ou les paysans – vilains et serfs ensemble – ou, à partir de la Révolution surtout, le peuple ; mais personne ne peut dire ce que, du point de vue social, ces mots assurés d'une grande résonnance, d'une grande puissance quasi magique, recouvrent. Si ce n'est que ce peuple était, tout au long des siècles prérévolutionnaires, constamment opprimé, accablé d'impôts, humilié bien que paré de toutes les vertus civiques. Les discours s'articulaient presque toujours d'une manière résolument manichéiste, les mauvais d'un côté et les bons de l'autre : antagonisme foncier et luttes sociales inéluctables. Mais ce peuple, quel est-il ? Peut-on dépasser le niveau d'une pure abstraction ? Aucun de nos ouvrages clés ne s'appliquait sérieusement à le définir et encore moins à en montrer la diversité, les hiérarchies et dissensions internes. Etait-ce le simple tenancier du seigneur, le paysan enrichi, le compagnon ouvrier des villes, le marchand, le « bourgeois » ? Ce bourgeois propriétaire s'était, très tôt, dès les années 1200-1300 parfois, puis tout au long des siècles et, bien sûr, plus encore pendant les temps de la Révolution, rendu maître de terres et de seigneuries. Cet homme qui, au lendemain de 1793, possède de véritables fortunes foncières acquises à peu de prix grâce à l'émigration des nobles et à la confiscation des biens du clergé, qui maintenant exige avec un soin tout particulier les revenus et les droits du seigneur, fait-il malgré tout partie du peuple ? Simplement parce qu'il n'est pas (ou pas encore...) noble ?

Nous notons, sans d'ailleurs trop nous en étonner, que dans les livres qui, par profession et avec quel enthousiasme !, prennent pour cible les privilégiés et les favorisés de la fortune, les riches qui abusent de leurs pouvoirs, qui exploitent le travail des faibles, le grand bourgeois, propriétaire terrien, ne retient pas l'attention et échappe à toute attaque. Dans les années 1830-1860 il ne fut jamais question des accapareurs de biens, des spéculateurs et traficants de toutes sortes, des nouveaux riches, des acheteurs de biens nationaux, fournisseurs aux armées, financiers de petite vertu. Et pas davantage des entrepreneurs d'industries nouvelles. Ne sont pris en compte, désignés à la vindicte publique, que les anciens maîtres du sol, pas les nouveaux.

Ces oublis et ces choix apportent quelques arguments à l'appui d'une thèse qui s'emploie à démontrer que les schémas « historiques », l'exaltation de la Révolution et la condamnation de tout l'Ancien régime, furent soigneusement entretenus par les héritiers des instigateurs de ces attaques contre la féodalité et des heureux bénéficiaires du nouvel ordre politico-économique ; par des hommes membres de ces grandes dynasties de profiteurs ou affiliés à elles, ou appointés même, des hommes qui, sur commande donc, firent pendant longtemps l'histoire du pays.

Les temps de barbarie

Féodalité et noblesse, nous dit-on, appellent barbarie, cruauté, corruption des mœurs. Le seigneur féodal ou le noble n'étaient pas forcément plus mauvais que d'autres ; il s'en trouvaient sans doute de vertueux, généreux et honnêtes ; mais tous inévitablement dévoyés, corrompus par le système social de l'époque, par ces privilèges qui leur permettaient d'user impunément de violences pour satisfaire leurs ambitions ou leurs caprices. Là, dans la structure de la société imposée pendant si longtemps, résidait la source de nos maux : « C'est de cette source honteuse que sont sortis ces droits tyranniques ou absurdes, cet orgueil extravagant, ce pouvoir aveugle appelé féodalité qui a détruit le commerce, l'agriculture et qui a fixé pendant plusieurs siècles la barbarie en France. C'est enfin ce pouvoir qui a familiarisé les esprits à cette monstrueuse association des idées de crimes les plus bas et les plus atroces, avec l'idée de noblesse, de sorte qu'il n'a pas paru étrange de donner le nom de *grands* à des assassins, à des voleurs de grands chemins, à d'infâmes scélérats[14]. » De cette façon s'affirmait en toute candeur cette croyance si curieuse qui veut que le bonheur des hommes, l'équité et la générosité, puissent être assurés par le seul avènement de « meilleures » institutions, de systèmes politiques particuliers, alors que d'autres engendrent toutes manières de vices et d'abus. Utopie régulièrement enseignée aux citoyens ; culte de l'idole...

Ces affreux « seigneurs brigands » prenaient plaisir et amassaient des fortunes à détrousser les voyageurs ou à les rançonner... Les péages seigneuriaux, nous dit-on aussi, détruisirent le commerce... Nous retrouvons tout cela, assorti de diverses considérations ou enjolivures dans maints libelles et jusque sous la plume de Michelet : « N'y ayant plus dans le royaume d'administration générale, les chemins cessèrent d'être entretenus. » Curieuse affirmation, prise de position qui témoignait déjà, un siècle à peu près avant le triomphe de l'étatisme, d'une aspiration à voir tout réglé d'en haut par un pouvoir central responsable de tout et naturellement dispensateur de bienfaits.

Les livres pour enfants, manuels scolaires ou autres outils pédagogiques, ont repris l'image de la « guerre féodale », dès les premiers temps de l'Ecole républicaine de Jules Ferry : « Les barons féodaux étaient brutaux et farouches ; quelques-uns n'étaient pas moins féroces que les Huns venus jadis en Gaule », « Le seigneur vit uniquement de brigandage, pille les chaumières, détrousse les voyageurs ; la guerre, toujours la guerre, voilà ce que rêve cet homme épais et brutal... ses plaisirs sont barbares », ou encore : « Le seigneur est un guerrier brutal, cruel, ignorant ; la guerre est son unique occupation... il foule les moissons dorées ; il sème partout la ruine ; le serf a moins de valeur qu'une bête » ; et enfin : « Le serf vit comme un lièvre poltron ; toujours il a l'oreille tendue ; au premier appel, il s'enfuit avec sa femme... il vit dans l'épouvante[15]. De telles stupidités étaient enseignées sans sourciller par les maîtres d'école qui, sans aucun sens du ridicule, devaient illustrer et broder par quantité d'exemples édifiants ; nos enfants étaient jugés sur ce savoir.

Les manières, certes, ont changé et, généralement (mais pas toujours...), les auteurs évitent ces outrances qui, peut-être feraient douter de leur bonne foi. Mais, mis à part quelques livres édités ces toutes dernières années, et encore bien rares, le fond du discours reste le même. Le seigneur féodal, brutal et inculte, occupé surtout à guerroyer s'impose encore à nous comme une image force de notre passé et, loin d'y voir un de ces vieux poncifs dépassé, nous y adhérons souvent. De nombreux livres nous le montrent ainsi et certains historiens, pour expliquer l'évolution des sociétés et des économies, bâtissent leurs hypothèses sur ce postulat.

Ces seigneurs-brigands, nous dit-on, bataillaient sans cesse, à tout propos, pour une querelle de voisinage, pour un geste ressenti comme un affront, pour une part d'héritage. La guerre était leur métier et leur joie : preuves en sont les joutes et les tournois, les jeux et divertissements des chevaliers, leurs chansons et leurs romans, la cérémonie même de l'adoubement et le prestige des hommes capables de combattre. Sans doute... et rien de ceci n'est inexact, et personne ne peut faire abstraction de ces services armés, de l'attrait, de l'importance du moins du métier des armes comme facteur social de discrimination et de promotion. Cependant plusieurs historiens, de nos jours encore, emportés par l'idée qu'ils se sont forgée de ces temps guerriers, vont plus loin et veulent nous faire croire que le seigneur – ou le noble – tirait de la guerre sa principale source de revenus ; que seule elle lui permettait, grâce aux pillages, de soutenir son rang.

Il n'est pas rare de trouver, dans des livres récents, une analyse très commune des origines de la guerre de Cent Ans, à savoir que la noblesse de France, les seigneurs féodaux donc, voyant leurs revenus fonciers diminuer d'une façon dramatique (la crise, toujours la crise.. !), n'avaient trouvé d'autre façon de se maintenir au même niveau de fortune que de pousser leur roi à la guerre contre les Anglais. Ils ont alors tout mis en œuvre pour interdire réconciliation ou compromis entre les deux souverains, et le pays s'est engagé, par leur faute et leur avidité, leur outrecuidance aussi, dans ce drame dont les hommes du royaume ont si cruellement souffert.

L'Encyclopaedia Universalisa, qui se pique de donner le dernier état des questions, en est encore là et renchérit même sur les positions ordinairement exposées dans quelques manuels déjà anciens. L'article, consacré ici à la guerre de Cent Ans, affirme, sous le titre « La féodalité en mutation », que « les causes profondes de la guerre de Cent Ans » doivent être recherchées dans les réactions du monde féodal face « aux mutations que les historiens ont baptisées "crise" ou "crises" du XIVe siècle. » Les nobles, gravement lésés par les transformations de l'économie et plus particulièrement par le développement de l'économie monétaire, voyaient dans la guerre une solution à leurs difficultés. Pendant plus de cent ans, ils furent poussés à renouveler les combats par le désir de réaliser quelques profits (pillages et rançons), par l'espoir de prendre ou de retrouver une bonne part, du pouvoir politique, par l'espoir aussi de voir la guerre freiner les « évolutions naturelles » qui leur étaient si contraires, et même par la quête d'un « divertissement » apporté aux inquiétudes par les « aventures militaires[16] ».

Ignorance ou parti pris… Tout est à revoir, tout est faux.

D'une part, dire que la noblesse foncière avait vu ses revenus s'amenuiser d'une façon sensible à l'aube du XIVe siècle, est énoncer un de ces postulats passe-partout qui connaissaient certes un beau succès il y a un demi-siècle mais qui sont maintenant gravement mis en cause et même souvent contredits. Très vraisemblablement, cette idée d'une seigneurie « en crise » n'a connu une telle fortune que parce qu'elle s'inscrivait tout net dans une vue générale des fameuses, et pour la plupart mythiques, crises de la fin du Moyen Age. En tout état de cause, à la veille de la guerre de Cent Ans, nous ne sommes encore qu'au tout début des années 1300 ; cette crise serait donc le fait des temps de Saint Louis et de ses successeurs immédiats, temps souvent reconnus comme de grande prospérité ou, du moins, d'équilibre. De toutes façons, il apparaît clairement, à lire nombre d'études bien documentées, que les grands propriétaires et même des nobles moins bien lotis étaient capables de faire face à d'éventuelles difficultés de trésorerie, aux dévaluations de la monnaie, aux évolutions des marchés et des goûts.

De plus et surtout, l'image du seigneur poussant à la guerre dans le but de s'enrichir est abstraction et invention : elle traduit là encore un grave manque d'information. Le roi de France Philippe VI, appelant ses vassaux nobles aux armes pour combattre les Anglais et défendre son royaume, se heurtait à quantité de mauvais vouloirs, à des refus délibérés. Les semonces des hommes astreints au service d'ost, loin de provoquer de grands mouvements d'enthousiasme, restèrent souvent sans grands effets ; les nobles se dérobaient ou arrivaient très tard, mal armés, avec de trop petites suites ; certains, tout de même mis en demeure, combattaient à peine, préféraient négocier et livrer leur château ou garnison[17].

Au total, la guerre a plutôt ruiné la noblesse de France, lui infligeant des pertes considérables en hommes et en argent, l'obligeant à aliéner ses biens, à s'endetter outremesure… Avec, pour conséquences, tout naturellement, la perte d'une part d'indépendance, un renforcement du pouvoir royal ou princier car seul ce service de l'Etat pouvait offrir d'intéressantes compensations aux pertes subies sur les champs de bataille.

D'un autre point de vue, ce féodal, expert dans le maniement de la lance, serait incapable, cela va de soi, de gérer convenablement ses terres, de prévoir et de spéculer, de gagner de l'argent, mais bon seulement à le dépenser, à dilapider d'anciennes fortunes et courir tout droit à la faillite : un homme d'un autre temps qui, décidément, n'était « pas encore entré dans l'âge moderne ». Pour cet homme fossile, occupés que nous sommes à clamer très haut les vertus du « modernisme », nous ne pouvons qu'éprouver mépris ou commisération. Volontiers, nous lui dénions une quelconque curiosité culturelle ; nous le voyons inculte, peu enclin à se pencher sur les livres autres que ceux de chasse et de chevalerie. Qui se donne la peine d'étudier cette culture féodale des seigneurs, des nobles, de déterminer leurs lectures, d'inventorier leurs bibliothèques dont on veut, d'ailleurs, ignorer l'existence, de définir les formes de protection, de « mécénat » en somme, qui leur attachaient poètes, conteurs, érudits[18] ?

Très rares sont les auteurs qui se sont appliqués à faire connaître la véritable personnalité de ces hommes, toujours montrés l'épée à la main ; très peu nombreux aussi, et bien mal connus, ceux qui ont tenté de montrer l'importance de la littérature des humanistes directement liée à la guerre, provoquée par le métier des armes et le rituel des batailles. Le cérémonial des tournois, certes, nous est souvent présenté dans son étrange complexité[19], mais pour des combats, rien n'est dit ou presque rien ; ni des poèmes et des chants de guerre, ni surtout, plus significatives pourtant, de ces lettres de défi portées à l'adversaire par le héros d'armes à la veille de l'engagement, lettres d'un style fleuri, ampoulé, chargé de fortes réminiscences antiques, que le capitaine gardait ensuite précieusement et que le prince faisait retranscrire (et peut-être aménager quelque peu) pour la postérité[20].

Les témoignages d'une telle culture, d'un intérêt de l'homme de guerre pour la création littéraire ou pour les œuvres de l'Antiquité étonnent ; certains, devant l'évidence même, n'osent y croire. Il y a maintenant une quinzaine d'années, exactement en 1978, le musée du Louvre consacrait une très belle exposition, parfaitement documentée, à la plus prestigieuse de ses nouvelles acquisitions, le *Portrait de Sigismond Malatesta* par Piero della Francesca. Le *Petit Journal des Expositions*, émis en cette occasion, évoque fort bien le mécénat du seigneur de Rimini et même ses efforts d'écrivain : d'une part les deux poèmes qu'il adressa à Isotta degli Atti, dont il était tombé éperdument amoureux et qu'il épousa ensuite : poèmes précieux où il prend à parti les héros de l'Antiquité, les signes du zodiaque et les planètes ; d'autre part, après la mort d'Isotta, le recueil d'épîtres (les *Isottaei)* commandées à deux des poètes de sa cour[21]. Mais, dans cette même salle, la notice explicative dans la vitrine consacrée aux livres sur l'art militaire, ouvrages d'écrivains de l'ancienne Rome rassemblés par Malatesta, amorçait la présentation par 'cette phrase : « Bien que condottierre, Simone Malatesta s'intéressait aux lettres et aux ouvrages de l'Antiquité… » ! L'on ne pouvait mieux témoigner de cette manie de classer les hommes et de les enfermer dans leur catégorie. Tout est clair : l'homme de guerre ne s'intéresse pas aux livres et la société médiévale, pour une bonne part dominée par des seigneurs combattants, se trouve évidemment, sur le plan culturel, plongée dans les ténèbres de l'ignorance.

LE FÉODAL ET SON PEUPLE : MÉPRISÉS ET HUMILIÉS

Serfs ou esclaves ?

Qui veut évoquer le plus insupportable des abus sociaux au temps de la féodalité parle d'abord du servage : conditions juridiques inférieures et conditions matérielles précaires, restriction drastique des libertés, droit pour le maître de vendre les serfs avec la terre, de séparer les familles ; et d'insister également sur le caractère héréditaire du servage, transmis même en cas de mariage mixte, d'un serf ou d'une serve avec une femme ou un homme libre. Tout ceci, pris dans l'ensemble, est exact.

Ce qui manque et fausse malgré tout l'optique, ce sont les nuances ou les analyses précises des situations ou destinées humaines.

Sans même entrer dans le détail des nombreuses spécificités régionales, le respect de la réalité veut qu'il soit fait état du mouvement d'émancipation ou d'affranchissement des serfs, soit par rachat, soit pour peupler des terres en friche, soit par don simple. Cet affranchissement a connu, ici ou là mais en des moments très différents, séparés parfois par un ou deux siècles, une ampleur considérable, sur certains domaines du moins. Les seigneurs laïcs ont plus facilement émancipé leurs serfs que nombre de communautés ecclésiastiques. Le servage disparaît plus tôt dans les pays largement ouverts à la circulation monétaire – où il était donc aisé de rétribuer des salariés – que dans ceux plus isolés, à l'écart des circuits marchands et des échanges fréquents. Si bien que les auteurs qui traitent tout en bloc et dénoncent encore le servage comme un mal universellement en place à la veille de 1789, et même à la fin du Moyen Age, brossent un tableau général à partir de ce qui n'était, en somme, que structures résiduelles.

Enfin, il n'est pas tout à fait honnête de ne parler que des serfs attachés aux domaines des seigneurs féodaux, et non d'autres formes de sujétions, simplement économiques ou même juridiques, aussi contraignantes. Pourquoi, dans nos manuels, tant insister sur les serfs ruraux et ne pas dire un seul mot de l'esclavage domestique qui, dans les villes du Midi méditerranéen, villes « bourgeoises » par excellence, s'est maintenu jusqu'au XVIe siècle pour le moins, grâce à la traite communément pratiquée sur les marchés d'Orient ? C'était là un apport de main-d'œuvre appréciable : un esclavage certes non pas « économique », non pour les mines ni pour les champs, mais tout de même une totale privation des droits individuels et l'incapacité de posséder des biens en propre[22]. Ceci, insistons, non pas dans les campagnes soumises à des seigneurs barbares, mais dans les villes, en Italie surtout, que nous présentons ordinairement comme des modèles préfigurant les âges modernes, comme des phares de la civilisation.

Faut-il dire, à ce propos, que les approches de cette ère que beaucoup veulent voir radieuse, de cette Renaissance annonciatrice de grands progrès, n'ont absolument pas changé ces façons d'exploiter les hommes. N'en déplaise à ceux qui s'évertuent à chanter la marche de l'humanité vers une sorte de perfection et s'en persuadent sans doute eux-mêmes, les mœurs, pour ce qui est de l'esclavage, n'ont pas évolué dans le bon sens. Tout au contraire. Il semble que l'exemple de l'Antiquité, que la mode des *triomphes* à la romaine, aient fini par imprégner les esprits et faire accepter ce qui était sans doute refusé jusqu'alors. Le temps de la Renaissance est, en certains pays, celui où l'ennemi vaincu est foulé aux pieds, maîtrisé, conduit enchaîné chez les vainqueurs et donc très ordinairement réduit en esclavage. C'est en Italie, tout au long des Trecento et Quattrocento, mais surtout à partir des années 1480, que parcourent les rues ces triomphes insolents pour fêter non seulement de grandes victoires contre les infidèles mais tout autant contre d'autres nations chrétiennes, un temps ennemies.

L'histoire des conflits entre dynasties ou entre cités, entre partis surtout, offre de nombreux exemples d'atrocités indignes. Dans l'Italie de la Renaissance ? Certes… Cola di Rienzo, grand admirateur de la Rome républicaine, se glorifiait d'avoir, en 1354, au lendemain de sa victoire contre les Colonna et autres barons romains, ramené, deux mille hommes dans Rome pour les vendre comme esclaves. Les Florentins, vainqueurs d'Arezzo en 1381, mettaient la ville complètement à sac, massacraient les hommes, livraient femmes et enfants à la soldatesque : « […] tant de jeunes femmes et jeunes filles, et de religieuses prises de force, et nombre d'entre elles menées de par le monde pour les prostituer ; les enfants mourant de faim et, affamés, mangeant les chairs des chevaux morts... ». Après un long siège, le 24 juillet 1501, Capoue tombait aux mains des armées du roi de France, Louis XII, et de Cesar Borgia : massacres et viols : « les femmes se jetaient dans le fleuve ou dans les puits pour ne pas être prises par les ennemis » ; vingt-cinq ans plus tard encore, un bourgeois de Rome en restait frappé de stupeur et, dans son journal domestique, rappelait l'événement ; il décrivait longuement ces violences, affirmant que les Français tuèrent quatre mille personnes et que toutes les femmes furent livrées à l'armée *(sbordellate) ;* plus tard encore, Francesco Guiciardini, plus serein, moins directement concerné, écrit en historien mais confirme que « les femmes de toutes qualités furent les misérables proies des vainqueurs ; beaucoup d'entre elles furent ensuite vendues à vil prix sur les marchés de Rome[23].

Ces atrocités sont à peine, ou pas du tout, évoquées dans nos manuels. Force est bien de penser que ces violences et massacres n'offraient pas les mêmes perspectives de développement et de leçon. Impossible ici de mettre en cause ni la féodalité, ni le Moyen Age en tant que type de société et de civilisation.

Cependant, les faits parlent d'eux-mêmes et conduisent à conclure : à la fin du Moyen Age, le maintien de l'esclavage domestique dans les villes d'une part et, d'autre part, la résurgence des triomphes et de l'esclavage à l'antique pour les prisonniers ne fait pas de doute. Ainsi est-ce précisément à l'époque où le servage rural, imposé autrefois par les maîtres du sol, a pour une très large part disparu des domaines fonciers en Europe occidentale que, dans les cités du monde méditerranéen, cités « libres », toutes imprégnées des souvenirs de l'Antiquité, est tenu pour possible de traîner sur les marchés d'esclaves des troupes de vaincus, ceux de guerres entre chrétiens.

L'honneur des hommes ; leur liberté ?

Les « droits du seigneur » quel beau sujet ! Les premiers « historiens » du Moyen Age ne s'en sont pas privés, penchés sur les recueils de coutumes, accessoirement sur quelques chroniques. Que d'abus ainsi débusqués, dénoncés, livrés à l'indignation des bons bourgeois des villes qui ne demandaient qu'à voir conforter leur haine du seigneur rural, des maîtres des châteaux qu'ils n'avaient pas encore pu confisquer ou acquérir à bon prix à la faveur des bouleversements politiques et sociaux ! Lorsque le tableau paraissait un peu terne, sans assez de relief, ce n'était pas risquer grand-chose que d'enjoliver et inventer jusqu'à l'invraisemblable, jusqu'au ridicule. Aucune importance : toute attaque de ce genre rencontrait forcément un grand capital de sympathie, un succès assuré.

De livre en livre, le catalogue des droits féodaux qui offensaient gravement le bon sens ou la pudeur s'est chargé davantage. L'important était de réunir des dossiers très lourds, quitte à ne recueillir que des ragots. Pour le lecteur d'aujourd'hui, ces étonnants discours laissent parfois interdit : listes interminables de redevances variées et farfelues, payées au seigneur ou au maître de son péage. Ces exigences sans grandes conséquences financières ne pouvaient en aucun cas peser sur un budget mais soulignaient une étroite dépendance et s'employaient à humilier.

Pour emprunter un chemin ou passer un pont, le « vassal » devait constamment s'acquitter de quelques piécettes, d'un animal de peu de prix, d'un simple geste même, mais souvent dans des situations fort déplaisantes ou supposées telles : « Le baron de Ceissac était obligé, comme vassal de l'évêque de Cahors, d'aller, le jour que ce prélat entrait dans sa ville épiscopale, se placer pour l'attendre dans un lieu, en une place que désignaient formellement les titres. La tête découverte, la jambe et la cuisse droites nues, le pied droit chaussé d'une pantoufle, il devait, après l'avoir humblement salué, prendre par la bride la mule épiscopale et s'en aller ainsi jusqu'à l'église cathédrale puis jusqu'au palais, résidence de l'évêque » ; et là, il devait le servir à table… Cela fait, il pouvait partir, emmenant la mule et emportant la vaisselle qui, dès lors, lui appartenaient[24]. Des auteurs qui se prenaient très au sérieux s'appliquaient souvent à rapporter de telles fadaises.

Certains y voyaient un peu plus que de simples extravagances et affirmaient que ces exigences bizarres « étaient comme les pierres d'attentes de longs et minutieux procès » ; qui ne respectait pas exactement le rite imposé, qui n'apportait pas précisément l'objet désigné, se voyait traîné en justice et infliger de lourdes amendes. Il ne fallait rien oublier, ni le jour, ni l'heure, « ni la manière de présenter cette paille ou ce fétu » (pour les prises de fiefs, ordinairement, entre le pouce et l'index de la main droite). Les objets eux-mêmes, signes symboliques peut-être, étaient définis d'une façon formelle, immuable : un épervier, un lévrier blanc, un chien dont les oreilles avaient été coupées d'une certaine manière, ou une lance, des gants, des éperons. Quelques-uns, manifestement, n'étaient pas faciles à trouver : « Le seigneur féodal n'exigeait plus qu'un lapin mais il fallait qu'il eût l'oreille droite blanche et l'autre noire. L'inféodé apportait-il un lapin portant les marques convenues, il arrivait souvent que l'on disputât ou plaidât pour savoir si l'oreille noire n'était pas teinte ». Source de revenus supplémentaires. Plaisir de donner à penser aux gens de justice, ou plutôt, désir de souligner d'une façon malséante, un arbitraire ? Nous lisons aussi que ceux qui affermaient les droits de pêche dans le lac de Grandlieu devaient, devant le seigneur, « danser une danse que l'on n'eût pas encore vue et chanter une chanson que l'on n'eût point entendue, sur un air qui ne fût point connu »[25]. Un vassal d'Ile-de-France se voyait tenu « de contrefaire l'ivrogne, de danser à la manière des paysans et de chanter une chanson gaillarde devant la femme de son seigneur suzerain[26] ». Ces barbares se régalaient volontiers de chansons…

De ces étrangetés, rappelées complaisamment, certaines étaient vite tombées dans l'oubli ; personne ne parle plus de ces vassaux obligés, un jour donné, de « baiser la serrure et le verrou de la porte du fief dominant » ; ni de quelques autres forcés par la coutume de se présenter à leur seigneur qui leur tirait alors le nez et les oreilles, ou leur donnait des soufflets[27]. Mais d'autres « curiosités » de ce genre, répétées à l'envi, ont connu de belles fortunes ; certaines nous sont toujours en mémoire. Tel « ce bizarre droit établi dans quelques-unes de nos provinces, par lequel les vassaux sont obligés de battre l'eau des marais quand la dame du lieu est en couches, pour la délivrer du bruit importun des grenouilles[28] ». Cette histoire fort édifiante fit pendant des générations (et fait peut-être encore ?) la joie des fabricants de manuels destinés aux jeunes enfants. Ces batteurs des étangs peuplés de grenouilles incarnent à eux seuls la misère d'un peuple soumis à l'arbitraire, à toutes sortes d'humiliations… et de fatigues. Nos écoliers devaient voir nos campagnes habitées, dans de misérables villages, par de pauvres paysans armés de gourdins ou de fléaux, passant le plus sombre de leurs nuits à taper sur les grenouilles !

Les enquêtes et dénonciations d'abus se sont naturellement davantage intéressées à ce qui concernait la vie privée : amours, mariages, enlèvements, et viols… exigences cruelles ou futiles du seigneur. Le sottisier s'enfle alors démesurément. Chaque ouvrage qui parle des droits féodaux ne manque pas de rappeler, anecdotes plus ou moins scabreuses à l'appui, le contrôle que le maître prétendait exercer sur les unions de ses serfs et même de ses paysans tenanciers soumis à son bon vouloir. Tout n'est pas inventé, mais tout est déformé, ou incompris, mal interprété.

Parfois nos bons auteurs du XIXe siècle se contentaient de décrire quelques traits de barbarie qui achèvent et chargent un peu plus l'image du féodal, capable d'infliger, pour son seul plaisir, pour le divertissement d'un instant, les pires humiliations. Ces anthologies des méfaits montrent à l'évidence que les historiens des premiers temps républicains n'avaient comme public que des lecteurs complaisants qui, privés de sens critique et même tout simplement du sens du ridicule, ou déjà conditionnés par d'autres libelles de propagande et bourrage de crâne, se trouvaient prêts à accepter pêle-mêle n'importe quelles outrances. Ceci, aujourd'hui, nous fait sourire et ne pourrait plus être rapporté que par des professionnels de la mise en condition de faibles esprits. Mais à l'époque ? Ces livres étaient communément édités, bien diffusés ; les enfants y apprenaient à lire et à penser ; on les commentait en famille et entre amis.

Nombre d'exigences féodales d'apparences futiles atteignaient la dignité des hommes et des femmes, l'intimité du couple. « Dans une seigneurie du Poitou (laquelle, à quelle date ?), les épousés devaient, le jour des noces, sauter par-dessus un fossé plein d'eau, et tous en sortaient trempés » ; ailleurs, seul le marié, vêtu de blanc, se soumettait à l'épreuve, mais le fossé était plein de boue ; ailleurs, il devait franchir d'un bond un bois de cerf et, s'il échouait, « se faire une coiffure de cette ramure injurieuse ». Mieux encore : dans le Vexin normand, quelques seigneurs obligeaient leurs vassaux à passer leur nuit de noces au sommet d'un arbre et, là, à y consommer le mariage ; «. [...] il fallait payer très chèrement le rachat de cette redevance plus qu'étrange ». Sans doute est-ce l'un de ces mêmes « féodaux », car il s'agit toujours du Vexin normand, qui, au mois de juin, assemblait ses serfs, hommes et femmes en âge d'être mariés, les unissait à son gré et imposait « aux couples qui lui paraissaient les plus amoureux, quelques conditions bizarres, qui sans doute flattaient sa lubricité, comme de rester en chemise deux heures dans l'eau glacée de la rivière, ou encore de « s'atteler à une charrue et tracer quelques sillons[29] ».

Si le répertoire s'est un peu décanté, nous demeure tout de même comme vérité attestée le fameux « droit de première nuit » qui permettait au seigneur de posséder, le premier, l'épouse de chacun de ses vassaux. Nombre d'ouvrages en parlent encore très sérieusement ; quantité de romans historiques et même plusieurs scénarios de films ont agrémenté et renforcé leurs intrigues de tels épisodes scandaleux qui provoquaient, à juste titre, la révolte des dits vassaux aidés de leurs amis. Nos historiens du XIXe siècle étaient, sur ce point, intarissables et rappelaient régulièrement les abus d'« un droit qui prouve l'excès de la tyrannie des seigneurs et de l'esclavage de leurs sujets ». En France, écrivaient-ils, ce droit de cuissage s'est maintenu plus longtemps qu'ailleurs « par le caractère des Français qui attachent beaucoup de prix à de telles redevances[30] ».

Contre ce droit, protestations et rébellions alimentèrent différentes légendes, habillées d'un tour historique curieux : l'une d'elles affirmait que c'est pour les soustraire à ces vilaines exigences des abbés – qui les revendiquaient comme tout autre seigneur – qu'Alphonse de Poitiers, frère de Saint Louis, fit don d'une terre à leurs sujets, pour les y établir à l'abri des persécutions : ce fut l'origine de la ville neuve de Montauban ! On n'invente pas mieux l'Histoire depuis lors…

Certains maîtres, parfois de petits maîtres, arguaient de ce droit à tout propos : dans le pays de Caux, à Souloire près de Caudebec, le juge du seigneur, propriétaire d'un chemin qui longeait l'étang, prétendait tenir par sa charge droit de cuissage sur toutes les femmes qui passaient devant chez lui ; l'Histoire lui concède malgré tout un certain discernement : il ne retenait que les plus jolies, les autres devant simplement payer quatre deniers.

Quelques seigneurs du Piémont se virent contraints d'en rabattre beaucoup : plusieurs villages se révoltèrent et l'on parvint à des « accomodements » : là où le maître passait trois nuits avec les nouvelles mariées, il fut convenu qu'il n'en passerait plus qu'une. Ailleurs, il n'avait plus droit qu'à une heure, et ailleurs encore à un seul quart d'heure (« il est vrai que l'on fait bien des choses en un quart d'heure ; mais au moins les seigneurs étaient obligés d'être galants s'ils voulaient obtenir quelques faveurs »).

Tout ceci, insistons, administré sans ordre, sans précisions de dates bien souvent, sans la moindre preuve solide, mais avec tant de sérieux et rencontrant des audiences si bien préparées que les plus belles balivernes firent leur chemin pendant des générations. Dans le même temps, dans les dernières décennies, plusieurs recherches rigoureuses furent menées sur le sujet, conduisant à des conclusions toutes différentes et ne retenant que l'aspect financier d'une taxe sur le mariage des serfs[31] ; mais ces travaux sont restés (et restent encore…) confidentiels, jamais repris par les livres de large diffusion. Personne n'en tint compte et l'on continua, de façon plus ou moins directe, à accréditer toutes manières de légendes.

POUR LE PLAISIR : SÉVICES ET CRUAUTÉS

« Jean Jacob, ce vieillard du mont Jura, âgé de cent vingt ans, que l'on a vu à Paris vers la fin de l'année 1789, disait à tous ceux qui allaient le visiter, avoir vu dans sa jeunesse Antoine de Bauffremont, abbé de Clairvaux, s'amuser à tirer à coups de fusils les couvreurs et les paysans. Ce noble exercice, fort en usage autrefois, s'appelait la chasse aux vilains[32].

De tels excès de plume, divagations et fables, ne sont plus tout à fait de mise. Nous n'allons plus si loin et hésitons à croire que les adversaires acharnés de l'« ordre féodal » aient pu y porter quelque crédit. Et pourtant tout ceci était ordinairement écrit ; on en faisait état en différentes circonstances. C'est que, aux deux moments essentiels de la lutte contre la féodalité, contre ses tares et ses privilèges, à savoir avant 1789 et après 1850-1860, tout était bon à prendre. Outre le droit de cuissage, d'autres droits féodaux bénéficièrent eux aussi d'une présentation véritablement soignée, très particulière ; une présentation qui, pour celui qui voudrait dresser un catalogue d'erreurs et d'outrances, mériterait plus d'un moment d'attention :

— Droit de ravage : « Quand un seigneur était mécontent des paysans de ses fiefs ou même qu'il voulait se divertir d'une façon distinguée, il envoyait ses chiens et ses chevaux dans le petit champ du malheureux serf… et ravageait en un instant tout l'espoir et tous les travaux d'une année. » Commentaires du même : « Ce droit de ravage n'était ni avantageux ni honorifique ; en lisant de telles abominations, on est tenté de se demander si les *droits féodaux* ont été exercés par des hommes. » Fort heureusement, l'Assemblée constituante abolit ce droit « comme tous les autres privilèges du despotisme seigneurial ».

— Droit de mainmorte : Les « gens de main-morte étaient des hommes serfs soumis à un seigneur qui seul avait le droit d'hériter de leurs biens […] ; on les laissait vivre parce qu'on les considérait comme des bêtes de somme dont le travail était nécessaire […] ; on les obligeait à travailler jusqu'à la dernière heure pour payer leurs droits, enrichir leur tyran et ne laisser à leur famille que la plus profonde misère et le sort le plus affreux ». Les définitions, un peu à l'emporte-pièce, ne sont pas inexactes sur le fond ; seuls les commentaires témoignent de l'intention. De plus, le livre contient, au détour du roman historique, une description fort détaillée du château seigneurial : au-dessus de la porte de l'écurie principale, se trouvait un emplacement triangulaire où l'on pouvait voir clouées plusieurs mains d'hommes « dont quelques-unes étaient complètement desséchées et les autres à moitié dévorées par les oiseaux de nuit ». Des mains de paysans, bien entendu, et l'auteur de porter, en note et au titre de référence scientifique : « Droit de main morte »[33].

Droit de prélassement : Dénoncé en divers moments, à la veille et pendant la Révolution de 1789, alors que chacun s'employait de son mieux à décrire les plus atroces des « turpitudes féodales ». Un des auteurs les mieux documentés paraît avoir été le curé Clerget qui cite d'abord quelques seigneurs de Franche-Comté et de la Haute Alsace puis, nommément, les comtes de Montjoie et les seigneurs de Méchez. Au retour de la chasse, écrivait-il, lors des dures soirées d'hiver, ces seigneurs « avaient le droit de faire éventrer deux de leurs serfs pour réchauffer leurs pieds dans leurs entrailles fumantes ». Comme à l'ordinaire, l'auteur ne donne aucune source précise mais une « preuve », à savoir la cause intentée devant le parlement de Besançon par un certain comte (le nom est laissé en blanc) qui réclamait de ses paysans le paiement de fortes redevances pour le rachat de ce droit de prélassement. Fort heureusement, « pour l'honneur de la France moderne », le magistrat fut saisi d'indignation et le comte s'en retourna les mains vides. Ce curé Clerget prétend naturellement ne rien inventer ; il ne traite pas l'affaire à la légère mais y consacre de longs commentaires. Il croit ferme à ce qu'il vient d'écrire et, en aucun cas, n'évoque le fait d'un malade ou d'un monstre, mais présente ceci, effectivement comme un droit dont les seigneurs usaient volontiers : « Combien de fois, hélas !, ce droit ne l'ont-ils pas exercé !... Quoi, jamais la nature, soulevée contre cet horrible attentat, n'arma le bras d'un fils indigné ou d'une mère au désespoir ! Il dénonce à en perdre le souffle et incrimine une fois encore les privilèges et donc le système féodal : « Ainsi des hommes avaient pu s'enivrer à ce point des caprices du pouvoir absolu ! » Surtout, il condamne les complicités, la loi du silence qui ont si longtemps caché tant de faits odieux de telle sorte qu'il s'avère bien difficile de faire la lumière sur ces crimes atroces, bien plus nombreux certainement que l'on pourrait le croire.

La nuit du Moyen Age cache tout : « [...] ces siècles d'ignorance et de ténèbres qui furent témoins de tant de crimes, garderont le silence des tombeaux et un voile épais recouvre encore les atrocités du régime féodal[34].

En son temps, ce grand discours ne fut pas du tout reçu comme les élucubrations d'un esprit fanatique et quelque peu dérangé. Lors de la nuit du 4 août, « séance qui coupa jusque dans ses racines le vieil arbre de la féodalité dont les rameaux avaient si longtemps couvert la France d'une ombre funeste », les orateurs qui se pressaient pour dénoncer ces « monuments de la barbarie » parlaient tous de ces droits « qui outragent non seulement la pudeur mais l'humanité même... qui humilient l'espèce humaine ». L'un des premiers à prendre la parole fut, on le sait, le député du tiers, Lapoule, qui parla de divers abus et ne fut interrompu par les huées que lorsqu'il en arriva à évoquer « cet horrible droit, relégué sans doute pendant des siècles dans les poudreux monuments de la barbarie de nos pères, par lequel le seigneur était autorisé, dans certains cantons, à faire éventrer deux de ses vassaux à son retour de la chasse, pour se délasser en mettant les pieds dans les corps sanglants de ces malheureux[35].

Certes, il ne s'agissait que de certains seigneurs et, qui plus est, dans des temps anciens dont on a, somme toute, perdu la mémoire « [...] monuments poudreux ». Mais il est clair que l'existence d'abus en une époque fort lointaine, abus maintenant abolis, justifiait amplement la condamnation du régime féodal tout en bloc et permettait d'exiger, à ces seuls souvenirs, la suppression des droits et privilèges particuliers... du moins de ceux liés à la seigneurie rurale et au droit de ban. L'Assemblée, pourtant, ne pensa pas que du bien d'une si forte harangue ; des « cris d'horreur et d'indignation » interrompent l'orateur ; on lui demande – quand même – de fournir quelques preuves.

De cette mémorable séance du 4 août 1789, qui décida vaille que vaille de l'abolition non de tous mais de certains privilèges, les procès-verbaux, rédigés après coup et non sans discrétion, ne donnent certainement – beaucoup s'en sont indignés – qu'un tableau édulcoré et c'est, là aussi, grand dommage. Cependant, abstraction faite de la générosité affichée par quelques nobles qui n'avaient rien ou peu à perdre, il apparaît clairement que les attaques contre les droits féodaux ne s'en prenaient pas uniquement, pas principalement même, aux taxes, redevances et exactions ; les plus dures, ridicules à force d'inventions, rappelaient des forfaits dont personne, bien sûr, n'avait jamais été témoin, dont personne n'avait pu souffrir, connus seulement par la lecture de traités réputés de qualité. C'était l'effet d'un fort courant de dénigrement, la suite logique d'une offensive conduite depuis quelque temps par des auteurs qui se donnaient l'apparence du sérieux ; par tous ces professionnels qui, depuis Montesquieu, dissertaient savamment des droits d'usages et de justice, qui semblaient offrir toute garantie et pouvaient être cités en référence. Les Constituants de 1789 ne s'en sont pas privés ; c'était d'ailleurs, à ce qu'il semble, leur seule source ; ils en étaient imprégnés.

Les habitudes de s'y référer n'ont pas évolué très vite. Hier encore, les rédacteurs de manuels d'enseignement, à tous les niveaux, complices ou ignorants, s'en tenaient à des clichés pris dans ce répertoire (les grenouilles...) et se situaient, hors de toute rigueur historique, sur le même front de combat. Aujourd'hui, en sommes-nous, pour le bagage commun, tellement éloignés ?[36].

TROISIÈME PARTIE

Les paysans ou la légende noire

Pendant longtemps l'historien médiéviste s'est senti, pour parler des campagnes, parfaitement à l'aise. Le schéma, les directions de recherche et même les conclusions s'imposaient d'un commun accord : une « masse » paysanne (mot suffisamment imprécis et lourd de sens), misérable, soumise aux aléas du sort et surtout exploitée par quelques seigneurs qui lui soutiraient, de plein droit ou par d'arbitraires exactions, le plus clair de ses maigres récoltes. Pauvreté, travaux pénibles et désespoir d'un côté et, de l'autre, la morgue de ceux à qui tout est permis. L'image avait l'avantage du prêt-à-porter et ne supportait que quelques nuances. Qui aurait osé aller contre, ou même orienté ses enquêtes sans y faire référence ?

Depuis les années 1960 ou environ, les choses ont fort heureusement changé du tout au tout. Les spécialistes du monde rural – je m'en tiens pour l'instant à la France et ne parle que des véritables historiens – ont secoué cette sorte de conformisme. Leurs thèses déjà nombreuses ont, pour des régions réparties du nord au sud, pour des pays allant de la Loire à ceux des montagnes, renouvelé et approfondi la question. Simplement parce que ce sont là, non des dissertations au service de concepts, mais des enquêtes qui prennent pour cadre des secteurs géographiques relativement étroits et ne cherchent, en aucune façon, à administrer des leçons. Leurs auteurs se sont appliqués à des lectures difficiles de documents variés qu'ils ont confrontés ; ils ont cerné la réalité des conditions, des rapports sociaux et des pratiques. Ils ont accepté de s'intéresser aux éventuelles diversités et aux inévitables hiérarchies. Sous leurs plumes, enfin nos campagnes prenaient vie.

Est-il nécessaire de dire que ces historiens qui écrivent toujours, qui participent à nombre de colloques et ont acquis un renom international mérité, qui, depuis plusieurs décennies pour certains, enseignent devant nombre d'étudiants, demeurent inconnus, et leurs conclusions avec eux, d'un public pourtant averti, épris de nouveautés ? Nous savons la profondeur du fossé qui, dans toutes les sciences, sépare le chercheur peu soucieux du faire-savoir du lecteur livré aux publications de grande diffusion, aux manuels mêmes. Pour l'Histoire, plusieurs générations passent, inévitablement, entre le moment de la découverte ou des rectifications, et celui où elles sont enfin acceptées. Certaines restent confidentielles ; l'idée ne vient pas d'en parler et nous continuons, comme auparavant, à nous enraciner dans des habitudes, à mettre en avant les mots porteurs d'images, les phrases toutes faites.

Cette image catastrophe, misérabiliste plutôt, est à revoir. Tout est faux ou outrancier.

Entendons bien qu'il ne s'agit, en aucune façon, d'opposer à cette légende noire un autre tableau où l'on s'emploierait à gommer les malheurs et les abus. Il n'est pas question de se voiler la face et de nier de graves distorsions sociales, de graves inégalités de fortune et de genre de vie. Elles étaient certainement nombreuses et importantes, bien assises. Encore faut-il au moins tenter de préciser ces hiérarchies, d'en montrer les degrés, de voir quelles étaient les relations entre les divers échelons, les espoirs de monter, les risques de déchoir. Poser, avant tout examen, le postulat d'une société divisée en deux blocs monolithiques (possédants et exploités) et, de plus, une société complètement figée, est une grave faute de méthode. Cela certes simplifie l'enquête et l'exposé mais ne fait pas beaucoup avancer les connaissances.

L'idée d'un monde paysan réduit à une universelle condition misérable s'accommode mal avec l'évolution économique de notre passé médiéval. Voici, nous dit-on, des rustres cultivant des terres qui ne leur appartiennent pas, eux-mêmes durement exploités, soumis à de constantes et insupportables vexations, réduits à chercher refuge dans les villes pour mendier ou vivre de petits métiers mais y respirer l'« air des libertés » ; une masse de vilains et de serfs malheureux, enchaînés à leurs durs travaux, sans en tirer profit et, bien sûr, sans enthousiasme ; de pauvres gens résignés. Mais ce que nous voyons, en réalité, ce sont des hommes sans grands moyens techniques, sans espèces végétales sélectionnées susceptibles de résister aux rigueurs du climat, sans assistance de l'Etat, capables pourtant de construire de remarquables paysages agraires, parfaitement adaptés aux circonstances ; des familles et des communautés villageoises triomphant de la nature la plus rebelle, domptant des « déserts » (marais ou forêts) qu'aucune société avant eux, pas même celles du temps des Romains, n'avait entrepris de conquérir. Ces paysans obscurs, incultes et exploités du Moyen Age ont, en Europe occidentale, défriché par brûlis, essartages et ensemencements de vastes étendues boisées ; ils ont asséché d'immenses marais. Sans aucun doute, aux « temps de misère et de barbarie » se situent les conquêtes humaines qui ont, pour des siècles et souvent jusqu'à aujourd'hui, façonné les visages de nos pays. Cette entreprise, la plus spectaculaire de l'histoire de nos campagnes, est-elle le signe d'un désenchantement, d'un malaise social chronique ? Ces paysans n'ont-ils travaillé que sous la férule ?

Sur le plan économique il convient d'admettre que tout n'est pas mesurable. Les données quantitatives précises nous manquent et les tentatives pour chiffrer rendements et productions se soldent toujours par des résultats très approximatifs ou très discutables. Quelques démarches d'historiens « quantitatifs » témoignent, dans ce domaine, d'une grande audace, mais peuvent s'oublier. Faute de pouvoir chiffrer, de présenter tableaux et courbes des rentabilités et des récoltes, force est alors de s'en tenir à des témoignages et, surtout, à apprécier les situations d'ensemble.

L'écho des fluctuations climatiques se retrouve et s'amplifie à lire les auteurs du temps qui se lamentent, évoquant tour à tour les grands gels des hivers, les débordements dramatiques des fleuves, les étés brûlants, insistant aussitôt, et à juste titre, sur la montée des prix des grains et du pain, sur la misère des pauvres gens. Ceci surtout pour les villes et plus particulièrement pour celles situées dans l'intérieur des terres qui, ravitaillées seulement par lourds charrois, ne pouvaient faire venir leurs blés de loin. Nous savons que, dans les années 1316-1318, de graves famines ont sévi dans le nord de la France, surtout en Flandre, provoquant de grandes mortalités. Certains auteurs leur attribuent même une malnutrition endémique qui aurait provoqué un affaiblissement physiologique des populations et, de ce fait, favorisé la propagation des épidémies, plus précisément de la grande peste de 1349.

Cependant l'impression que laisse l'examen de la période médiévale est tout de même celle d'une société et d'une économie capables de nourrir les hommes, de faire face à une croissance démographique ralentie seulement ou arrêtée quelques années par les épidémies, et, le plus souvent, capable de vite combler les vides. Un équilibre, peut-être inégal mais certain, se trouvait assuré et aucun historien ne soutiendrait sérieusement l'hypothèse d'une économie rurale constamment au bord du désastre ; encore moins d'une société soumise à de longues angoisses, à de redoutables insuffisances. Il serait bien excessif de présenter encore, comme se plaisaient à le faire les fabricants de manuels du siècle dernier, ces temps médiévaux comme des temps de malheurs vécus jour après jour.

De cette capacité à produire, de ces élans pour l'établissement et pour l'exploitation, témoignent amplement les grandes entreprises de conquête du sol, en différents moments, sur des terres proches ou très lointaines, sous diverses circonstances, et toujours sans aucune aide d'assistance extérieure. Ce sont les paysans de Flandre, de Rhénanie et de Bavière qui, autour de l'an mille, sont allés défricher les forêts et les landes de ce « Far East européen », jusque dans les vallées des Carpathes, jusque dans les pays slaves. Un siècle plus tard ou environ, les hommes de plusieurs pays d'Occident, du Poitou à la Provence et à la Lombardie, ont construits de beaux terroirs agraires en Terre Sainte, planté des ceps de vigne, installé sur des parcours de nomades une société de sédentaires encadrée par des seigneurs laïcs ou ecclésiastiques, à peu près semblable à celles de leurs villages d'origine. Troisième temps enfin de cette expansion, celui de la colonisation des îles atlantiques, des Canaries aux Antilles, puis du Brésil et de la Nouvelle Espagne. Au total, ces conquêtes, pendant plus de cinq cents ans, se sont toujours faites sous le contrôle de la seigneurie, structure sociale des temps médiévaux. Les pionniers s'en accomodaient fort bien. Comment, au vu des résultats, invoquer une société d'opprimés, vouée à l'échec ou à la révolte ?

1

FÉODALITÉ ET SEIGNEURIE

UNE CONFUSION ENTRETENUE À DESSEIN

Les auteurs qui voyaient dans la féodalité la source des servitudes et des violences, des abus et des droits scandaleux, de ces barbaries qui déshonoraient l'humanité, l'accusaient du même coup de ruiner le pays, d'avoir conduit nos campagnes à une condition économique misérable. Dans leurs ouvrages, structures politiques et régime d'exploitation des terres sont constamment confondus ; ils parlaient tantôt de « paysans », tantôt de « serfs » ou de « sujets », plus souvent encore de « vassaux » sans marquer de différences. Le discours, de ce fait, se trouve maintenu dans une sorte de flou et les paysans, qu'ils soient serfs ou tenanciers libres, ou même propriétaires de leurs biens, sont indifféremment qualifiés de vassaux du seigneur. Il s'agissait évidemment de tout ramener au régime féodal.

Aujourd'hui encore, nous tombons dans cette lourde erreur de parler d'« économie féodale » ou de « société féodale », formules qui ont reçu droit de cité sans être précisées. Or la confusion est flagrante. La « féodalité », disons plutôt la « vassalité » ce serait plus clair, était un système éminemment politique qui définissait, selon des normes diverses, selon les temps et selon les pays, les relations d'homme à homme dans la hiérarchie des pouvoirs et des commandements. Que la contre partie à un service, généralement militaire, que ce « bénéfice » ou « fief » ait été très souvent une terre, est un aspect de ces relations, important mais non exclusif. Toutes sortes d'autres bénéfices, argent, rente, charges administratives ou droits fiscaux étaient également donnés dans les mêmes conditions, en échange de services, de fidélité. Et, d'autre part, toutes les terres n'étaient pas tenues en fief, loin de là. En résumé, les liens de vassalité se superposaient aux structures économiques et ne commandaient pas tous les aspects des relations sociales. Société féodale et économie féodale sont deux concepts forgés et naturellement très ambigus, sinon vides de sens.

L'erreur s'accompagne de généralisations abusives. C'est faire beaucoup d'honneur au système féodal et lui donner trop d'importance que de l'invoquer à tout propos, pour de longues plages chronologiques et pour tous les pays d'Occident comme si ce système formait partout l'ossature des sociétés et des civilisations. En fait, la féodalité pure ou classique, telle que la décrivent ordinairement nos manuels, ne s'est appliquée dans toute sa rigueur et son ampleur aux relations politiques que dans une aire géographique relativement étroite, celle que les historiens français de la première moitié de ce siècle – je dirais volontiers ceux de l'école « de Paris » – pouvaient observer à leur aise : Ile-de-France, Picardie, Champagne… Ailleurs, c'était autre chose. Vers le Midi, les droits féodaux rencontraient maints obstacles et devaient composer avec héritages ou traditions ; ainsi en Provence, en Languedoc, en Aquitaine même ; plus encore en Italie du Nord. Les pays germaniques ont eux aussi évolué d'autre façon.

Ces différences essentielles se voient, en quantité d'ouvrages un peu rapides, gommées pour tout couler dans un même moule : souci d'exposition ? nécessité de sacrifier aux impératifs pédagogiques ? En tout cas, notre vue, réduite à une seule image brossée à larges traits, s'en trouve déformée car ce système féodal, bête honteuse pour nous autres hommes de progrès, n'intervenait pas directement dans la gestion ou l'exploitation des terres, ni dans les relations propriétaires-exploitants. La structure fondamentale de ce point de vue, quasi omniprésente mais non exclusive, était le « domaine » rural plus ou moins étendu, divisé en un nombre variable d'unités de culture. C'est ce que nous pouvons appeler aussi la seigneurie. « Economie seigneuriale » ou « domaniale » donc et non pas « féodale ».

C'est là plus qu'une nuance et pas du tout une querelle de mots. La confusion entre les deux notions, pourtant très spécifiques, fut peut-être, à l'origine, le fait d'un glissement sémantique dénué d'intentions particulières ; il est exact que le même mot, seigneur, pouvait désigner tant le propriétaire du domaine que l'homme à qui un vassal prêtait fidélité. Cependant, pour une certaine école historique, l'emploi du mot est voulu, concerté, afin de soutenir un combat idéologique et occulter, par la seule magie du discours, les résultats de sérieuses enquêtes. Là encore, il s'agissait d'imposer un regard particulier sur l'Ancien Régime et, par voie de conséquence, sur la Révolution de 1789. Ce sont les auteurs appliqués à souligner les bienfaits de cette Révolution qui insistèrent en ce sens. Albert Soboul se fit, en 1970, le pionnier puis le défenseur de cette façon d'appréhender la société d'avant 1789 en étudiant la crise de l'Ancien Régime[1], conforté la même année par l'un de ses disciples qui, lui, ne laissait planer aucun doute sur ses engagements et sa façon de concevoir la recherche scientifique : « [...] refuser l'emploi de régime féodal pour désigner, en histoire, l'ensemble du système économique, social et juridictionnel de l'Ancien Régime est un témoignage non équivoque de conservatisme... Mais seul l'emploi de féodalité pour qualifier le régime d'exploitation féodale (féodalisme) est progressiste en associant à la définition du référent la connotation péjorative sans laquelle le travail historique sur l'Ancien Régime ne serait qu'un constat et non un combat[2] ». Constat, description objective et analyse, ou combat, tout est là, bien entendu. Chacun fait son choix.

La seigneurie rurale, ensemble de terres, pour une part exploitée en faire-valoir direct, pour une autre divisée en tenures, ou fermes ou métairies confiées à des paysans locataires, n'est absolument pas née de la féodalité. La structure domaniale était en place bien avant la désorganisation des pouvoirs publics et donc bien avant l'émergence de la vassalité. Elle s'est développée en dehors d'elle ; elle s'est maintenue bien après que les pratiques politiques proprement féodales eurent progressivement disparu devant la montée d'un pouvoir central, princier ou royal.

Féodalité et seigneurie sont incontestablement de natures différentes et ont toutes deux connu leur propre destin. Les confondre, ou les présenter étroitement liées, est le fait d'un propos délibéré qui permet de ne pas aller contre ces théories si longtemps à la mode qui prétendaient offrir un résumé simplifié de l'évolution des rapports socio-économiques, chaque phase de cette évolution, séparée de la précédente par une rupture, étant clairement caractérisée par un « système » : esclavagisme, féodalisme, capitalisme… Suite de mots en isme auxquels certains s'efforçaient de donner une sorte de consistance et qui tous avaient le mérite de l'ambiguïté.

En premier lieu, à considérer, dans les pays de solide féodalité même, les genres de vie et les relations humaines sur le plan économique et fiscal, nous ne constatons pas toujours une correspondance territoriale exacte entre le maître des terres (d'une seigneurie foncière donc) et le maître de divers droits, tels la justice par exemple, droits que l'on peut qualifier de féodaux (seigneurie « banale » pour reprendre l'expression de Robert Boutruche[3]).

Une vue abstraite tendrait à montrer chaque terroir villageois tenu en main par un seul seigneur qui, propriétaire des terres, y imposerait aussi ses droits de justice et de banalités : un seul seigneur foncier, lui-même seigneur banal. Cette image a certes le mérite de la clarté mais est, en fait, une pure construction. Elle nous est insidieusement dictée par une documentation très incomplète et éparse qui nous conduits à nous faire une idée du passé médiéval d'après quelques trop rares informations, fruits des hasards.

En fait, nombreux étaient les villages partagés entre deux ou trois seigneuries foncières et même davantage ; les droits féodaux, justice et banalités, étant exercés par un seul de ces maîtres-propriétaires... ou par un homme complètement étranger à ce terroir, n'y possédant aucun domaine. Dans tel village, le manoir seigneurial (« hôtel » ou « château ») se dressait au cœur de l'habitat, près de l'église, à la croisée des routes et chemins ; dans tel autre, plusieurs « maisons fortes » ou « manoirs » se dispersaient aux limites des parcelles bâties, parfois même complètement isolés.

Pour l'Angleterre, quelques études permettent de mieux saisir ces diversités qui, d'une région à l'autre, imposent un paysage social très différent. Dans certains comtés, principalement dans les Midlands, régions des Cotswolds et des Chiltern Hills, un village sur deux ne comptait, effectivement, qu'un seul seigneur, tandis que cette « seigneurie exclusive » ne se trouvait que dans sept terroirs sur vingt-cinq dans le Bedforshire et seulement dans douze sur cent douze dans le comté de Cambridge (environ l'an 1300). Si bien que, se limitant à ce seul royaume, force est d'admettre des structures seigneuriales et des liens de dépendance complètement différents ici et là, en des pays pourtant pas tellement éloignés les uns des autres : héritages très anciens solidement maintenus ou fruits d'une lente maturation ? En tout cas, la leçon s'impose et, à nouveau, interdit de tout considérer en bloc.

Dans la France du Nord, plus exactement en Ile-de-France, une analyse menée à partir d'actes notariés met en pleine lumière, pour plusieurs villages à l'ouest de Paris, l'extraordinaire multiplicité, les enchevêtrements de fiefs (vassaux, arrière-vassaux) et de seigneuries : écheveau complexe des hiérarchies sociales, mosaïques des domaines et des terres, ambiguïté ou confusion des droits[4]. Ici le co-seigneur est la règle. En est-il de même dans les régions voisines, en Normandie ou en Picardie par exemple ? Cela reste à définir mais ces actes notariés ou autres textes aussi précis nous manquent généralement ou n'apparaissent que très tard.

En conclusion et pour prendre mesure de cette tyrannie féodale, il semble bien que, dans la plupart des pays d'Europe, un très grand nombre de communautés villageoises ne se trouvaient pas livrées au pouvoir d'un seul seigneur, véritable potentat ; elles dépendaient, au contraire, de différents propriétaires fonciers, abbés ou gens des villes y compris : d'où, nous pouvons l'imaginer, conflits d'influences, querelles entre les maîtres, contestations de toutes sortes que les paysans ne pouvaient ignorer ; les rapports sociaux s'établissaient ou évoluaient là d'une autre façon. La « domination seigneuriale » se manifestait, en fait, bien plus complexe que ne le font ordinairement croire les images passe-partout.

LES MAÎTRES DU SOL : BRIGANDS OU GESTIONNAIRES ?

Grands domaines ; profits et qualité

D'autre part, il semble que nous ayons trop souvent tendance à négliger l'extrême diversité des conditions sociales de ces seigneurs, propriétaires des domaines. La vie des campagnes ne s'inscrivait que pour une petite part dans des seigneuries tenues par des hommes ne disposant que d'une seule exploitation, vivant sur place, dans un château capable d'offrir un refuge aux paysans, ou dans une maison forte, plus modeste, campée sur une butte, au coude d'une rivière, à un carrefour de chemins.

De vastes propriétés, des ensembles considérables de terres, complexes, dispersés en divers lieux parfois éloignés les uns des autres, appartenaient à de puissants personnages qui n'avaient rien de commun avec le féodal batailleur, si volontiers évoqué à tous moments. Ces hommes étaient le roi, les princes, les comtes et autres grands du royaume, les évêques, les abbés des riches monastères. Le bilan exact de leurs possessions ne s'établit pas aisément, mais, certainement, une proportion notable – peut-être la majeure part – des bonnes terres étaient dans leurs mains. Ils avaient patiemment rassemblé dotations, héritages et achats ; ils avaient su procéder à d'intéressants échanges pour donner plus de cohésion à leurs patrimoines ; professionnels de la politique, certains avaient accumulé les fruits des confiscations sur les félons et les rebelles… ou simplement leurs adversaires. Or ces hommes, qui ainsi présidaient à la gestion de vastes terres arables, forêts, pâturages et vignobles, qui, maîtres aussi très souvent des droits féodaux, étendaient leur juridiction sur de nombreux villages et des foules de paysans, étaient à l'évidence, sur le plan culturel, gens de qualité, de science et de calcul. Leur but n'était naturellement pas d'y voir là terrains de divertissement mais bien sources de profits. Ils cherchaient à toujours améliorer les rendements, à favoriser de meilleures exploitations. Eux-mêmes ou leurs officiers savaient tenir rigoureusement leurs comptes et faire des bilans. Grâce à une documentation d'une ampleur exceptionnelle, pour l'heure unique en France, Gérard Sivery a montré que les registres du comte de Hainaut témoignent de techniques comptables parfaitement au point, directement inspirées de celles des Lombards installés à Maubeuge, à Mons ou à Valenciennes, techniques très souples d'emploi, outils à la fois de contrôle et de prévision[5].

Les historiens anglais peuvent analyser dans les moindres détails la gestion des grands domaines, possessions des *landlords*, laïcs ou ecclésiastiques. Ces terres, que le roi avait à dessein dispersées en différentes régions du royaume, étaient cependant tenues solidement en main par une administration centrale sourcilleuse, par une sorte de conseil d'administration, le *formai baronal council*, où étaient appelés non seulement les officiers *(sergents, baillis, reeves)* responsables de chaque domaine et un ou deux juges chargés régulièrement de défendre les droits du *lord* devant les cours royales, mais aussi un petit groupe de spécialistes appointés pour donner leur avis : *trained experts* des villes (pour les conseils juridiques et ce que nous appellerions les « études de marchés »), *local landlords and gentry*, chevaliers propriétaires, très au fait des conditions de chaque secteur[6]. Pour chaque année, et pour chaque domaine, était mis sur pied un plan d'exploitation qui évaluait les besoins en main-d'œuvre, en animaux de labour et en semences, mais qui déterminait aussi le chiffre de toutes les récoltes escomptées ; chiffre que chaque intendant responsable devait atteindre sous peine de lourdes amendes s'il y manquait de trop[7]. Ainsi, à grand renfort d'écritures, d'instructions, d'inventaires et de registres de comptes, se trouvaient sous haute surveillance ces domaines du *high farming* anglais, gérés par des maîtres dont le profil social et culturel n'avait rien de commun avec celui du seigneur féodal qui nous est communément présenté.

Les responsables de ces vastes et riches possessions foncières ne se fiaient pas seulement à l'expérience ou à une démarche empirique. Les intendants et leurs maîtres se référaient volontiers à des traités didactiques plus ou moins précis, limités souvent et adaptés à une région déterminée. Ceux hérités de l'Antiquité, remaniés, accomodés aux nécessités du temps et aux nouvelles pratiques, furent démarqués par divers auteurs qui en assurèrent la survie. Pierre de Crescens, de Bologne, écrivit un *Traité de l'Agriculture et de la Vie des Champs (Ruralium Commodorum Libri duodecim)* qui connut dans tout l'Occident un grand succès. Charles V le fit traduire en français et garder dans la « librairie » du Louvre, en même temps que *l'Art de la Bergerie* de Jean de Brie[8].

Ce traité de Pierre de Crescens fut très largement diffusé : si le manuscrit de la bibliothèque de l'Arsenal, exemplaire de luxe, est illustré de magnifique enluminures, un autre exemplaire, conservé à Rouen, de facture très ordinaire, témoigne évidemment d'un usage plus commun[9]. Le livre fut imprimé à Augsbourg en 1471, sous le titre *Summa Agriculturae*, puis à Venise en 1495, sous celui de *Opus ruralium commodorum*. En Angleterre, de nombreux traités d'exploitation et d'économie agraires, hors de toute tradition antique ceux-ci, répondaient de très près aux préoccupations des maîtres soucieux de saine gestion et de bons rendements. Ces livres évaluaient le coût et la productivité de chaque activité et insistaient constamment sur la notion de profit. Ils disaient ce que devait être au minimum le rendement de chaque céréale, et l'un d'eux invitait même les intendants à calculer ces rendements pour chaque pièce de terre, afin d'en déduire les meilleures conditions de sol pour les différentes cultures[10].

Rappelons, à ce propos, que ces manuels d'agriculture, encyclopédiques et pratiques à la fois, précèdent, en Angleterre, d'environ un siècle, ceux écrits pour les marchands à Florence, Venise ou Gênes.

Recherche du profit certes, mais aussi de la qualité. Nous pouvons suivre les efforts et les résultats des Cisterciens – toujours en Angleterre et également en Ecosse – pour améliorer le moelleux de la toison de leurs moutons ; ils ont, par croisement avec les bêtes d'Afrique du Nord, créé la nouvelle race des mérinos et, vers 1340, un manuel destiné aux associés et commis d'une compagnie toscane citait une par une les abbayes et les foires du Nord, jusqu'aux marges de l'Ecosse, indiquant pour chacune la qualité du cru comme pour des vignobles[11]. Au sujet précisément du vin, sans évoquer les recherches constantes pour améliorer, en nombre de terroirs, les pratiques de la vinification, notons tout de même l'intervention énergique de Philippe le Hardi pour contraindre ses sujets bourguignons à arracher les plants de gamay qui, certes, donnaient de plus forts rendements mais d'un vin « de telle nature qu'il est moult nuisible à créature humaine, mêmement que plusieurs qui au temps passé en ont usé, ont été infectés de griêves maladies, car ledit vin... est plein de très grant et horrible amertume, et devient tout puant ». Il dénonce les vignerons « convoiteux d'avoir grand'quantité de vin » qui ainsi compromettent l'excellence des crus de Beaune, Dijon et Châlon vendus jusqu'à Paris et Rome[12].

Les forêts elles-mêmes, terrains de chasse sans doute mais aussi de parcours pour les animaux domestiques, n'étaient en aucune façon livrées à une exploitation sauvage ou anarchique, voire seulement désordonnée, conduite au gré des besoins d'une cassette appauvrie par d'excessives dépenses somptuaires. Tout au contraire, les grands bois représentaient régulièrement, en France surtout, une part très importante des revenus domaniaux. Le roi Philippe VI en recevait, pour ses terres du Gâtinais, huit mille livres par an sur un total de vingt mille. L'abbaye de Saint-Denis possédait en Ile-de-France plusieurs milliers d'hectares de forêts et en tirait plus de trois mille livres chaque année[13]. Ceci grâce à une exploitation parfaitement raisonnée, planifiée par coupes mesurées à l'avance, espacées différemment selon les essences ; grâce aussi à des reboisements immédiats, soumis à de strictes surveillances. Le comte de Hainaut et les autres grands seigneurs du comté partageaient périodiquement leurs domaines forestiers en lots dits « de quinze tailles », c'est-à-dire en coupes espacées de quinze ans ; pendant les premières années du reboisement, pendant cinq ou six ans, des palissades protégeaient les jeunes plants[14].

Terres, pâtures, vignobles ou bois gérés de cette façon, autant d'exploitations seigneuriales qui manifestement échappent au seigneur féodal des images traditionnelles, celles de notre enfance et de nos bons livres d'images aujourd'hui encore.

Hommes de loi et financiers

A l'opposé de la gamme sociale, nous trouvons parmi les maîtres des domaines un nombre important de terres, de clos, de fermes et de seigneuries propriétés d'habitants des villes plus ou moins proches : bourgeois, notables, hommes de robe et hommes de loi, notaires, marchands et artisans[15]. Ces citadins y cherchaient l'assurance et le plaisir de leur propre ravitaillement, mais pour beaucoup c'était surtout affaire de profits. C'est ainsi, par exemple, que les domaines des Cotswolds anglais, dans le district de Castle Combe en particulier où l'on exploitait les terres à céréales du plateau, furent achetés par des hommes d'affaires de Londres qui installèrent des moulins à foulon dans les vallées, firent tisser des draps dont ils assuraient eux-mêmes la vente, fournisseurs de l'armée et des marchands de Londres et de Bristol, ou des Italiens, Génois et Florentins[16]. Enfin, et c'est là sans doute, sur le plan social, le principal, ces nouveaux propriétaires, ces nouveaux maîtres, espéraient acquérir ainsi un brevet d'insertion en certains milieux, brevet d'honorabilité voire même de noblesse.

Dès les années 1250 ou environ, s'étaient multipliés dans tout l'Occident les achats, par les gens des villes, de domaines entiers, parfois même de fiefs avec leurs droits de juridiction. Les exemples en sont innombrables, bien connus de tous, et leur multiplicité défie toute tentative d'établir un bilan. Aucune cité n'échappe à cette attraction pour la propriété rurale, aux promesses de respectabilité que comporte l'achat (ou la confiscation...) d'une seigneurie. Ainsi pour les grands bourgeois, hommes de loi, conseillers ou simplement changeurs et drapiers de Lyon[17] ; pour tous les « marchands » des villes d'Italie, sans exception. C'est là le destin très ordinaire de ces grands notables parisiens, négociants, financiers, gens de robe et de gouvernement, de ces Des Essarts ou Coquatrix, qui trouvaient dans l'acquisition de beaux domaines seigneuriaux dans l'Ile-de-France, avec « hôtels » ou maisons fortes, voire châteaux, le couronnement d'un beau cursus social et, sans doute, des assurances contre de dramatiques revers de fortune politique. Les marchands de Metz passaient aisément du commerce à l'aristocratie terrienne ; certains s'appliquaient même à forger de toutes pièces de nouvelles seigneuries, rassemblant de nombreuses parcelles en une seule exploitation cohérente, qu'ils appelaient un « gagnage », sévèrement clos et protégé[18] (dans les années 1300).

Nous voyons communément des hommes, a priori résolument étrangers, tenus volontairement à l'écart de ces seigneuries foncières, réussir au contraire de remarquables intégrations et ascensions sociales par le biais des domaines ruraux rassemblés à force de persévérance ou de protections. Ce fut le cas, dans diverses régions de la France du Nord et de l'Est, des prêteurs lombards qui, en confisquant les parcelles, souvent minimes, de paysans (... ou seigneurs) trop endettés, ont fini par se constituer de vastes domaines de belle tenue. Renier Accord, « prêteur » originaire de Florence, usurier donc, établi à Troyes, chambellan et familier du comte de Champagne, est ainsi parvenu, dans les années 1270-1288, à rassembler plusieurs grandes seigneuries avec maisons fortes, paysans-serfs et droits de justice ; ceci au prix d'un extraordinaire travail de remembrement de tenures paysannes, de fermes, de portions de domaines ; autour de la « motte » de Mont-Flambain, il avait ainsi réuni, par achats successifs ou échanges, pas moins de cinq cent trente pièces de terres[19].

Exemple limite sans doute, mais non exceptionnel et très claire illustration du fait que, par ses origines, sa nature, la qualité sociale du maître, la seigneurie rurale et donc l'exploitation des terres ne s'inscrivent pas forcément dans le cadre féodal. Prince et évêques d'une part, changeurs ou hommes de parlement de l'autre, nous voici, pour les structures économico-sociales de nos campagnes, bien éloignés de la condition type, communément offerte à nos imaginations. En fait, une très grande part des terres échappait à cette domination féodale. La question peut être hasardée de savoir si le paysan se trouvait plus « libre » et plus avantagé du point de vue fiscal, sous le contrôle d'un officier royal ou abbatial scrupuleux et expert, prenant ses arrêts loin du village, responsable de ses comptes, ou sous celui du châtelain voisin, exploitant lui-même des terres proches, averti des aléas climatiques ou des ravages des guerres, et capable de nuancer ses exigences ; de savoir aussi si ce même paysan, lors des transferts de propriétés, gagnait quoi que ce soit à passer de l'état de locataire de l'ancien seigneur à celui de l'homme des villes, financier rompu à toutes sortes de pratiques, fournisseur de marchés, âpre au gain. Ceci serait certainement sujet à réflexion.

En tout cas, tout examen un peu sérieux conduit à exclure les références à ce féodalisme mythique pour s'en tenir à la seigneurie rurale, domaine de maître propriétaire de terres formant un ensemble complexe ; ces maîtres étant eux-mêmes d'origines et de conditions sociales très diverses.

2

LES SOCIÉTÉS RURALES : DICHOTOMIE OU DIVERSITÉ ?

Ne parler, pour évoquer la vie des campagnes, pour reconstruire leur paysage social, que de seigneurs, que de maîtres des domaines, est-ce cependant démarche satisfaisante, susceptible de donner une image acceptable de la réalité ? Certainement pas… L'enquête doit, malgré les difficultés documentaires rencontrées en chemin, malgré la nécessité de contredire les idées toutes faites, aller plus loin, plus en profondeur.

Seigneurs et paysans… Combien de livres, de chapitres de manuels, de libellés de sujets d'examen reprennent invariablement cette formule ? Cela nous semble aller de soi… comme si la vie rurale de ce temps médiéval ne pouvait s'analyser qu'en termes de rapports sociaux entre maîtres et soumis et donc, selon l'optique la plus répandue, en fonction des modes d'exploitation de l'homme au travail, en termes d'antagonismes. Comme si le paysan et, d'une façon plus générale, tout habitant des villages, n'existait qu'en fonction du maître, ne cultivait que les terres seigneuriales, ne possédait rien en propre.

Ce postulat, seigneur-paysans, ainsi admis par une sorte de consentement tacite, il n'était certes pas facile d'y apporter nuances ou contradictions ; engager une enquête hors de ce schéma pouvait paraître extravagant et, surtout, l'approche documentaire s'avérait particulièrement délicate, souvent ardue. L'historien, on ne le rappelle jamais assez, travaille avec ce qui lui arrive des temps passés, avec ce que les malheureux hasards des destructions, hasards aveugles, lui ont laissé. Ces fonds sont, par force, incomplets et inégaux ; parfois ce ne sont que des débris. Les archives privées, celles des exploitations rurales de toute nature, se trouvaient naturellement fort dispersées en quantité de villages ou de manoirs. Elles n'ont été recensées ni vite ni aisément et n'ont rejoint les dépôts d'Etat que d'une façon parcimonieuse. Demeurées en place, elles ne pouvaient souvent bénéficier d'aucune garde attentive : mal classées, mal protégées des atteintes des ans, beaucoup sont tombées dans l'oubli ; des fonds importants ont tout simplement disparu lors d'héritages ou de transferts. A ces avatars s'ajoutent bien sûr les fureurs destructrices lors des guerres partisanes ou des croisades des redresseurs de la société ; en France principalement, les guerres de Religion, les mises à sac et à feu systématiques ordonnées par la Convention révolutionnaire ont considérablement appauvri ce patrimoine archivistique.

De plus, ces documents « seigneuriaux » étaient naturellement de natures diverses ; les archives des grands domaines ont été mieux conservées que celles des petits seigneurs et, surtout, des simples paysans. Là réside en fait la plus grave lacune. Pour l'historien du siècle dernier, qui imaginait mal l'existence d'une propriété paysanne avec ses hiérarchies, pour celui d'aujourd'hui même, la tentation était et est encore forte d'utiliser au mieux les documents les plus accessibles et, négligeant leurs insuffisances, d'en tirer des conclusions présentées comme définitives. Ainsi fut d'abord conduite, puis a pendant longtemps progressé l'enquête, privilégiant par force le rôle des seigneurs et négligeant certains aspects de la vie paysanne, tout simplement faute de témoignages.

Dans le cadre même de la seigneurie, bien des renseignements pourtant essentiels ne parviennent que rarement et la moisson documentaire fait apparaître nombre de manques, quelques-uns irréparables. Sont venus à jour, soigneusement recopiés d'une belle écriture sur de bons parchemins ou papiers, les « cartulaires » seigneuriaux (recueils de chartes, d'accords entre deux parties), qui font état des achats, des legs et des échanges ; puis aussi, mais d'une présentation déjà plus inégale, les « censiers » ou « terriers », catalogues des redevances et services dus par les hommes installés sur les terres du maître, sur les tenures. Ces registres ont été, pour beaucoup, reconnus, étudiés, publiés même. Mais ils ne parlent que de la seigneurie et des hommes dépendant d'elle. Ils ont permis de dresser des tableaux de la vie rurale, mais des tableaux où n'apparaissait que l'exploitation de l'homme cultivant les champs d'un maître, véritable propriétaire, disait-on, du sol.

Jusqu'aux dernières recherches, celles des trente ou quarante dernières années, notre connaissance de la vie des campagnes résultait de ce type d'examen. Or ces ensembles documentaires, certes précieux, restent évidemment incomplets. Le terroir villageois n'est pas exclusivement formé de tenures seigneuriales confiées à des paysans locataires, tenanciers dépendant économiquement d'un domaine. Loin de là… Nous limitant à ces seules lectures, demeurent hors de portée deux aspects au moins de la structure sociale et des formes d'exploitation.

Le seigneur oisif : erreur ? facilités de plume ?

Les cartulaires ne permettent pas de voir quelle part du domaine le seigneur garde par-devers lui pour l'exploiter directement, par une main-d'œuvre servile ou salariée, renforcée des corvées des tenanciers. Les censiers ou terriers, par leur nature même, ignorent cette « réserve ». Si bien que l'approche des champs, prés ou vignes en faire-valoir direct se trouve très ardue ; le chercheur qui y veut parvenir doit se livrer à des investigations parallèles, procéder parfois par recoupements hasardeux. Cette méconnaissance ou ces renseignements vraiment fragmentaires et aléatoires interdisent la mise en place d'un tableau exact de la distribution des terres, de leur régime d'exploitation, en un mot du paysage rural que l'on aimerait reconstituer d'une manière plus complète et plus rigoureuse : de larges plages vides interrompent forcément le dessin parcellaire. D'autre part et surtout, l'image du seigneur rural s'en trouve gravement altérée et parfois déformée. En possession de listes de cens, de fermages, de redevances de toutes sortes, nous avons tôt fait d'oublier ou de négliger cette réserve qui reste à découvrir ou, pour le moins, à évaluer. Certains auteurs furent ainsi amenés à suivre cette pente naturelle qui conduisait à privilégier ce qu'ils voyaient et, dans ce cas, à mettre en avant un maître oisif, incompétent, indifférent aux réalités du terroir, qui ne tirait de revenus que de ce que lui apportaient régulièrement « ses » paysans. Le seigneur engrange alors des grains qu'il n'a pas semés, compte simplement ses sous et deniers, fruits de la sueur de « ses » tenanciers ou de « ses » serfs. L'expression « rentier du sol » proposée, à juste titre, par l'un de nos pionniers de l'histoire sociale pour décrire une situation ponctuelle, très particulière à un moment, fut trop largement reprise et appliquée à tout propos. Quelques manuels ou même des livres plus précis négligent ainsi le seigneur chef d'exploitation, surveillant les travaux, y participant souvent, bien au fait des difficultés ou aléas, pour tout réduire au percepteur de prestations et redevances : grave lacune et totale désinformation.

En effet, dès que la documentation permet un examen ne serait-ce qu'approximatif, il apparaît clairement que les seigneurs avaient gardé, pour les exploiter, d'appréciables parties de leur patrimoine foncier. Certaines de ces réserves n'étaient, certes, formées que de vastes forêts ou de terrains de pâture ; les maîtres vendaient leurs coupes de bois ou les poissons de leurs étangs. Mais d'autres possédaient de grandes superficies de terres arables. Dans l'Ile-de-France, sur les riches terroirs, toutes les exploitations – les « granges » – des abbayes de la capitale possédaient chacune de soixante-quinze à cent hectares de champs labourables cultivés en faire-valoir direct. A Tremblay, la réserve de Saint-Denis comptait deux cents hectares de terres et trois cent soixante-quinze de bois. Pour cette abbaye, sur l'ensemble des domaines, les rentes payées par les paysans ne montaient qu'à trente livres par an sur un total de trente mille livres (de 1284 à 1304), soit un pour cent, pas davantage[20].

OFFICIERS, HOMMES DE MÉTIERS ; NOUVEAUX RICHES, USURPATEURS

Leur présence, jamais discrète, vient encore enrichir une structure sociale qui, en aucun cas, ne se réduit à un simple dualisme. Les seigneurs, propriétaires fonciers, ne sont pas alors les seuls à s'inscrire au-dessus ou en marge de la condition paysanne. Divers personnages s'inséraient différemment dans le tableau des fortunes et des pouvoirs, disposant ou d'autorité et de commandements, ou de moyens de coercition, de privilèges, d'outils économiques indispensables à la communauté, de sources particulières de revenus ; et même le tout ensemble pour certains.

C'étaient, tout d'abord et dans le cadre des grandes seigneuries, spécialement pour les monastères ou abbayes, les officiers chargés de fonctions administratives ou financières. Ces « ministériaux » surveillaient et contrôlaient tout : ils faisaient respecter les droits du maître, défendaient ses forêts et ses terrains de chasse de toute intrusion, poursuivaient les braconniers et les ramasseurs de bois vifs, et les gardiens des animaux qui sortaient des pacages communs ; ils percevaient taxes et redevances en nature ou en argent ; ils appelaient les corvéables aux travaux pour la fenaison ou les vendanges, pour les charrois, pour curer les biefs des moulins. Ces *prévôts, gardes, receveurs, forestiers*, souvent de condition servile à l'origine, recevaient naturellement des terres à cultiver et surtout, représentants du seigneur, investis de responsabilités, mieux au fait des possibilités, usaient et parfois abusaient de leurs pouvoirs ; ils s'appliquaient à rassembler plus de champs qu'ils n'en pouvaient cultiver eux-mêmes ; ils vendaient leurs surplus sur les marchés.

D'autre part, la communauté paysanne, au moment où se développait de nouvelles techniques agraires, appelait à s'installer dans le village des artisans plus spécialisés. Lorsque, dans une large zone géographique, s'est répandu l'usage de la charrue, sont apparus des forgerons capables sinon de forger les lourds socs de fer dissymétriques, du moins de réparer les pièces métalliques et de ferrer les chevaux. Ces travaux du fer coûtaient fort cher et ont vite pris le dessus sur les autres ; de cette préséance et de ces fortunes naissantes témoignent les premiers noms de familles qui ont distingué ces hommes des autres habitants simplement adonnés aux tâches communes ; ces noms sont, depuis lors, demeurés de loin les plus nombreux dans plusieurs régions de l'Europe du Nord et de l'Ouest : Febvre et Lefebvre, Smith, Schmidt…

Le moulin « banal », moulin où les paysans soumis au droit de ban devaient apporter leurs grains, était affermé par le seigneur à un meunier qui prélevait, semble-t-il, une large part des profits. Peu à peu se sont multipliés des moulins à eau de toutes sortes, non seulement pour moudre les blés, mais aussi pour fouler les laines et les draps, pour actionner pilons et forges ; les cours des moindres rivières furent coupés de biefs surveillés et entretenus ; le meunier faisait valoir ses droits, exigeait les corvées dues par les tenanciers, poursuivait les refus. Ce fut vite, dans presque toutes les sociétés villageoises, un « notable » capable d'arrondir une fortune, d'acheter des terres et des maisons, de prélever ensuite loyers et rentes.

Ainsi voit-on ces hommes venus de divers horizons sociaux se hausser décidément hors du commun : « coqs de villages », plus présents que le seigneur lui-même, aussi exigeants ou davantage.

CE QUE L'ON VOULAIT IGNORER : LE PAYSAN PROPRIÉTAIRE

Depuis environ un demi-siècle, quelques auteurs, plus avertis des réalités, évoquent l'existence de terres appartenant en propre à des paysans. Ces terres, que nous appelons communément des « alleux », n'étaient soumises à aucune redevance de caractère économique mais seulement aux droits « banaux », ceux qu'exerce ordinairement l'Etat. Cependant l'on reste confondu à constater que l'une des composantes aussi importante de la structure socio-économique d'alors soit encore complètement passée sous silence dans nombre de livres et même de livres récents qui, impertubablement, continuent à ne parler que des « terres seigneuriales », des domaines des maîtres et des tenures paysannes toutes dépendantes. L'alleu étonne toujours car il va contre l'image féodale…

Certes, il faut avouer que nos premiers maîtres, dans les dernières décennies du XIXe siècle et au début du nôtre, n'avaient pas la tâche facile. Ils héritaient de slogans solidement assenés depuis des générations, depuis les grands et petits auteurs du temps des lumières. Il semblait difficile d'aller à contre-courant, ou seulement de mettre en doute ou nuancer, faute d'arguments solides et de documents. Ceux-ci, qui auraient permis de cerner exactement les biens paysans, manquaient ou n'avaient pas encore été débusqués. Les villageois, même ceux qui avaient appris à lire et à écrire – plus nombreux qu'on ne le pense ordinairement –, n'éprouvaient aucun besoin de tenir un registre de terres qu'ils exploitaient eux-mêmes et qui ne leur étaient pas contestées. Le censier seigneurial ne citait pas les alleux. Seuls les rôles de l'imposition foncière, établis par les communes dans quelques pays du Midi, en Italie du Nord et du Centre, en Lombardie par exemple et en Toscane, recensaient les propriétés hors des seigneuries ; mais c'étaient, le plus souvent, celles de bourgeois. Pour les paysans, les témoignages de l'alleu, les indications précises sur son importance, sa nature et son destin, se doivent chercher ailleurs par une longue traque, toujours hasardeuse. Les archives judiciaires n'apportent souvent que des débris. Les seuls textes décisifs sont les testaments et, mieux encore, les inventaires après décès qui, eux, donnent une image complète des fortunes ; témoins fidèles mais rarissimes. En tous cas, ceux qui nous restent disent, pour quelques régions de France, cette présence, multiforme mais relativement régulière, de la propriété paysanne, libre et héréditaire, affranchie de toute redevance.

Pour la France toujours, le premier signe de cet intérêt réside sans doute dans l'étude magistrale que Robert Boutruche consacrait, en 1947, à l'alleu dans la région du Bordelais[21], montrant comment les paysans pouvaient là travailler le sol en marge de l'exploitation seigneuriale et même contre elle. Depuis lors, d'autres analyses ponctuelles soulèvent, ici et là, un coin du voile.

Bien entendu, l'alleu, héritier sans doute du temps des Romains, s'est surtout maintenu dans les pays du Midi, en Italie, en Provence et dans le Languedoc, régions où les notaires nous montrent de modestes paysans vendant des terres en toute liberté, dégagés de toute contrainte ; et de même, certes en moindres proportions, dans le Maçonnais[22], dans le Bourbonnais et dans le Forez[23]. Sans doute à peu près inconnu dans certains comtés d'Angleterre, en Ile-de-France et en Normandie (mis à part l'ilôt du pays d'Yvetot) en voie de disparition semble-t-il en Bretagne, l'alleu paysan représente, en revanche, une part notable des terroirs plus à l'est (région de la Meuse notamment) et surtout vers le nord, en Artois, Hainaut et Flandre[24].

Ces quelques renseignements encore très dispersés, généralement non chiffrés, ne permettent sûrement pas de dresser un tableau précis pour l'ensemble du monde occidental. Ils convergent pourtant et autorisent à conclure pour le moment, avec Georges Duby, que « partout, en réalité, les possessions seigneuriales étaient loin de recouvrir l'ensemble des terroirs. Elles laissaient de larges espaces où s'étendaient les alleux modestes[25] ». Et à remarquer, avec plusieurs historiens anglais, que « cette obsession de l'agriculture seigneuriale et de ses revenus a provoqué une méconnaissance fondamentale du développement économique et social du XIIIe siècle[26] ».

Certes une enquête en profondeur reste à faire. L'origine et la nature de ces terres parfaitement libres de charges économiques sont toujours à définir. S'agit-il d'héritages qui remonteraient très loin dans le temps ou de rachats, d'acquisitions récentes du fait d'un démantèlement de certaines seigneuries ? On ne sait. Pendant longtemps ces questions n'ont pas été posées, tant l'attention se portait exclusivement sur le seigneur, tant l'habitude était de ne considérer le paysan qu'en qualité d'exploité, de dépendant privé de biens propres.

3

QUELQUES RÉFLEXIONS HÉRÉTIQUES SUR LES CONDITIONS PAYSANNES

Cette évocation d'une société rurale infiniment variée contredit le schéma ordinaire. Les leçons s'imposent : diversité, complexité ; mais aussi, tout naturellement, hiérarchies sociales. La grande imposture fut, parmi tant d'autres, de parler couramment de « masse » paysanne comme si tous les hommes se trouvaient obligatoirement réduits à la même condition, misérable, sans aucun espoir de s'élever au-dessus des voisins. Facilité de langage pour certains ? Mais alors quelle rigueur scientifique ? Intentions et propos délibérés pour d'autres auteurs, nombreux encore, appliqués à taire nuances et fluidité, à tout enfermer en des classifications, ridicules à force d'abstraction, à présenter une société figée où chacun, attaché à son lopin de terre, tentait de survivre après avoir satisfait aux exigences du maître, courbant le dos, priant Dieu de lui épargner de nouvelles exactions ? Société de stagnation donc, par opposition à celle des villes où tout était promis aux audacieux, où l'argent circulait vite, irriguait quantité de marchés, où se faisaient d'étonnantes fortunes. En un mot « féodalisme » contre « capitalisme ».

L'examen, même un peu rapide, des textes ne permet en aucune manière d'adhérer à ces vues simplistes. Tout dit le contraire. L'historien quelque peu familier des livres comptables, des registres d'imposition, des actes privés de différentes natures constate immanquablement une extraordinaire fluidité sociale, hors de mesure même avec l'hypothèse de travail que l'on croirait hardie. Ceci en deux domaines particulièrement significatifs : renouvellement des populations, renouvellement des fortunes.

Le paysan attaché à la glèbe : un beau cliché !

L'image du paysan attaché à sa terre s'est profondément ancrée dans notre bagage culturel ; nous y croyons, nous en parlons volontiers : amour des terres cultivées de génération en génération, mais surtout contraintes seigneuriales qui interdisaient de se déplacer, impossibilité de s'établir à son gré. L'image est née, sans doute, des obligations de résidence imposées dans certains cas et seulement aux populations serviles ; mais elle s'est largement diffusée et appliquée à toute condition paysanne.

C'est à tort. Les hommes de nos campagnes acceptaient alors l'aventure, en de nombreuses occasions. Les grandes errances, les déplacements de communautés, les croisades, les défrichements de terres lointaines, le repeuplement des pays repris aux musulmans jusqu'en Andalousie, tous ces phénomènes parfaitement situés et analysés nous éclairent sur cette aptitude, cette propension parfois à la mobilité ; sur ce goût de l'inconnu même. Laissons à part, bien évidemment, l'immigration dans les villes en pleine expansion et constatons, sans mal et sans conteste, que ces mouvements affectaient tout autant et davantage le monde des campagnes en soi. Les sauvetés, puis les villes-neuves et les bastides, en Champagne et en Aquitaine surtout, en Toscane et en Ombrie, agglomérations pour beaucoup d'entre elles essentiellement rurales, se sont peuplées de familles venues d'ailleurs et pas forcément des environs proches ; de ce fait, des groupes de paysans, bien informés de ces fondations, à des centaines de lieues de là, ont pris la route, avec leurs chariots, leurs animaux domestiques et leurs outils. Cette histoire met en relief l'étonnante fréquence et l'ampleur de ces migrations qui, bien plus tard, reprennent au temps de la guerre de Cent Ans, sous la menace de l'invasion et des malheurs[27].

L'étude attentive des listes nominatives d'imposition, malheureusement trop rares ou parcourues trop vite, dans la hâte de n'en retenir que des statistiques, fait apparaître des chiffres considérables de départs sur un seul terroir ; et de non moins importants chiffres d'arrivées de familles jusque-là inconnues dans le village ; ceci en l'espace même de quelques années. Ce genre d'enquête n'est pas encore très fréquent. Cependant, s'appuyant sur les registres d'une taxe particulière – le « monnéage » –, Denise Angers a très bien mis en évidence ces fluctuations du peuplement en Basse-Normandie, plus précisément dans la vicomte de Bayeux[28]. De 1389 à 1464, pour l'ensemble des paroisses de cette vicomte, le nombre de contribuables chute de 23 pour cent ; mais, à étudier et dénombrer les noms de familles, il apparaît que 58 pour cent des groupes patronymiques disparaissent alors que 47 pour cent des noms sont, à la fin de la période, d'origine nouvelle. En telle paroisse même, la diminution n'est que de 10 pour cent mais le chiffre s'avère trompeur : en fait, 90 pour cent des noms ne sont plus recensés en 1464, remplacés par une proportion à peu près égale de nouveaux. En une quinzaine d'années seulement, de 1389 à 1404, une autre paroisse reste en nombre à peu près stable mais perd 60 pour cent de ses noms de famille. Les chiffres parlent clairement et ce ne sont là que quelques exemples parmi d'innombrables.

LES NANTIS ; L'ÉCHELLE DES FORTUNES

Les mêmes analyses de ces registres fiscaux, confortées par quantité d'autres indications, montrent de plus une forte fluidité des propriétés et, par conséquence directe, à l'intérieur même du monde paysan, de très sensibles hiérarchies des fortunes. A supposer même que, dans les anciens temps, aux origines de la seigneurie, les tenanciers aient tous reçu une terre de superficie ou de valeur déterminée – le « mense » paysan –, il paraît évident que ces distributions égalitaires ont vite connu de graves altérations. Sont, au fil des générations, entrés en jeu les mariages, les héritages, les défrichements individuels qui, par accords avec le maître, ou par usurpations et accaparements clandestins, gagnèrent de nouveaux champs sur la forêt, les friches ou les marais. De plus, il n'est pas nécessaire de consentir un grand effort d'imagination pour admettre que certains tenanciers se tiraient mieux d'affaire que d'autres, proposaient sur le marché de plus abondantes ou meilleures récoltes ; ils amassaient assez pour prêter semences ou argent aux voisins en difficulté et, en fin de compte, achetaient ou confisquaient leurs terres.

Aux XIVe et XVe siècles, nos textes témoignent de mouvements considérables des propriétés foncières, tenures et alleux, entre gens des campagnes : achats, locations, sous-locations, emprunts gagés sur les biens fonciers. En Angleterre ces concentrations de propriétés apparaissent très tôt ; ainsi dans le comté de Leicester où l'« on assiste à l'ascension mystérieuse et à l'enrichissement progressif de familles entières à partir de 1250[29] ». Les comptes des manoirs font état de constants changements dans la répartition des tenures et d'un marché des terres fort actif. En 1447, dans l'un des domaines de l'archevêque de Canterbury, celui de Gillingham, plus de la moitié des tenanciers (cinquante sur quatre-vingt-dix-huit) cultivaient des terres récemment cédées par d'autres[30].

Ces résultats ne surprennent en aucune façon : l'échelle des fortunes, des conditions et des genres de vie largement ouverte n'est que le reflet d'une société en perpétuelle évolution. L'historien des campagnes « médiévales » rencontre sur son chemin, dans tous les terroirs, de riches paysans nantis de nombreuses pièces de terre, de clos de vigne ici, de troupeaux ailleurs, capables d'entretenir plus d'un train de labour. L'histoire de ces fortunes, aléas et vicissitudes, de ces heureuses circonstances, mérites ou spoliations, serait à suivre de plus près car, pour le moment, il paraît impossible d'en cerner toutes les étapes, faute de séries documentaires suffisantes. Mais ces réussites s'affirmaient et les contemporains savaient les reconnaître. Certaines familles en tiraient fierté et prestige.

Sollicitons, une fois de plus, les comptabilités des manoirs anglais, source inépuisable de renseignements très précis, étudiés par de nombreux auteurs qui ne se contentent pas de généralités ambiguës mais alignent des chiffres et vont au fond des analyses. Ces registres décrivent à l'évidence de fortes hiérarchies paysannes. Certains tenanciers ne cultivaient qu'une seule pièce de terre alors que d'autres en avaient quinze ou vingt ; les uns ensemençaient moins d'un hectare (deux acres) et d'autres, dans le même village et manoir, plus de cinquante ; leurs voisins se situant à tous les niveaux intermédiaires.

Les hommes riches se donnaient des noms particuliers pour afficher leur indépendance et leurs ressources : *yeomen, good men, franklins, husbandmen, thrifty men* (« ceux qui ont épargné »). Ces paysans nantis de vastes champs labourables et de troupeaux faisaient travailler des salariés. Pour les uns, leurs parents avaient été meuniers ; d'autres avaient fait fortune en investissant leurs efforts dans l'assèchement des marais, les *Fens* de l'East Anglia. L'un d'eux, bien connu pour ce qu'en dit son propre fils Hugh Latimer, théologien et prédicateur renommé, exploitait une grande ferme en employant douze hommes pour les labours ; il élevait trente vaches laitières et cent moutons sur ses pâtures encloses ; il donnait l'hospitalité aux pauvres de passage et faisait l'aumône autour de lui[31].

En France, le « riche laboureur » de La Fontaine n'est ni simple personnage de fable, ni nouveauté. Nos villages du Moyen Age le connaissaient bien et, par la façon de le désigner (un laboureur) à l'attention de tous, les habitants marquaient une révérence pour celui qui possédait à la fois charrue et chevaux de labour ; ses terres étaient mieux mises en culture et produisaient de plus belles récoltes. Les autres paysans, ses voisins dans le terroir, travaillaient autrement, parfois avec de pauvres moyens, réduits à de petites parcelles, bien souvent de simples jardins ou quelques rangs de chanvre.

Cette hiérarchie rurale, à l'intérieur du monde des non-nobles, loin de se dégrader ne pouvait, au fil des générations, que se renforcer, entre une véritable aristocratie de gros cultivateurs et, tout au bas de l'échelle, un prolétariat d'hommes qui vivaient chichement à louer souvent leurs bras sur les terres d'autrui ; qui, l'hiver, allaient s'embaucher en ville sur les chantiers de construction ou, surtout, tissaient chez eux des toiles ou des draps grossiers ; travaux d'appoint qui suffisaient à définir cette précarité de l'existence. Laboureurs d'un côté, brassiers ou manouvriers de l'autre… En Italie, le mot de *braccianti*, signe d'une pauvre condition, aléatoire, a traversé les siècles et, jusqu'à nos jours, nous est resté chargé de sens. Les textes allemands, eux, parlaient de *gärt-ner*, jardiniers et ouvriers agricoles et, en Angleterre, c'étaient les *cottagers*, réduits à un cottage, demeure légère, bâtie en hâte, démolie aussi vite lorsque l'incendie menaçait le village.

L'échelle des fortunes, par force, imposait une dure couleur aux rapports sociaux, non pas ici entre les seigneurs et leurs paysans, mais entre paysans mêmes. Le laboureur ne pouvait, avec sa famille et ses proches, assurer toutes les façons agraires. Pour les travaux qui demandaient une nombreuse main-d'œuvre, pour la fenaison, plus encore pour la moisson, les charrois vers les granges, vers le moulin ou le marché, il faisait appel à des salariés, aux brassiers du terroir ou des environs : emplois saisonniers qui plaçaient les hommes embauchés dans une totale dépendance économique et, aussi, sous un commandement. De telle sorte que dans le village, hors ou à l'intérieur de la seigneurie, l'exploitation des travailleurs de la terre ne se limitait pas à celle imposée par le maître « féodal ». Il nous faut également prendre en compte celle qu'exerçaient les riches paysans sur leurs salariés. Ces laboureurs, hommes présents à tout moment, pouvaient se montrer exigeants ; les salaires n'étaient réglementés par aucun contrat ou tradition et, d'année en année, suivaient les lois du marché ; le laboureur, en cas de difficulté, appelait d'autres pauvres, des étrangers parfois. Nul besoin de posséder une véritable « seigneurie » pour exercer pressions et pouvoirs sur la société villageoise. Le nombre et l'étendue de leurs pièces de terre inscrivaient ostensiblement leur réussite dans le paysage rural. A n'en pas douter, certains avaient pu rassembler plus de biens que n'en possédaient les seigneurs, leurs voisins immédiats, petits nobles que les mauvais hasards de la guerre ou des services avaient réduits à un moindre état de finance et même à un moindre prestige social, en tous cas, à une autorité fort diminuée.

DROITS ET ABUS DU TENANCIER

Le seigneur, nous disait-on, possédait réellement la terre – propriété imminente –, le paysan l'exploitait contre paiement d'une redevance et certaines contraintes et n'en avait que la propriété *réelle*. De là à rappeler que toute la terre était bien au maître féodal, que le tenancier n'en était que le locataire, travailleur exploité, le pas était vite franchi. Aujourd'hui encore l'idée demeure communément admise d'une tenure paysanne entièrement dans les mains du seigneur et rares sont nos livres qui ébauchent même un tableau plus précis, plus circonstancié.

Ce qui assurément ressort d'un examen même rapide, d'une simple réflexion, est que la condition de la tenure paysanne d'alors n'a rien de comparable avec ce que nous appelons maintenant « location ». De nos jours, le locataire d'une maison, d'un champ, d'une exploitation rurale quelconque, est-il assuré de le rester tout le temps qui lui sied, aux mêmes conditions, sans augmentation de son loyer quelles que soient la conjoncture et l'inflation de la monnaie ? Est-il assuré de ne pas devoir quitter les lieux si le propriétaire veut s'y installer, ou établir l'un des siens, ou vendre à une entreprise qui projetterait d'y construire un plus bel immeuble, de plus fort rapport ? Est-il assuré encore de transmettre cette maison ou cette ferme à ses enfants, ainsi de génération en génération, pour le même prix, sans que le propriétaire puisse en rien y contrevenir ? Peut-il vendre son droit d'occupation à bon prix, équivalent à la valeur réelle du bien au jour de l'opération, à un tiers qui prendrait sa place, s'y installerait, ne versant au « seigneur » qu'un pourcentage, au demeurant assez faible, du prix de cette vente ? Peut-il sous-louer avec un fort bénéfice et exiger plusieurs fois le loyer qu'il paie, lui, et qui n'a pas varié depuis des lustres ? Partager le terrain en plusieurs lots pour en tirer de meilleurs revenus ? Enfin, vous est-il loisible, locataire d'aujourd'hui, d'hypothéquer ce bien, de le mettre en gage contre un prêt d'argent ? Tout ceci, nombre de tenanciers « non propriétaires » pouvaient, à la ville comme à la campagne, le faire et ne s'en privaient pas.

La tenure, c'est indiscutable, était non seulement viagère mais héréditaire ; seul le preneur pouvait rompre le contrat, fuir, déguerpir ailleurs, là où pouvaient l'appeler de meilleures possibilités. Régulièrement les fils succédaient aux pères et leurs droits n'étaient pas contestés. Dans les moments difficiles, au lendemain des ravages de la guerre de Cent Ans par exemple, alors que les morts et les exils vers les villes mieux protégées des brigands avaient, dans certaines régions de France, ruiné les campagnes, vidé parfois des terroirs entiers, le seigneur ne pouvait réinstaller de nouveaux tenanciers qu'après de longs délais, des proclamations publiques pour que les héritiers se fassent connaître ; la communauté villageoise veillait et la carence des ayants droits devait être dûment enregistrée.

De plus, au cours des âges, ces tenures pouvaient subir toutes sortes d'avatars. Face à de pressants besoins d'argent, le paysan laissait en gage la terre qu'il tenait de son seigneur. D'autres n'hésitaient pas à sous-louer si l'occasion s'en présentait.

Au total, la notion de propriété seigneuriale se trouvait considérablement diluée, réduite à quelques contrôles, à des signes symboliques aussi ; et volontiers battue en brèche par les paysans les plus entreprenants. En tout état de cause, de ces analyses des conditions sociales ne se dégagent que des contours assez flous, une teinte d'ambiguïté, qui conduisent à penser que l'idée que les gens de l'époque se faisaient de la propriété seigneuriale différait quelque peu de celle, bien mieux tranchée, que nous en avons aujourd'hui.

DES IMPÔTS INSUPPORTABLES ?

Mis à part certains manuels récents, pas un seul ouvrage de grande diffusion qui ne reprenne inlassablement le même thème de la pauvreté paysanne ; tous, des livres de classe pour nos enfants jusqu'aux volumes agrémentés de belles illustrations, publiés sous la garantie d'un grand auteur, insistent, appellent à la rescousse quelques témoignages de contemporains (… jusqu'à Vauban !), évoquent les « révoltes paysannes » et, surtout, alignent régulièrement d'impressionnantes listes de taxes et impôts. Si vous faites le compte de toutes ces retenues, vous vous apercevez qu'il ne restait vraiment à ces malheureux qu'à peine de quoi survivre, de quoi ne pas mourir de faim.

Cependant tout ceci sent trop bien la mauvaise foi ou, plus souvent peut-être, le conformisme et l'ignorance têtue. Certes ces catalogues de redevances complaisamment détaillés, si impressionnants, laissent à juste titre accablé. Mais tout y est truqué, faux ou incohérent, truffé d'erreurs grossières et de contradictions. Comment expliquer qu'un auteur, même polygraphe, même très hâtif, ne puisse s'apercevoir que l'on a mis là ensemble, pour faire très lourd, des prélèvements qui n'ont rien à voir avec l'impôt ou qui découlent de taxes perçues non du fait de la seigneurie mais des pouvoirs publics ?

Pour les hommes libres, pour lesquels l'on parle communément d'arbitraire et de charges insupportables, chacun des prélèvements régulièrement cités mérite une attention particulière.

Nos manuels citent presque toujours, en premier lieu, le cens dû par le tenancier. Or le cens, en certaines occasions d'ailleurs seulement symbolique ou très faible, n'est absolument pas un impôt mais un loyer. Il ne viendrait à aucun de nos contemporains l'idée de comptabiliser le loyer de sa maison ou de son commerce, ou de son atelier, de son champ, au titre des impôts. Manque de discernement ou supercherie ? En fait, dès les premières attaques contre la féodalité, cette affectation d'ignorer la véritable nature du cens n'avait rien d'innocent mais participait d'une volonté de combat. Avant même la Révolution, plusieurs auteurs, philosophes ou historiens des formes de la vie politique, ont volontairement entretenu la confusion et, pour certains même, laissé entendre que le fait de payer le cens sur ses tenures était une marque de servitude. De telles sornettes se trouvent dans Montesquieu qui écrit, d'une belle assurance : « c'était la même chose d'être serf et de payer le cens, d'être libre et de ne le payer pas[32] ».

Les catalogues des droits féodaux, des redevances en tout cas, font état tout naturellement, de la dîme, perçue par l'Eglise ou par des accapareurs. Mais, là aussi, l'examen tourne vite court et n'envisage rarement ni le poids de cette levée, ni sa véritable nature. Les mises au point pourtant ne manquent pas. Sur le poids tout d'abord : le prélèvement ne s'appliquait pas à toutes les récoltes mais principalement aux blés et n'atteignait pas toujours les 10 pour cent, loin de là[33]. Sur l'usage ensuite : outre l'entretien du clergé, l'exercice du culte, les messes et les prières auxquels nombre de civilisations consacraient et consacrent encore, tout naturellement, des sommes appréciables, l'Eglise assurait alors une part notable de l'assistance publique (hospices, hôpitaux, maisons Dieu, aumônes, enfants abandonnés) et de l'enseignement dans les paroisses. Faut-il comparer ces prélèvements, de 5 à 10 pour cent, à ceux d'aujourd'hui, pour notre sécurité sociale et au coût de nos systèmes d'éducation ?

Quant aux impôts proprement dits, ceux effectivement perçus comme des taxes spécifiques par tel ou tel seigneur « féodal », notons, avant toute chose, que l'impôt royal est apparu en France, non sans grand mal d'ailleurs, relativement tard, à partir de 1357 avec le système fort complexe et très aléatoire des aides. Jusqu'alors l'impôt n'était pas perçu par le roi mais par ceux investis d'une part de l'autorité. Tous les maîtres des seigneuries ne pouvaient y prétendre et nombre d'auteurs, avec en particulier Robert Boutruche, ont bien su distinguer la seigneurie « foncière » (la propriété du sol) de la seigneurie « banale » (pouvoir de commandement, délégation ou usurpation des droits régaliens). Ces « impôts » étaient donc des « banalités » ; ils ne relevaient pas des relations seigneurs-paysans mais de celles entre l'Etat et les sujets. Un long temps accaparés par différents féodaux, ils furent par la suite perçus au profit du roi et, depuis lors, ont connu de belles destinées, en des temps où il n'est question ni de féodalité ni de seigneurie. Il n'est pas nécessaire d'y penser longuement pour constater que nous en connaissons, sous diverses formes, l'équivalent ou la réplique, largement amplifiée et perfectionnée.

On a beaucoup disserté sur ces banalités, liées donc au pouvoir politique, féodaux si l'on veut et non seigneuriaux ; nos manuels ne nous laissent rien ignorer ni de leurs diversités, de leurs ridicules même, ni de leur poids, des entraves que ces prélèvements imposaient à la vie économique. Nos temps de barbarie auraient beaucoup souffert de ces taxes abusives, invoquées à tout propos par des seigneurs qui en inventaient toujours quelques nouvelles et ne mettaient aucun frein à leurs exigences.

Certaines banalités étaient en fait des monopoles qui, imposés par le maître banal obligeaient les habitants du terroir, paysans ou autres, à user du four ou du moulin seigneurial, contre paiement bien sûr. Ces obligations pouvaient se traduire par de graves inconvénients, de longs déplacements et, en bien des cas, des dépenses excessives. Tout le profit n'en revenait pas au seigneur mais aussi à l'homme de métier qui prélevait au passage de bons pourcentages et bénéficiait de quelques occasions de s'enrichir par de petits profits, licites ou non, rendant souvent ses comptes à sa manière. Si bien que le moulin banal, instrument de l'arbitraire seigneurial, assurait vite la fortune du meunier qui s'élevait aisément dans la hiérarchie sociale et se démarquait des paysans du village.

Le *banvin* interdisait à tous les habitants d'une juridiction de mettre leur vin nouveau sur le marché durant un laps de temps (trois semaines ou un mois le plus souvent) pendant lequel seul le seigneur pouvait écouler sa récolte, alors que les prix étaient les plus élevés ; en effet, les vins de l'année passée, généralement, se conservaient très mal et, au lendemain des vendanges, la demande était très forte. C'était là un avantage économique et financier très appréciable qui lésait les autres récoltants, vignerons tenanciers ou propriétaires de leurs clos. Quelques observations cependant : le banvin ne s'appliquait pas seulement aux paysans roturiers mais également aux seigneurs, aux abbayes et églises du voisinage qui ne pouvaient arguer du même privilège et devaient respecter le monopole. D'autre part, de telles contraintes furent imposées, de la même façon, par de simples bourgeois, en particulier par des communautés urbaines, gros marchés ou ports d'exportation. Ce fut le cas des Bordelais, propriétaires de vignobles plus ou moins proches de leur ville, qui avaient obtenu du roi d'Angleterre qu'il interdise aux autres producteurs, ceux des vallées en amont surtout, de présenter leurs tonneaux sur le marché et sur les quais, tant que leur propre récolte ne serait pas vendue et embarquée sur les navires. Les vignerons de l'arrière-pays, nobles, abbés, bourgeois ou paysans, y ont beaucoup perdu, et ce monopole bordelais fut l'objet de constestations sans fin, de manœuvres de détournement et d'exemptions (par La Rochelle parfois) ; nous lui devons certes le Cognac et l'Armagnac mais ce banvin bordelais, essentiellement « bourgeois » et citadin, demeure pour l'historien de l'économie un des exemples les plus flagrants de l'arbitraire et de l'abus de pouvoir. De leur côté, les Parisiens, membres de la Hanse des « marchands de l'eau », c'est-à-dire à l'origine des propriétaires et conducteurs de nefs sur le fleuve, exigeaient que tous les vins venant de l'amont soit débarqués et exposés sur les quais (droit de *l'étape)* et interdisaient aux vignerons des environs de vendre et exporter leurs récoltes s'ils ne s'associaient avec, précisément, un des bourgeois parisiens, par le biais de ce qu'ils appelaient une *Compagnie française*, association toute fictive mais ponction financière bien réelle…

Ces monopoles, très nombreux, mis en place par des villes, hors de la seigneurie ou de la féodalité, ont certainement dicté davantage de choix économiques, de directions de trafics, et pesé bien plus lourd que ceux des seigneurs ruraux, pris même dans leur ensemble. L'Etat moderne en est le digne héritier et a su multiplier ces contraintes, se réservant l'exercice même ou le contrôle d'importants trafics de produits de consommation courante et de services non moins indispensables. Nous sommes invités à nous indigner du banvin seigneurial alors que nous acceptions divers monopoles d'Etat, rarement remis en question.

D'autres banalités frappaient les droits de passage à un carrefour de routes, à l'entrée d'une seigneurie, sur un pont ou sur le cours d'un fleuve. Ces péages ou *tonlieux* ont eux aussi fait couler beaucoup d'encre, souvent présentés comme les plus graves abus de la féodalité. On les dit insupportables et certains affirment même que, pour y échapper, les maîtres des charrois ou des animaux de bât se résignaient à de longs détours, coupant à travers champs et vaux, inventant de nouveaux parcours plus libres. Le péage seigneurial fut ainsi, à longueur d'ouvrages, l'objet d'attaques indignées qui ont forgé une image noire… aussi fausse mais aussi solidement ancrée que les autres. Un auteur du XIXe siècle, emporté par sa verve critique et cherchant comment convaincre davantage, n'hésitait pas à montrer à ses lecteurs le commerce ruiné par ces extorsions arbitraires, les communications devenues impossibles, les routes en mauvais état et constamment barrées par des receveurs arrogants ; les seuls marchands étant alors les Juifs « qui ne se risquaient à circuler que par caravanes[34] ». Pourquoi les Juifs ? Et comment les caravanes pouvaient-elles passer inaperçues ou mieux résister aux exigences des seigneurs péagers, affreux brigands ? Toute notre enfance a été nourrie de l'histoire édifiante de ce roi de France, héros déjà « moderne » (en avait-il conscience ?), qui fit la guerre à ces abus et mit à la raison les sinistres « seigneurs brigands », l'affreux sire de Coucy le premier. Sans doute… les faits sont authentiques ou presque. Mais est-il interdit de penser que le plus beau de l'affaire fut simplement de substituer aux péages, certes plus ou moins arbitraires des seigneurs, une taxe royale bien régulière, perçue avec grand soin par des officiers expérimentés ? Où était l'avantage ?

Est-il besoin d'une longue réflexion pour admettre qu'un état structuré, disposant de grands moyens et contrôlant une vaste région, était à même de mieux faire respecter ses droits, de poursuivre plus loin les fraudeurs et, en définitive, de s'assurer de bien meilleures rentrées d'argent ? Le roi ou le prince, et leurs receveurs installés à dessin, sans aucun contact avec les gens du pays même, furent autrement efficaces que les seigneurs avant eux. Lorsque, aux alentours de l'an 1400, le duc d'Anjou entreprend de faire fructifier son péage de Crépy-en-Valois, il met en place une étonnante mécanique administrative, fiscale et répressive. Ses prétentions ne se limitent pas à percevoir les taxes à Crépy ni même sur les routes toutes proches ; il affirme vouloir contrôler tout le trafic entre Paris et la Flandre et place ses agents en quantité de points stratégiques… jusqu'à Rouen[35] ! S'il échoua, ce ne fut que par les résistances du duc de Bourgogne et des bourgeois des grandes villes. Le roi, lui, réussira sans trop de mal. Du tonlieu seigneurial aux exigences de l'Etat, la marche était haute.

Comment pouvons-nous charger d'un tel discrédit ces taxes et droits de passages seigneuriaux comme s'ils représentaient, dans l'histoire du passé, une malheureuse exception ? Pourquoi clamer de si vertueuses indignations alors que tout au long des siècles à travers le monde, et plus particulièrement en Occident, les droits de circulation, les échanges de ville à ville, les passages sur les ponts, les ancrages et les débarquements dans les ports fluviaux ou maritimes ont été sans cesse soumis à des ponctions fiscales de toutes natures, dont on ne parle pas volontiers ? Au temps médiéval le seigneur n'était certainement pas le mieux organisé. Les cités marchandes avaient mis au point des tarifs de douane d'une extrême précision, si complexes que l'on pourrait y voir l'intention malveillante de prendre toujours l'étranger en défaut ; ou, tout au moins, de favoriser les mieux avertis. Les manuels de marchands, tel la célèbre *Pratica de la Mercatura*, composée vers 1340 par Pegolotti, un facteur de la grande compagnie florentine des Bardi, est, pour une large part, simplement une série de listes des taxes perçues à l'entrée des principales cités d'Italie et d'Europe ; l'auteur, en somme, prend le négociant par la main et l'aide à s'y retrouver, à éviter quelques embûches[36].

Tout au long du Moyen Age, Venise entretenait une véritable armée de commis et de comptables, de receveurs récompensés pour leur zèle et de policiers pour mieux faire rentrer l'argent des douanes ; la seigneurie sérénissime plaçait un scribe appointé sur chaque navire et sollicitait les délations pour traquer les fraudes ; enquêteurs et mouchards étaient élevés au rang d'une institution. Si, dans la ville de Gênes, la *Casa di San Giorgio*, cette banque de Saint-Georges devenue un véritable Etat dans l'Etat et une puissance maritime si respectée, a pu étendre ses activités, s'arroger quantité de pouvoirs d'inspection et de répression, ce fut avant tout parce que la gestion et la perception des droits de douane lui furent confiées. Ces droits, exigés par toutes les villes « bourgeoises », adonnées aux négoces paisibles, furent sans aucun doute infiniment plus lourds que ceux des seigneurs brigands ; et leurs agents bien plus durs à la tâche, aidés par de grands moyens d'investigation et de répression qu'aucun maître d'un fief rural n'aurait pu entretenir.

A la même époque, les douanes établies dans les pays d'Orient, Empire byzantin et monde musulman, étaient elles aussi à la mesure soit d'une centralisation abusive, soit des appétits de gouverneurs et petits maîtres. Tous les voyageurs en souffraient et se plaignaient amèrement ;

ils leur fallaient des conseillers et des guides, des intermédiaires capables de marchander et de bien distribuer des commissions. A Alexandrie d'Egypte et au Caire, les officiers de la douane se comportaient en tyrans avides et cupides ; les consuls des nations chrétiennes négociaient différents accords pour gagner quelques privilèges et exemptions. Les récits des marchands ou pèlerins, alors que le navire s'ancre dans un des ports du Levant, tournent au cauchemar : la douane fait peur et vide les bourses. Ces contraintes et ces abus sont de tous les temps et de tous les pays. Marco Polo qui sait parfaitement ce dont il parle pour avoir, plusieurs années, exercé ces offices dans des provinces de Chine, dit longuement les infinies ressources que l'empereur pouvait tirer des droits sur l'entrée des navires ou des caravanes ou sur les ventes des marchandises.

Quant à l'époque moderne et en Europe, faut-il rappeler les droits d'octroi maintenus si longtemps aux portes de nos cités, les péages sur les ponts et ouvrages d'art ? Rien n'a changé et l'habitude de payer paraît acceptée. Nous clamons contre les quelques sous ou deniers laissés au seigneur du Moyen Age et donnons plus qu'une obole pour le simple fait, ici et là, d'emprunter une route rapide et, dans tous les pays, pour seulement sortir une automobile du garage.

Tout ceci nous paraît convenable et, dans la plupart des cas, l'est sans doute. Reste à accepter la même analyse pour le passé féodal... Le péage banal se justifiait, affirmait son maître et bénéficiaire, par la nécessité d'entretenir les chaussées et les ponts ou même, dans une certaine mesure, d'assurer la sécurité au long des routes ou des cours d'eau, et dans les montagnes. Ces constructions, aménagements et surveillances, impliquaient parfois de lourdes dépenses. Les corvées exigées des serfs, ou de quelques hommes libres même, inefficaces et de plus en plus mal organisées, n'y suffisaient pas ; il fallait recruter et payer des salariés. Ces œuvres d'art étaient fragiles : crues dévastatrices des rivières pas du tout maîtrisées, gels et dégels, incendies des grandes pièces de bois. L'histoire d'un pont, non pas seulement dans le fief seigneurial, mais dans les villes les plus actives, à Paris même, est celle de ses successives reconstructions. Le maintien en bon état, avec les moyens techniques du temps, de tels ouvrages demandait-il vraiment, toutes proportions gardées, moins d'investissement et de travaux que nos grands ponts ou nos tunnels ? Aujourd'hui, en Occident et ailleurs, les routes et passages privés, maintenus sans assistance de l'Etat, ne peuvent être empruntés que contre paiement d'un péage, au bénéfice du promoteur et propriétaire, individu ou organisme : droit éminemment privé, fixé au gré du marché, que nous tolérons naturellement.

Tout indique que l'idée que nous nous faisons, de nos jours encore, des charges fiscales qui, au Moyen Age, pesaient sur les paysans, que ces condamnations des abus que, inlassablement, rappellent nos manuels ou nos récits romancés, résulte d'un parti pris… ou d'un manque de réflexions. Celles-ci devraient, pour une vue plus sereine et plus exacte des choses, s'orienter en deux directions.

D'une part, admettre que la ponction fiscale est un procédé inhérent à toute sorte de gouvernement, de quelque nature qu'il soit : aux temps médiévaux, en Occident, les villes marchandes et les princes avaient établi des organismes de perception plus expérimentés et plus contraignants que ceux des seigneurs féodaux aux réputations pourtant si détestables. De toute évidence, les taxes n'étaient ni plus nombreuses ni plus élevées en ces temps de barbarie féodale que dans l'Antiquité ou dans les temps dits modernes. Hors d'Occident, ces organismes et officiers sévissaient certainement avec autant de soin et d'exigence.

D'autre part, considérer comme établi que tout renforcement de l'Etat contre les structures particularistes, en l'occurence la féodalité, a provoqué, au fil des siècles, un alourdissement des prélèvements et, en même temps, une plus grande sévérité dans les processus de perception.

En ce qui concerne précisément la perception, l'émergence d'un Etat fort, les conséquences sur la façon de percevoir l'impôt ne sont pas toujours bien perçues par l'homme d'aujourd'hui qui imagine mal comment allaient les choses avant qu'un pouvoir autoritaire, disposant de véritables moyens de coercition, ne les prenne en main. Au total, tout se résume en une appréciation incomplète et même fautive des mentalités et des pratiques d'un passé que nous tendons volontiers à appréhender comme nous le ferions de celles de notre temps.

Nous interprétons mal nos textes. Les censiers, les tarifs de ton-lieux et, d'une façon générale, tous les registres fiscaux donnent des listes des hommes soumis à la taxe et précisent les sommes que ceux-ci devaient payer. Nous bâtissons là-dessus. Mais ce sont là des registres d'assiette de l'impôt et non de sa perception : sommes dues mais non sommes effectivement versées. Pour une époque où les refus de payer, où les retards étaient si fréquents, établir la charge des redevances uniquement d'après l'assiette, d'après des listes de cens ou de corvées, c'est attribuer nos façons de se comporter à une époque où elles n'avaient pas cours.

La réalité ne peut donc s'évaluer que par l'étude de documents très particuliers, très précis... et malheureusement très rares. Peu de registres comptables des perceptions ont survécu.

Seuls d'heureux hasards nous servent. Les leçons, ici, ne manquent pas d'intérêt mais surprennent quelque peu. En Angleterre, où les comptes manoriaux restent plus nombreux qu'ailleurs, les registres de perception se doublaient communément de listes *d'arriérages* où étaient notés, année après année, les retards, les paiements non encore effectués. L'ensemble pouvait atteindre le quart, voir le tiers de la recette et les non-paiements étaient reportés, en certains cas, pendant trois, quatre ans et davantage… jusqu'à effacement semble-t-il. Pour tous les domaines de l'archevêque de Canterbury, ces arriérés s'accumulaient et atteignaient des chiffres impressionnants. Les *rentes* (cens) dues sur les tenures du manoir de Northfleet se montaient chaque année à 62 livres ; mais les sommes non payées atteignaient, accumulées, 168 livres en 1460 et 211 livres en 1470[37]. En France, là où quelques heureuses fortunes documentaires permettent de conduire cette enquête, celle-ci aboutit aux mêmes conclusions, à savoir la fréquence et l'importance des retards et des refus. Ainsi, pour la perception des dîmes dans la région du Lyonnais : Mme Lorcin montre que, jusqu'au XVIe siècle, la dîme se maintient certes à un taux « élevé » un douzième et parfois un dixième mais que les paysans parvenaient à réduire considérablement les quantités qu'ils devaient verser par toutes sortes d'ingénieux procédés, « multipliant les exemptions, accumulant les obstacles sous les pas des commis[38] ».

Il est souvent dit que, déjà très lourdes, les charges sur les paysans souffraient d'être soumises à l'arbitraire, de telle sorte que personne ne pouvait savoir ce dont il serait redevable, ne pouvait établir de solides prévisions et chacun se trouvait donc constamment sous le coup de nouvelles exigences.

Nul doute que le système d'alors, tant pour la fiscalité que pour les redevances foncières, par ses modes de répartition et de perception, peut déconcerter : grande complexité, diversités d'une région à l'autre et même souvent à l'intérieur d'une seule seigneurie où les conditions de l'assujetti ne se coulaient pas toutes dans le même moule. En ce qui concerne le loyer des terres, déchiffrer très exactement un censier seigneurial n'est pas chose aisée tant les façons de désigner les hommes, les terres et les modes d'exploitation pouvaient varier et nous paraissent, pour certaines, indéchiffrables. Les hommes de l'époque s'y reconnaissaient-ils d'une manière satisfaisante ? Ne pouvait-on, de mauvaise foi, maintenir des zones d'incertitude, des situations litigieuses, portes ouvertes à l'arbitraire ?

Cette diversité, ces sortes d'imbroglio, bien entendu nous choquent, habitués que nous sommes à une rigueur, ou du moins à la concevoir comme indispensable à toute structure publique... Mais l'on dit que l'ensemble des dispositions fiscales en France aujourd'hui, dans un Etat hyper-centralisé et fort de longues expériences, rassemblé en un seul corpus remplirait une trentaine de volumes : textes fondamentaux, additions et rectifications, exemptions et tolérances, contradictions même et enchevêtrements que d'aucuns dénoncent, sans doute à juste titre, comme inextricables. Le citoyen tout ordinaire (celui qui « lâche » ses deniers) ne peut s'y reconnaître seul ; il y faut de véritables experts, avertis et rompus à des arcanes réservées aux seuls initiés : sources donc de ponctions supplémentaires et d'inégalités évidentes devant l'impôt. La complexité y atteint de très hauts sommets ; et peut-on penser que l'arbitraire anonyme trouverait là de multiples occasions de sévir ? Simples constatations qui devraient conduire à une analyse un peu plus objective du passé et nous éviter de souscrire aux sempiternels slogans.

De tout temps, l'Etat, quelles qu'aient été sa forme et ses structures politiques, a vigoureusement œuvré dans ce sens et les clichés misérabilistes qui encombrent notre histoire des temps anciens, ceux médiévaux ou féodaux en particulier, ceux qui précédaient la mise en place d'une autorité centrale très forte, ces clichés et ces slogans doivent beaucoup à l'art de faire admettre des prélèvements toujours plus lourds. S'indigner contre les exactions d'autrefois donne bonne conscience aux responsables de celles d'aujourd'hui... et aide les payeurs à se tenir coi.

4

VILLES ET CAMPAGNES : DEUX MONDES AFFRONTÉS ?

L'histoire sociale fut presque toujours guidée par le désir de définir des antagonismes, d'opposer des groupes dits « sociaux » les uns aux autres, de marquer clivages et compétitions entre professions, fortunes, genres de vie ou formes de civilisation. Tout devait s'expliquer de cette façon. La recette paraissait simple et ne demandait pas un temps de préparation considérable, ni pour la recherche ni pour l'analyse : définir deux catégories, généralement inventées de toutes pièces, aux contours forcément bien tranchés, puis les confronter par tous leurs éléments et tous leurs aspects. Outre la satisfaction de n'avancer que sur des sentiers balisés, ces méthodes présentaient aussi le mérite, non négligeable en France surtout, de combler les esprits épris de clarté, soucieux de s'imposer une sorte de rigueur, de pseudo-scientisme.

Pourquoi se dissimuler ce que chacun peut aisément constater, à savoir que les classifications prônées par certains auteurs répondaient au souci d'apporter une confirmation à la théorie marxiste de la « lutte des classes », en l'appliquant ainsi à notre Moyen Age occidental ? Ouvertement et clairement affirmée ou simplement servie par allusions et par l'architecture du discours, cette croyance en l'existence de plusieurs classes sociales parfaitement individualisées, définies par leurs activités et leurs intérêts, a recueilli au cours des générations passées nombre d'adhésions et, finalement, a profondément marqué nos façons de concevoir et de conduire l'étude des sociétés médiévales. Le dire tout haut n'est pas s'en prendre à « de vieux poncifs » complètement dépassés, et pas n'est besoin de tellement remonter dans le temps pour rencontrer de telles professions de foi et de telles démarches dans l'analyse, affichées sans retenue. La belle collection « Les grandes civilisations » en donne un parfait exemple, précisément pour le Moyen Age, en totale opposition d'ailleurs avec tous ses autres livres. Cette série d'ouvrages remarquables pour beaucoup, où l'on trouve, entre autres, la *Grèce* de François Chamoux, *Rome* de Pierre Grimai et les deux magistrales mises au point de Pierre Chaunu sur les XVIIe et XVIIIe siècles, comporte, sous la plume de Jacques Le Goff une *Civilisation de l'Occident médiéval*, volume tout entier imprégné de cette idéologie dominante. L'auteur n'en fait aucun mystère, parle volontiers de classes sociales et, de ce point de vue, la table des matières de l'ouvrage s'applique scrupuleusement à administrer la bonne leçon. Le chapitre consacré à la « Société chrétienne (Xe-XIIIe siècle) » aligne quelques sous-titres particulièrement bien choisis : « La lutte des classes : société urbaine et société féodale » – « La lutte des classes en milieu rural » – « La lutte des classes en milieu urbain » – « La femme dans la lutte des classes » *(sic)* – « Rivalités à l'intérieur des classes » – « L'Eglise et la royauté dans la lutte des classes » et « Hérésies et luttes des classes ». Une génération d'étudiants en a été nourrie.

C'est ainsi que, très souvent, le regard jeté sur le passé ne s'embarrasse pas de demi-teintes et il est volontiers admis que la société médiévale s'inscrivait en formules de ce genre : seigneurs contre paysans bien sûr et, mieux encore, campagnes contre villes. Le monde rural, accablé sous le joug d'une féodalité turbulente et incapable d'évoluer, enfermé donc dans des structures figées, s'opposait, nous disait-on, au monde urbain, lui tout de mesure et de sérénité, désireux d'avancer sur la voie du progrès économique et social. Peuplée d'hommes affranchis de toute sujétion, la cité menait une vie paisible, vouée aux affaires honnêtes, aux marchés et aux ouvroirs, à la saine administration. Elle s'entourait certes de fortes murailles ; mais c'était seulement pour se garder des seigneurs brigands du plat pays. Ses milices, parfois, s'en allaient combattre au loin mais jamais autrement que pour une juste cause : ainsi à Bouvines, aux côtés du roi de France qui défendait notre domaine contre les impériaux et contre le comte de Flandre, vassal félon, brutal, peu recommendable, ramené honteux, au soir de la bataille, sous les railleries du peuple qui, tout au long du chemin vers Paris, acclamait ses héros. Belle image d'Epinal !

Notre historiographie, dès le XIXe siècle et peut-être même avant, a toujours porté davantage de sympathie aux sociétés urbaines, modèles en somme de peuple et de bourgeois actifs, ingénieux, pénétrés des idées de liberté et de justice sociale, capables de secouer les contraintes intolérables et d'offrir refuge aux persécutés, aux malheureux fugitifs qui laissaient derrière eux le sombre souvenir de l'oppression seigneuriale. Dans cette ligne de pensée, nos maîtres ont constamment affirmé que les gens des villes avaient très tôt obtenu, par leur courage face à l'arbitraire, des chartes de commune qui leur garantissaient le libre exercice de leurs travaux et de leurs négoces ainsi que le droit de se gouverner ou, du moins, de s'administrer eux-mêmes. De là, au courant de la plume ou dans l'euphorie du discours, à présenter ces villes médiévales « de commune » comme de véritables « républiques » bourgeoises et marchandes et même comme des sortes de démocraties, il n'y avait qu'un pas qui fut vite franchi. De fait, l'idée perdure encore de cette absolue distinction, de ces contrastes et distorsions entre milieux ruraux et milieux urbains, tout à l'avantage évidemment de ces derniers, de ces bourgeois qui furent, la chose semble entendue, les premiers lancés sur le chemin de la conquête des libertés, de ces hommes vite proposés en modèles et symboles de brillants avenirs.

LES LIBERTÉS ? QUELLES LIBERTÉS ?

De ces certitudes si souvent rappelées, tout est à revoir et plusieurs points du schéma demandent, sans aucun doute, examen et rectifications.

Qui donne le ton ?
Villes bourgeoises ou villages paysans ?

Vitalité et succès de la commune rurale

Dire que les libertés économiques, financières et administratives, se sont affirmées plus tôt et d'une façon plus solide, dans nombre de communautés villageoises que dans les villes proches, est-ce encourir le péché d'hérésie ? C'est, en tous cas, aller délibérément à contre-courant…

Il semble pourtant que ni le processus d'émancipation des contraintes seigneuriales, ni sa chronologie, ni les circonstances et les résultats, aient été l'objet d'études très précises.

Nous savons qu'en Italie, pays de riches cités offertes à nos réflexions comme de parfaits exemples de ces communes urbaines, de ces républiques marchandes si prospères, si puissantes aussi, les simples bourgades, éminemment paysannes, avaient, elles aussi, codifié des statuts communaux et obtenu des franchises qui leur assuraient une réelle autonomie (droits de marché, de police, de justice…).

Dans le Nord-Ouest européen, principalement en Angleterre et en France du Nord, les paysans ne semblent en aucune façon en retard sur les habitants des cités ni pour s'organiser, édicter des règlements et désigner des responsables de leur application, ni pour se faire reconnaître de leur seigneur des libertés individuelles ou collectives.

Nos manuels nous citent régulièrement, comme premiers exemples de ces conquêtes des libertés, la charte de Lorris, donnée par le roi Louis VII en 1155, adoptée par quatre-vingt-trois communes du Gâtinais et de l'Orléanais, et ensuite celle de Beaumont-en-Argonne (1182) que l'on retrouve, à quelques variantes près, dans plusieurs centaines de villages, en Champagne et en Bourgogne. Les faits et les dates ne semblent pas être remis en question et nous demeurons, sur cette chronologie, tous d'accord. Mais présenter ces chartes communales comme des signes de l'émancipation de populations urbaines relève de pure fantaisie ou d'une volonté de tendre vers une démonstration. A qui ferait-on croire qu'il s'agissait là de véritables villes ? Combien d'habitants à Lorris et dans les villages voisins ? Quels travaux d'artisanat susceptibles d'alimenter un lointain marché ? Quels commerces ? Carrefours de routes, centres de production ou de redistribution ? Ces communautés ne comptaient, à l'évidence, pas de « bourgeois », mais seulement des paysans et des artisans occupés à la forge, au moulin et au four. S'y trouvait tout au plus un marché pour vendre le surplus des récoltes et le bétail ; pour y acheter semences et outils agraires, poteries, toiles et draps grossiers. Aucun de ces habitants ne fréquentait les foires et les ports.

Plusieurs mises au point, certaines très explicites, renversent les idées reçues, preuves documentaires irréfutables à l'appui. En particulier, les études de Gérard Sivery, tout d'abord limitées au Hainaut (1972) et, plus récemment, étendues à l'ensemble de l'Occident (1990) ne laissent place à aucune incertitude[39].

Certes, le mouvement d'émancipation et la mise en place, dans les sociétés paysannes, de structures politiques responsables, connut, à travers l'Europe, de graves distorsions chronologiques. La commune rurale ne s'est pas imposée partout à même époque et prit des formes très différentes selon les régions. Il est clair que les pays d'élevage, de bocage donc, et les terroirs *d'open-field* céréaliers ne se présentaient pas sous le même jour, ni pour le rythme des travaux, ni pour le régime de l'exploitation, ni surtout pour la soumission aux contraintes du « ban », c'est-à-dire de l'autorité seigneuriale ou collective. De plus, les montagnes et leurs vastes communautés de vallées s'inscrivaient d'une façon très particulière dans le paysage socio-politique. Appliquer un seul tableau des structures, ne serait-ce qu'à une région bien circonscrite, conduit forcément à fausser l'analyse. Les chartes paysannes apparaissent plus tard et demeurent beaucoup moins précises dans le Lyonnais que dans plusieurs pays, pourtant très proches, situés des deux côtés du fleuve, dans le Beaujolais, le Forez et le Dauphiné. Les hommes du Lyonnais avaient obtenu d'être affranchis de toute forme de servitude et leurs délégués pouvaient discuter avec le seigneur de l'assiette de la taille dont ils assuraient eux-mêmes la perception ; mais les structures actives, représentant la communauté, demeuraient peu nombreuses et très discrètes[40]. Ici, l'autonomie véritablement communale ne fut octroyée que plus tard.

De telles distorsions chronologiques, des destins aussi différents, se vérifieraient certainement en de nombreuses régions d'Occident. Mais nous n'ignorons pas que ces diversités se retrouvaient, aussi nettement marquées, dans l'évolution politique des cités elles-mêmes, dans l'Europe occidentale ; les unes se sont organisées très tôt en communes tandis que d'autres n'y parvenaient pas avant fort longtemps et même pas du tout. Rien n'oppose, de ce point de vue, monde rural et monde urbain. Toute règle générale, toute conclusion très simple d'allure demeurent illusoires, et c'est en cela que l'ouvrage véritablement scientifique, qui accepte et recherche les nuances, qui s'intéresse aux conditions et destins variés, l'emporte sur l'exposé didactique qui prétend se hausser aux formules.

En tout état de cause, le « fait communal » paraît, dans nos campagnes, indiscutable. « Pourquoi donc refuser le droit de commune à des communautés de paysans alors que tant d'historiens le reconnaissent aux citadins ? » : dès 1953, dans un cours de Sorbonne largement diffusé, Edouard Perroy faisait remarquer que, sans ambiguïté, les chartes de franchises des paysans, telle par exemple celle de Lorris, étaient étroitement liées à ce que l'on appelait volontiers la « révolution communale ». A l'encontre de la thèse d'Henri Pirenne, cette mise au point voulait marquer l'absence de barrière entre vie rurale et vie urbaine et l'auteur insistait sur le fait que chaque communauté villageoise possédait une « banlieue » où elle exerçait effectivement son droit de ban[41].

Les preuves ne manquent pas de villages qui, dans les pays d'élevage ou de forêts, obtenaient très tôt des chartes de liberté et même des chartes de communes[42] ; ou encore de terroirs viticoles où les exploitants bénéficiaient très vite des mêmes avantages et d'une véritable liberté individuelle et collective.

La première démarche fut peut-être liée au mouvement de « paix » dont les pouvoirs publics (le roi, le comte…) se portaient les promoteurs et les garants. La charte de la petite communauté de Prisches, dans le Hainaut, datée de 1158, était intitulée « Lois, communes et paix ». Elle reconnaissait à cette société rurale une totale autonomie administrative et l'exercice d'une justice avec droit de vie et de mort sur ses dépendants. Tout porte à croire, d'ailleurs, que, dans la plupart des cas, la charte n'était pas le fait d'un acquis récent, ne se présentait absolument pas comme une grande nouveauté, mais simplement comme la mise au point et au net de droits déjà exercés auparavant. Ce n'est pas pour lutter contre le seigneur que s'est forgée la communauté paysanne ; elle était en place avant. Georges Duby a, en 1957, montré que, dans le Maçonnais, les « sociétés » rurales organisées se mettaient en place dans le même temps que la seigneurie[43].

En Bourgogne et en Alsace, ces structures villageoises se sont manifestement développées en dehors du cadre de la seigneurie et pouvaient rassembler des hommes de conditions très différentes. Dans la région de Strasbourg, elles se sont affirmées dans les années 1200, essentiellement pour défendre leurs biens propres, la *communia* ou *allmend*, contre les empiètements des voisins et pour en organiser l'exploitation correcte. Ces institutions, strictement paysannes, se garantissaient une totale solidarité devant l'impôt et en assuraient donc la levée ; elles pouvaient en exiger pour leur compte ; elles réglaient les litiges entre les usagers des biens communaux. La diversité des vocables, dans les deux langues, témoignait, non d'une démarche imposée mais, au contraire, d'initiatives spontanées, limitées à des secteurs circonscrits. Les textes disent *communitas, universitas, gemeinde* ou *gemeinschaft*, administrées par un collège de majores ou schoeffen, représentées par un *syndicus, nuncius, consul, preco, tribunus, heimburg*[44] ».

Dans le Hainaut, en Thiérache, chaque action pour imposer ou renforcer le pouvoir d'un seigneur consolidait des institutions villageoises qui avaient fait leurs preuves depuis des générations. Ces villages avaient, en tous cas, dès le XIIe siècle, des officiers d'autorité et des magistrats : maires, jurés, échevins[45]. Les responsables, les administrateurs nantis de pouvoirs de décision et de répression, que nous cherchons plutôt dans les villes, sont ici en place plus tôt que dans la cité voisine et se maintiennent sans interruption et sans heurts.

Les origines des communes rurales se discernent plus aisément à considérer, hors du facteur strictement économique ou politique, le rôle des églises paroissiales et leur prise en charge par des associations de laïcs, à savoir les fabriques ou mieux les confréries de diverses natures. La paix, imposée souvent par l'évêque, offrait déjà à nombre de villageois, à partir des années 1100 au plus tard, autour de leur église et de l'« aître » (l'enclos paroissial), un refuge réputé inviolable. Les confréries furent d'abord responsables de l'entretien de l'église, puis de l'enclos, puis, en définitive, de la surveillance des communaux et même de tout le terroir villageois. Elles édictaient des règlements de police rurale et, de cette façon, définissaient et exerçaient un droit de ban. C'est ainsi que dans le Bordelais, en maints endroits, l'administration proprement municipale fut précédée par celle de la confrérie, et le maire par le syndic ou le clerc qui tenait les livres[46] ; en somme ces confréries étaient simplement des « communes taisibles », sans charte ni statuts, régies seulement par l'expérience et la tradition. Dans le sud de la France, plus particulièrement dans les pays de montagnes, les confréries du Saint-Esprit prenaient en mains le destin de nombreux villages. Associations pieuses, elles faisaient dire des messes pour les défunts et distribuaient des aumônes aux pauvres le jour de la Pentecôte ; mais, par ailleurs, elles assuraient les réparations de l'église et des ponts ; elles possédaient des biens fonciers, terres, prés et vignes, des maisons et des moulins loués par leurs soins à des particuliers ; tout ceci étant géré par des prieurs, recteurs, syndics ou procureurs, élus soit par l'assemblée de tous les habitants, soit par des « conseillers » déjà désignés. Ces magistrats communaux portaient des signes distinctifs de leur dignité (bâton, chapeau). Ils prêtaient de l'argent, des outils, des semences, des chevaux ou des bœufs de labour, de la farine même, aux plus démunis. Sociétés d'entraide mutuelle, les confréries furent très tôt l'amorce de véritables communes dont elles avaient déjà les principaux pouvoirs. La « maison du Saint-Esprit », lieu de réunion et magasins de vivres à la fois, où l'on gardait le coffre des archives et la bannière de procession, devint souvent la maison communale[47].

Le pouvoir paysan

Deux ou trois cents ans plus tard, à la fin de notre Moyen Age, ces communes villageoises disposaient pleinement des libertés humaines fondamentales, de privilèges fiscaux et économiques précisés avec soin et, plus encore, du droit de s'administrer elles-mêmes selon leurs propres règlements, sous la conduite des responsables de l'ordre et du budget. L'histoire rurale nous montre, aux XIVe et XVe siècles, des villages solidement structurés, organisant leurs activités collectives (assolements, gardes des troupeaux, transhumances, irrigation, marchés...) et tenant scrupuleusement leurs comptes. Comme toute société urbaine à même époque, celles de ces villages désignaient et appointaient leurs trésoriers-comptables, les *massarts* dans le nord de la France. Dans chaque village de la Thiérache, le clerc comptable percevait les revenus de la communauté (locations des terres et des maisons, fermages des prés communaux) ; il tenait généralement trois comptes distincts : pour l'Eglise (la fabrique donc) ; pour la commune ; pour la « table des pauvres » auxquels il était chargé de distribuer des grains, de la viande de porc et des chaussures. Le seigneur, en l'occurence ici surtout l'abbé de Maroilles, certes ne perdait pas ses droits mais il ne pouvait imposer un droit de ban de sa seule volonté ; dès 1335, ce ban devait être déterminé en accord avec « la plus saine part des habitants » ; et l'abbé était ensuite tenu de s'y soumettre comme tout un chacun ; il devait respecter le calendrier des travaux établis en commun et se plier à la réglementation en vigueur. Il était responsable de l'entretien des routes, les paysans prenant les chemins à leur charge ; ils refusèrent, une année, de tailler leurs haies tant que le seigneur n'aurait pas fait ébrancher les siennes et respecter l'alignement[48].

Ces situations où l'on pouvait voir les communes des villages maîtresses du ban et définir, pour le calendrier des travaux et l'entretien des chemins ou des canaux, les contraintes, n'étaient pas exceptionnelles ; tout au contraire. De très nombreux terroirs s'étaient parfaitement organisés pour décider de la rotation des cultures et de la disposition des soles, pour surveiller les troupeaux et même pour répartir les tailles et autres redevances, le cas échéant. Ce ban, auquel le seigneur se trouvait forcément associé pour ses propres terres, était confié à un responsable doté de pouvoirs coercitifs : le *roi* du village ou, en Angleterre, le *viewer of the fields* ou, en Allemagne, le *Bauerrichter*, le *Schilttermeister*. Les récalcitrants répondaient du non-respect des règlements collectifs devant des instances judiciaires, les *plaids* ruraux, qui imposaient des amendes.

L'air de la ville rend libre : une plaisanterie

Contrairement à ce que nous imaginons volontiers, les paysans ne pouvaient partout considérer les villes d'un regard d'envie, comme des refuges où oublier leur misère et leur servitude, comme des sortes de paradis.

Les coutumes de Flandre et de diverses régions d'Allemagne disaient qu'un seigneur ne pouvait plus réclamer un de ses serfs qui aurait résidé un an et un jour dans la ville ; mais elles ne précisaient en aucune façon que l'homme devenait du même coup citoyen de la cité, à l'égal des autres habitants et, de ce que l'on sait par ailleurs, cela paraît peu vraisemblable. A Clermont, en Beauvaisis, le serf ainsi libéré passait sous la juridiction d'un nouveau seigneur (la ville elle-même, le comte, le roi ?). Dans un tout autre contexte politique et culturel, à Milan, ville drapante qui accueillait une nombreuse main-d'œuvre immigrée, le podestat proclamait, en 1211, que les vilains qui s'établiraient dans la cité n'auraient un plein droit de citoyen qu'après un séjour continu... de trente années ! Seules étaient autorisées, chaque année, des absences de six semaines au moment des récoltes. De plus, quiconque aurait encore un père ou des frères ou des proches parents travaillant directement la terre de leurs mains *(ars vilis)* ne pouvait, en aucun cas, même passé ces trente années de résidence, être reconnu comme citoyen[49]. Ces quelques indications sur des contraintes très ordinaires donnent la mesure de ces « libertés ». Peu de slogans historiques paraissent aussi faux, aussi ridicules et vides de sens que celui, lancé on ne sait trop en quelles circonstances et pour quelle propagande, qui affirmait que l'« air de la ville rend libre ».

Dans les villes : autopsie du « mouvement communal »

Pour le courant de pensée « historique », plutôt pseudophilosophique et idéologique, qui, pendant très longtemps, a présidé à la reconstruction du passé, la tentation fut très forte d'inscrire l'évolution des institutions urbaines dans un cadre bien préparé pour les y accueillir, celui des antagonismes qui, disait-on, opposaient inévitablement les bourgeois, marchands ou artisans, aux anciennes sociétés de seigneurs, d'ecclésiastiques (l'évêque surtout), de grands propriétaires et maîtres de fiefs. Pour certains auteurs, plus engagés ou plus rapides, ces affrontements préfiguraient de véritables luttes de classes.

Aux origines : révoltes ou marchandages ?

On nous a appris que les villes s'étaient, fort heureusement, grâce à de grands sursauts, à des révoltes populaires ou du moins bourgeoises, libérées de l'oppression de leur seigneur, généralement du comte ou de l'évêque. Elles auraient ainsi conquis de haute lutte de grands avantages, strictement consignés dans une charte inaliénable. Elles se seraient dès lors gouvernées elles-mêmes, au mieux des intérêts de tous, premières oasis de libertés dans un monde encore soumis aux abus et aux barbaries de la féodalité. Tous nos livres nous ont chanté les louanges de ce « mouvement communal », de sa diffusion irrésistible à travers l'ensemble de l'Europe occidentale.

Cependant, ni la nature ni l'ampleur de cette démarche ne peuvent s'évoquer par de simples formules. La réalité paraît plus complexe et souvent autre. Une première constatation s'inscrit en faux contre l'idée communément admise de révolte : les chartes n'ont pas souvent été arrachées à la suite d'une révolte mais plutôt accordées, fruits de négociations, de tractations ou d'achats.

D'autre part, les troubles politiques et les émeutes furent rarement le fait des bourgeois eux-mêmes ; ils ont presque toujours profité des querelles entre leurs seigneurs. En de très nombreuses villes, la commune fut un avatar des conflits entre des maîtres qui donnèrent aux habitants, groupés en associations de voisinage ou en métiers, l'occasion de monnayer leur alliance puis de se faire attribuer quelques responsabilités et pouvoirs. En France, par exemple, les communes ne peuvent s'interpréter comme le fait d'élans spontanés, conduits par les bourgeois afin de secouer toute contrainte. Au Mans, en 1070, lors de la célèbre effervescence volontiers présentée comme un des premiers signes du mouvement communal, les habitants de la ville se sont joints à un parti de seigneurs et à l'évêque pour soutenir l'un des prétendants au comté contre son adversaire : parti « normand » contre parti « français » ou « manceau ». La troupe de ces bourgeois était conduite par l'évêque et par les prêtres des églises de la cité « portant la croix et les bannières de la religion[50] ». Quant aux « libertés »… aucune trace. Dans Cambrai, en 1103, c'est un schisme épiscopal, l'un des élus s'appuyant sur l'empereur et l'autre sur le comte de Flandre, que nous trouvons à l'origine des désordres ; les habitants furent sollicités par les deux prétendants et le plus habile leur octroya, pour gagner leur alliance et les voir descendre dans la rue à ses côtés, une charte communale… révoquée deux ans plus tard[51]. De même à Laon, un peu plus tard, mais cette fois à la faveur d'un violent conflit entre l'évêque et le chapitre ; ici les chanoines s'étaient assurés l'aide des foules qui malmenèrent durement le prélat… mais la fameuse charte de 1128, elle aussi souvent citée dans nos manuels, restait très limitée et fut dénoncée une génération plus tard.

De toutes ces situations, sources d'émois, de troubles et même de batailles acharnées, les habitants groupés en associations de voisinage ou en métiers tirèrent profit et se sont fait accorder quelques pouvoirs ou responsabilités. La Commune fut effectivement le fruit non d'un mouvement irrésistible, d'une révolte courageuse, mais simplement de la querelle entre les maîtres.

Tout compte fait, plus d'échecs que de succès

D'autre part, le phénomène communal n'a connu ni l'ampleur ni la fortune que lui attribuent de nombreux écrits complaisants dont nous gardons forcément souvenir. Le mouvement ne se présente absolument pas comme une contagion générale ; il n'a pas bouleversé les mœurs politiques et les structures sociales dans l'Europe entière. Dans ce domaine, tout s'inscrit en diversités et même en différences. Succès, sans aucun doute, dans l'Italie du Nord et du Centre, mais succès plus ou moins confirmé, plus ou moins réel : certitude ici (Venise, Gênes, Florence) apparences ailleurs (Ombrie, Etats pontificaux et Rome). Succès aussi pour les villes de Flandre, enrichies par leurs industries drapantes, capables d'arracher au comte une auto-administration. Voici, certes, deux pôles où le mouvement communal, sous des formes variées, s'est inscrit avec force et dans une relative longue durée. Mais ailleurs ?

L'intérêt porté pendant longtemps par les historiens français à ce mouvement communal dans notre pays, l'enthousiasme parfois délirant que certains manifestaient dès qu'ils l'évoquaient, ne manquent pas de surprendre. A les en croire, l'événement aurait été au centre même de la vie politique dans nos cités et le serment de commune les aurait marquées pour des siècles, annonciateur déjà des sociétés bourgeoises et démocratiques.

Parler de l'histoire des villes au Moyen Age conduisait inévitablement à situer une rupture décisive, un passage brutal de la servitude aux libertés ; en somme, là encore, un seuil, un degré heureusement franchi sur la voie du progrès humain. Les meilleurs auteurs, les maîtres de l'Université ont consacré d'importants ouvrages à décrire les luttes du peuple bourgeois contre les féodaux, à analyser ensuite les institutions municipales et leur fonctionnement.

Les commentaires étaient naturellement très favorables, élogieux pour les vertus supposées de ces braves gens qui ne pensaient à rien d'autre qu'à s'affranchir des tyrannies, qui, bien évidemment, œuvraient pour le bien de tous, défendant leur idéal d'équité au risque de perdre tous leurs biens et même la vie en des combats que la disproportion des armes rendaient héroïques. David contre Goliath…

Sur ce thème, quelques morceaux de bravoure, de piètre qualité certes, se haussaient jusqu'à l'hagiographie. La commune, à elle seule, résumait tout et engageait de grands lendemains. Aucun ouvrage ne manquait, par exemple, de rappeler la présence, à Bouvines, dans les rangs de l'armée royale, des célèbres « milices communales » et de ce frère Guérin intrépide, les encourageant à grands cris. Ces milices, personne n'en connaît ni le nombre ni la nature ; mais, qu'importe, ce sont les héros de la liberté !

Bouvines fut bien considérée comme l'une « des journées qui ont fait la France » et, en 1973, Georges Duby pouvait, en conclusion d'un livre consacré à ce haut fait d'armes, rappeler, après une analyse fort documentée de la « naissance du mythe », la fortune du symbole chez nombre d'auteurs, historiens, pédagogues, hommes politiques. Ceci dès les années 1850. Dans les premiers temps, il semble que les champions de l'idéal qu'ils appelaient républicain ou démocratique aient quelque peu hésité, fallait-il exalter cette belle victoire et, alors, suivre Guizot qui avait dressé des couronnes à Philippe Auguste, assez clairvoyant pour défendre les intérêts de la bourgeoisie, Guizot qui n'hésitait pas à écrire que Bouvines fut « l'œuvre du roi et du peuple » ? Ou, au contraire, se ranger à l'avis de Michelet qui ne voyait là que propagande en faveur de la monarchie et trouvait que cette bataille n'avait été qu'un événement parmi d'autres, sans rien de remarquable. Finalement l'emporte le soin de renforcer le sentiment national, garant de l'unité du pays, et de clamer bien haut les mérites du peuple, à savoir de la bourgeoisie. Eloges et exagérations deviennent alors monnaie courante. Pour Augustin Thierry, ce sont les sergents à cheval du pays de Soissons, tous roturiers, qui lancèrent l'assaut et « les bourgeois des communes se portèrent au premier rang ». Les manuels de l'école républicaine, les discours, politiques ou académiques, les cérémonies commémoratives, se sont nourris de ces fortes images. Bouvines prit figure de symbole : droit des peuples, avenir de la civilisation « à qui la société féodale faisait obstacle[52]. Les bourgeois avaient, en somme, parachevé sur le champ de bataille, théâtre national et face à l'envahisseur teutonique, l'œuvre de libération si bien menée à son terme dans leurs cités.

Certes, ces fantaisies semblent maintenant reléguées au répertoire des propos outranciers ; mais la vision d'ensemble proposée à nos réflexions demeurait incomplète et faussée. Incomplète car les analyses, même les plus sérieuses, se maintenaient presque toujours dans l'abstrait et ne répondaient pas à quelques interrogations pourtant essentielles. Il y est question de communes, de serments, de milices, de bourgeoisie et parfois de classe bourgeoise, de peuple… mais de quoi et de qui parlait-on en fait ? Où sont les listes nominatives ? Qui étaient les responsables ou les chefs de ce mouvement communal qui nous est présenté désincarné, sans contours ? Quelles professions, quelles insertions et alliances, et quelle partie, quelle proportion de la population urbaine représentaient-ils ? Erronée cette image car elle souffre de trop de complaisances ; les historiens, emportés par leurs sympathies et par leurs élans, ont volontiers insisté sur des révoltes qu'ils voulaient de caractère social en laissant dans l'ombre le facteur politique et les rivalités au sein même des aristocraties ; de plus, ils nous ont présenté ce mouvement communal comme un phénomène de grande ampleur et de grande durée, alors que ce fut, en France du Nord tout au moins, le fait d'un moment parfois très court. Bien des émois, des serments et des combats de rues, des concessions octroyées et des chartes de libertés, restèrent sans grand lendemain ; quelques années plus tard, le seigneur, le roi ou le comte, et l'évêque, reprenaient ce qu'ils avaient dû céder.

En France, dans le domaine royal et plus particulièrement au nord de Paris, il semble que le roi capétien ait encouragé ces initiatives et organisations communales pour se faire de bons alliés. Mais ces communes, dont on nous dit tant de bien, dont l'histoire s'enrichit volontiers de belles légendes, ne connurent pas toujours, sur le plan administratif ou financier, un grand succès ; loin de là... Gérées par leurs échevins et leurs conseils, elles sombrèrent souvent dans de graves désordres de trésorerie ; malgré de lourds impôts, volontiers impôts sur les produits alimentaires essentiels, les dettes s'accumulaient et les responsables ne savaient plus à quels expédients, à quelles surtaxes ou à quelles manipulations, recourir. Ces communes se sont ainsi trouvées dans l'impasse et, de guerre lasse, incapables de sortir de ces situations désespérées, leurs magistrats firent appel au roi qui manda des enquêteurs, installa des officiers à demeure, édicta de sévères règlements pour assainir leurs finances et, évidemment, confisqua une part des pouvoirs. Parfois, ce sont les communes elles-mêmes qui, acculées à la faillite, suppliaient le prince de reprendre tout en main. Plusieurs communes d'Ile-de-France et de Picardie, et non des moindres, furent ainsi supprimées de plein gré, dans les années 1300 : Sens en 1318, Compiègne en 1319, Melun en 1320 puis Senlis et même Soissons et Provins. Dans cette ville, les magistrats firent procéder à un scrutin sur l'opportunité d'abondonner l'administration en place pour s'en remettre au roi ; le procès-verbal de cette consultation décompte au total 2 701 personnes (dont 350 femmes) et distingue d'une part celles qui désirent « rester sous le gouvernement des maires et échevins », d'autre part, celles « qui sont de ladite commune et désirent être libres du gouvernement des maires et échevins et n'être plus gouvernées que par le roi seul » : 156 noms pour la commune, 2 545 pour le roi[53]. Pour les habitants, la liberté c'est d'échapper à la commune.

Pendant tout le temps de leur existence, ces administrations municipales, orgueilleuses de leur beffroi et de leurs cloches, furent, en France du moins, incapables de se doter de la plus modeste « Maison commune » ; les échevins et conseils se réunissaient tantôt ici, tantôt ailleurs : dans l'une des portes de l'enceinte fortifiée, dans les halles, chez l'évêque ou chez les chanoines. A Orléans, la « chambre aux bourgeois » se trouvait dans le châtelet royal et de même à Sens ; le plus souvent, les conseils siégeaient dans une des salles du tribunal comtal ou vicomtal : *domus pacie, domus justicie* (à Cambrai), *curia publica* (à Louvain), *cour mayeur* (à Compiègne), ou encore *malmaison* (de *mallum* : « assemblée de justice »). En 1470, au Mans, pour recevoir le comte, l'assemblée « des gens d'Eglise et des bourgeois » dut se tenir dans la grande salle du palais épiscopal, et la charte solennellement accordée par Louis XI en 1481 fut mise en un coffre qui, faute de mieux, devait être déménagé de maison à maison, à tel point que, complètement démantelé, il fallut en faire un neuf. La première « chambre de ville » du Mans date de 1611[54] !

Les hôtels de ville qui, pour nous, symbolisent ce pouvoir communal urbain, n'ont été généralement construits que fort tard, après l'abandon de l'autonomie administrative, grâce aux initiatives et aux libéralités du roi ou de prince. C'est le comte Louis de Mâle qui fit bâtir celui de Bruges en 1377 et, cent plus tard exactement, en 1477, Charles le Téméraire celui de Bruxelles.

Notons aussi qu'en de nombreuses villes d'Italie, la place communale, mal dessinée, irrégulière sinon biscornue, n'était en fait que celle du *Duomo*, de la cathédrale ; le palais épiscopal souvent y éclipsait celui de la commune.

Sociétés urbaines : le peuple libre ? Non : le joug des riches.

Présenter ces gouvernements, ou plutôt ces administrations des communes comme des sortes de « démocraties » encore imparfaites, ou le laisser entendre par des formules ambiguës bien choisies, est abuser de mots qui devraient garder une signification réelle et ne pas être ainsi utilisés à tout venant, à tort et à travers. La vérité est tout le contraire. Toutes les villes ont été, de l'Angleterre aux pays d'empire, de la Flandre à l'Andalousie ou aux Etats pontificaux, tenues en mains, sans discontinuer, par une aristocratie riche et dure qui régnait sans partage, monopolisait les charges et les honneurs, présidait seule au destin de la cité.

Sur le plan social, le mot de bourgeois n'a aucun sens et ne représente qu'une commodité d'écriture. En fait, tout était dans les mains de grandes familles qui se perpétuaient, se succédaient à elles-mêmes, se cooptaient pour contrôler sans défaillance les grands offices, sources de bons revenus. Voir dans l'avènement d'une commune et dans l'expansion économique, dans le développement des trafics à longue distance, principalement dans les années 1200 et 1300, l'émergence et l'affirmation de nouvelles catégories sociales et, a fortiori, de nouvelles classes, est montrer une grave ignorance des réalités.

La hiérarchie des fortunes et des pouvoirs s'impose au moindre examen un peu sérieux. En Italie, dans les cités que nos livres appellent encore parfois des « Républiques marchandes », ces grands marchands étaient bien, dans tous les sens du mot, des nobles, guerriers, descendants de familles très anciennes ou agrégés depuis un certain temps, nantis de seigneuries et de fiefs, capables de mettre sur pied des armées privées. En Angleterre, en France et dans l'empire, les familles patriciennes qui régissaient les cités, les pliaient sous leur férule, s'attribuaient tous les sièges dans les échevinages et les conseils et ne se renouvelaient pas volontiers : riches négociants, capitaines d'industrie, propriétaires fonciers tant dans la campagne que dans la cité, légistes, conseillers du roi ou du comte. Tous avaient su nouer des alliances familiales soigneusement pesées et entretenues. Tous étaient parents ou amis des dignitaires de l'Eglise et, pour beaucoup, clients, protégés, alliés des princes. Dans ces villes, où l'historien d'aujourd'hui peut effectivement noter l'apparition d'un « serment communal » puis, éventuellement, d'une charte de franchises et la mise en place de corps municipaux (consuls, échevins et bourgmestres, maires, *aldermen)*, ni le peuple, ni même l'ensemble des artisans et des petits marchands n'avaient accès au gouvernement ; ni élus aux conseils, ni électeurs même, leur participation se résumait en fort peu de chose, en un rôle de citoyens passifs, appelés à acquiescer.

Ce caractère résolument et étroitement aristocratique de la commune, très affirmé dès les origines, s'est maintenu sans discontinuer tout au long de son histoire. A aucun moment, les hommes de condition modeste n'ont participé à égalité avec ceux qui depuis longtemps s'étaient attribué les pouvoirs de décision ; à aucun moment, des assemblées du peuple urbain ne furent véritablement consultées. Démagogie certes, mobilisation des foules, clientelisme souvent, mais non consensus démocratique…

Etienne Marcel, qui reste dans nos mémoires le champion des libertés urbaines, n'était d'aucune façon un homme « neuf » et certainement pas un homme de peu. Fils de drapier et d'une famille qui avait compté un ancêtre prévôt royal de Paris et bailli de Rouen, il épousa successivement deux riches héritières, Jeanne de Damartin puis Marguerite des Essars ; cette dernière, fille de Pierre, anobli en 1320 et argentier puis maître des compes du roi, lui apporta l'énorme dot de trois mille écus d'or et, ensuite, en héritage, plusieurs terres et manoirs seigneuriaux. Il avait su mener, sur tous les tableaux de la politique et de l'économie, une fort brillante carrière. Drapier à son tour, en relations avec les Flamands, employant dans Paris nombre de compagnons foulons et tisserands amenés d'Ypres, il s'était imposé comme fournisseur du palais royal. Nous le savons, par ailleurs, « prévôt » (gouverneur) de la puissante confrérie de Notre-Dame aux Prêtres et aux Bourgeois dont les rois et reines de France font régulièrement partie, prévôt aussi de celle de Saint-Jacques-de-Compostelle et, par là, très lié au parti navarrais, donc très engagé dans les conflits dynastiques[55]. Tel est l'homme, négociant de grand talent sans doute mais, en tout cas, politicien ambitieux, aristocrate, bon exemple de ces bourgeois des villes de France et d'Angleterre pour qui le gouvernement des cités ouvrait la voie à la noblesse, noblesse de robe certes, mais tout de même une voie prometteuse, riche de lendemains, ne serait-ce que par l'acquisition de nombreux fiefs et seigneuries.

En Italie, la montée au pouvoir d'hommes venus d'horizons nouveaux, et même d'une « nouvelle noblesse » qui serait issue des négoces, présentée naguère, et par certains livres encore, comme un tournant décisif de l'histoire des cités, est à considérer d'un peu près.

Contrairement à ce qu'implique une tradition littérale du mot, le *popolo* qui s'impose dans la plupart de ces cités effectivement comme un groupe socio-politique original et fortement structuré, ne recrute ni ses chefs ni ses membres actifs dans de larges couches sociales. L'historien attentif arrive presque toujours à une conclusion à priori déconcertante, à savoir que *popolari* et *nobili* ne se distinguent pas aisément. A Pise, par exemple, le parti dit du *popolo* est né de querelles entre les riches familles nobles : certaines, jusque-là plus ou moins étrangères à la ville mais largement pourvues de fiefs dans les montagnes, se sont regroupées autour de grands personnages pour affronter les hommes en place ; chefs de guerre, ces nobles du parti des *popolari* ont conduit les flottes de leur ville en Sardaigne, en Corse et en Orient[56].

A Gênes, ce sont également les maîtres des fiefs, nobles guerriers, qui prirent l'initiative et la tête du parti « populaire » pour s'opposer aux autres, nobles comme eux. Rien ne fut changé après la montée au pouvoir des *popolari :* dans tous les conseils de la commune, larges ou étroits, les simples marchands et les maîtres artisans se trouvaient toujours en très petite minorité[57] : « A Gênes donc *populus* est un mot qui, pour désigner des groupes accédant au pouvoir, traduit la même ambiguïté qui déjà marquait les noms de guelfe et de gibelin, une ambiguïté qui, au-delà des situations dans la commune, ne servait à rien d'autre qu'à fournir une sorte de couverture à la lutte entre les clans[58] ». Formule décisive qui a le mérite de ne laisser aucun doute sur la nature de ces qualifications auxquelles nous avons, si longtemps, attaché tant d'importance ; et une analyse qui se trouve amplement confirmée par les faits.

Dans ces villes d'Italie, l'arrivée du *popolo* aux charges publiques et sa présence dans les organes de gouvernement ne peut s'interpréter comme un bouleversement des institutions, comme une sorte de « révolution » qui aurait permis à des hommes nouveaux de prendre le pouvoir et d'en écarter les anciennes familles de la noblesse. En aucun cas : la victoire de ce *popolo*, à Florence, à Pise, à Gênes et à Bologne, marque plutôt, dans le cours des luttes ancestrales entre des partis de nature et structure parallèles, le triomphe définitif de l'une de ces factions sur l'autre, exterminée, chassée, accusée de tous les maux, couverte d'opprobes. Sur ce point, tout ce que nous ont dit nos manuels, même les plus appréciés, est à reprendre, en particulier le fait que, dans les années 1290, le « second » Popolo ait, à Florence, fait une entrée fracassante au pouvoir ; que ses chefs se soient engagés, à grand renfort d'ordonnances draconniennes, dans une lutte sévère contre les vieilles familles nobles, celles des *Magnats ;* et qu'alors se soit imposé un gouvernement de large assise sociale, celui des *Arti*, des associations de métiers. Il faut lire un ouvrage récent pour apprendre qu'en fait les seuls grands patrons de ces métiers, les plus riches incontestablement, pouvaient, grâce à toutes sortes de réglementations alambiquées, de subterfuges et d'arguties, prétendre exercer une véritable activité politique ou même administrative[59]. L'essentiel du pouvoir demeurait aux mains des Magnats qui gouvernaient toujours, soit directement par leurs parents plus jeunes et disponibles, heureux ainsi d'entrer dans la carrière, soit par personnes interposées mais fidèles et strictement dépendantes, voisins, aliés, clients et *amici ;* tels, par exemple, ceux des Medicis, de plus en plus nombreux et assurés d'un bel avenir dès le début du XVe siècle.

Et ce pouvoir, dit par nos historiens tantôt populaire, tantôt « collégial », protégeait si mal les droits politiques et les libertés de tous qu'il conduisit insensiblement la cité, sans trop de heurts et comme par la force des choses, non pas à une « démocratie bourgeoise » mais à la tyrannie princière : à Florence celle des Médicis bientôt grands-ducs de Toscane, ailleurs à celles d'autres familles tout aussi aristocratiques.

Partout, le gouvernement des communes s'est appliqué avant tout à sauvegarder, sinon à renforcer, les pouvoirs et les intérêts des grands, nobles ou patriciens.

La paix ou les massacres ?

La commune, havre de paix et de quiétude… image idyllique constamment, résolument proposée à notre admiration et à nos réflexions… C'est pourtant là le comble de l'imposture, le plus beau « montage », tordu et fallacieux, que l'on puisse imaginer.

Pour exalter les vertus « bourgeoises » et les opposer aux mauvaises façons ou aux vices des seigneurs ruraux, batailleurs invétérés, il fallait pour le moins accréditer l'idée de la cité paisible, industrieuse, soucieuse de respecter les vies et les biens. Que de clichés… et que d'erreurs ! de tromperies plutôt car la réalité s'affirmait dès l'abord, sans se mettre en peine de la moindre étude ; il suffisait de lire un texte quelconque de l'époque : chronique, journal domestique, règlements et procès, dispositions administratives de toutes sortes, poésies et nouvelles. Dès que sont laissés de côté les discours conformistes ressassés à satiété, les témoignages abondent et tous vont dans le même sens.

Lorsqu'elle est livrée à elle-même, sans contrôle royal ou princier, la ville passe le plus clair de ses jours à se battre, à attaquer ses voisines, et surtout à se déchirer en conflits sanglants, véritables guerres civiles, acharnées, inexpiables.

Les cités marchandes d'Italie, toujours montrées en exemples de « paix urbaine », manifestaient un effroyable appétit de conquêtes. Chaque année ou presque vers le mois de mai, Florence, Sienne, Lucques, ces villes-fleurons d'une civilisation délicate, armaient leurs milices et les envoyaient envahir les pays d'alentour, afin d'agrandir davantage leur *contado*, leur seigneurie. Les braves marchands et artisans de ces milices coupaient les vignes et les arbres fruitiers, razziaient et rasaient les villages sans défense. Au pied des murailles de la cité ennemie, ils dressaient un camp, provoquaient les assiégés par diverses manières de fort mauvais goût, lançaient ordures et cadavres d'animaux par-dessus l'enceinte afin d'empester l'air et provoquer des épidémies. A la fin de l'été, ces bandes de pillards, hommes-citoyens de la commune, rentraient chez eux chargés de butin : prisonniers (femmes et enfants surtout car ils massacraient les hommes), bœufs et chevaux, blés et vins. Le triomphe, hérité ou plutôt copié de ceux de la Rome antique, exaltait ces victoires et donnait occasion à différents concours d'allégresse, prétextes avant tout à humilier les vaincus.

Face à ces guerres entre cités, les guerres féodales entre seigneurs brigands pouvaient faire figure de chevauchées d'amateurs.

A l'intérieur de la ville, les luttes entre les factions dominées par les familles de nobles-marchands, se perpétuaient d'année en année : luttes irréductibles pour la conquête du pouvoir où s'affrontaient des « partis », mal définis souvent et fluides mais toujours maintenus en alerte par les désirs de vengeance, par des rancunes recuites ; non la concorde mais, jour après jour, la haine. Les chroniqueurs attentifs rappellent complaisamment ces combats de rues ; mais, souvent, se lassent de toujours se répéter et se contentent de noter les rares années où la cité vit en paix, sans « nouveautés », sans « rumeurs de peuple » dans les rues. Ce ne sont pas là de petits jeux guerriers, mais de véritables engagements armés, aux carrefours, près des portes de la muraille, surtout du haut des tours et des barricades dressées en hâte pour faire de tout un quartier une véritable forteresse[60]. Les hommes du parti vaincu, poursuivis, traqués sans rémission, étaient massacrés sur place ou « jugés » en hâte et, pour l'exemple, décapités sur la place publique, leurs corps privés de sépulture, livrés à des troupes d'enfants qui les promenaient de rue en rue, les dépeçaient. Images d'horreurs que nos livres ne montrent pas souvent... Quelques jours plus tard, la faction triomphante faisait condamner les parents et amis, les clients même modestes : proscriptions et bannissements en de lointaines provinces, confiscations de tous les biens, mises à bas des maisons et des palais, rasés au sol[61].

Dans notre tradition historique, le château fort, protecteur du village, incarne l'anarchie féodale et symbolise en quelque sorte les élans guerriers, souvent tout à fait gratuits, des nobles, maîtres des fiefs. Mais en ville ? Doit-on vraiment imaginer le paysage urbain d'alors tel que le montrent les scènes du *Bon Gouvernement* magnifique composition de pure et impudente propagande, sur les murs du palais communal de Sienne ? Notons, en tout cas, que les hautes murailles, carcans de pierre, élevées à grands frais, faisaient inévitablement de la cité un monde clos, aussi protégé, aussi surveillé que le plus arrogant des châteaux de nos seigneurs brigands. Les villes voyaient dans ces remparts, dont la construction devait manger une bonne part de leurs ressources, une défense efficace contre les attaques armées ; pas seulement contre les envahisseurs de l'étranger mais plutôt, en fin de compte, contre les entreprises sournoises, inopinées, des rebelles exilés, de ceux que nos chroniques nomment, en toute simplicité, le « parti du dehors ». Hantise de la trahison, obsession du complot, suspicions et gardes renforcées, délations, emprisonnements et exécutions des complices ou supposés tels, accablés alors d'injures, ennemis « du peuple et du parti », ennemis de la paix, « loups rapaces », bêtes immondes… ainsi vivait jour après jour la bonne ville marchande.

Chaque famille qui voulait compter devait se garder, dresser des palais aux murs couronnés de créneaux et des donjons en plein cœur de la cité ; pendant plus de trois siècles, à partir des premières années 1100, la ville « bourgeoise » d'Italie se couvrait de forteresses privées. C'est là un trait essentiel du paysage urbain qui, généralement, nous échappe complètement tant ce phénomène des guerres civiles a été volontairement occulté. Les tours de pierre ou de brique, de cinquante à cent mètres de haut, disaient très fort le pouvoir du clan ou du parti, sa volonté d'accueillir les amis lors des combats de rue. Les rares vestiges qui nous en restent ne donnent (à Bologne, à San Gimignano même) qu'une idée très lointaine de ces « forêts de tours » que les peintres savaient alors évoquer de façon saisissante. On pouvait certainement compter plus d'une centaine de tours seigneuriales (des grandes familles de marchands donc) dans Florence et, à Bologne, plus de deux cents dans les années 1250-1280[62]. Visage de ville dressée, de ville guerrière, assemblage forcément hétéroclite de camps retranchés…

Force est d'en admettre l'idée : la ville ne s'apaise que lorsqu'elle trouve un maître et perd ainsi sa part d'indépendance. Dès qu'ils retournent à Rome après le grand schisme, au XVe siècle, les papes arrivent à conquérir peu à peu, quartier par quartier, la cité des nobles et de leurs forteresses, à percer de grandes rues droites à travers le tissu inorganique des secteurs réservés, jusque-là dominés par les familles nobles. Ailleurs, hors d'Italie même, pacification sous la férule d'un prince ou d'un tyran et travaux d'urbanisme cohérents vont de pair ; tout aménagement planifié pour répondre à des urgences d'intérêt général, toute reconstruction du réseau des rues et des places témoignent forcément de l'émergence puis du triomphe d'un pouvoir fort capable d'imposer sa politique et sa volonté. En un mot, la ville « de commune » ne trouve la paix et l'ordre que lorsqu'elle cesse d'exister : à Florence lorsque les Médicis accaparent une à une toutes les charges et s'imposent seigneurs de la ville ; à Pise et à Lucques de même ; à Ferrare surtout et dans les villes du nord de la péninsule soumises, les unes après les autres, à une dynastie de comtes ou de ducs (Vérone, Milan, Mantoue...). Dans les autres pays d'Europe, cette paix urbaine s'est trouvée assurée bien plus tôt par les conquêtes des rois ou des princes qui firent raser les forteresses privées et réduisirent les clans guerriers à l'obéissance : en Ile-de-France, en Picardie et en Artois dans les années 1100 ; dans le Languedoc aussitôt après la conquête royale lors de la croisade des Albigeois. Si bien que la ville française, ville capétienne soumise au roi, sans véritable commune, connut certainement un destin beaucoup plus calme que les cités d'Italie réputées républiques marchandes, présentées volontiers comme des modèles de réussite dans la voie des libertés.

De plus il est aisé de remarquer que les villes soumises au prince ou au tyran connaissent, dès que faiblit l'autorité de ce maître, de dramatiques sursauts de particularismes, des débordements d'intolérance, des affrontements d'une effarante cruauté ; non pas de simples désordres, revendications sociales et émois d'un moment, mais de véritables guerres civiles et parfois des tueries sur lesquelles les meilleurs ouvrages ne jettent communément qu'un jour plutôt discret, afin de ne pas ternir cette image de marque de la ville, symbole de paix et de prospérité. Ceci se vérifie aisément dans des régions très diverses et à des moments fort éloignés dans le temps. A Toulouse, au lendemain de la conquête capétienne, s'affrontaient cité et bourg, groupes de voisinage et groupes politiques structurés autour de deux confréries religieuse âprement rivales : celle des Blancs, menée par l'évêque, et celle des Noirs. Dans Bordeaux, aux temps de la domination anglaise, principalement entre 1230 et 1310, s'opposaient par combats de rues, attaques surprises, coups de mains et enlèvements, les deux partis des *Soler* et des *Colon*. De même à Barcelone, à partir des années 1430, lors des compétitions, conflits et intrigues qui dressaient la faction de la *Biga* contre celle de la *Busca*. Enfin et surtout, d'une façon plus dramatique à Paris où les troubles de la guerre de Cent Ans, l'invasion étrangère et les menaces qu'elle faisait peser sur la ville, la peur des brigands qui ravageaient les campagnes alentour, les faiblesses du pouvoir royal (roi prisonnier ou malade, régences difficiles, querelles entre les princes du sang) provoquèrent, à trois reprises au moins, en 1357-1359, 1380-1382, 1413-1418, de graves émeutes. Ces « révoltes » parisiennes, d'origines certes et de natures complexes, ont à chaque fois livré la ville aux voleurs, aux pillards et aux tueurs. Mais pas toujours d'une façon anarchique et inconsidérée : les meneurs comptaient, dénombraient et dénonçaient les adversaires désignés comme accapareurs, affameurs, corrupteurs, responsables de la misère populaire. Ce fut le temps des factions et des vindictes. Partisans d'Etienne Marcel ou du dauphin, puis Armagnacs et Bourguignons eurent leurs signes de ralliement, leurs sociétés politico-religieuses, en forme là encore de confréries. Tout semblait permis pour assouvir les haines et les vengeances. Aucun gouvernement municipal ne montre alors ni capacité ni volonté de s'y opposer. Tel s'impose, à la lecture de nos textes, le spectacle de cette ville, capitale du royaume, laissée sans maître ni tutelle : plusieurs centaines de cadavres (cinq à six cents) dans la seule nuit du 28 au 29 mai 1418, les prisonniers massacrés (déjà...) dans leurs cellules, les bandes de tueurs lâchées dans les rues, la cité entière saisie d'une folie meurtrière.

VIE URBAINE ET SEIGNEURIES : UNE SYMBIOSE

Il paraît hors de doute que les thèses les plus systématiques, celles qui ont, pendant plusieurs décennies, imposé une sévère dichotomie, sont maintenant abandonnées par tous ceux qui s'appliquent à un véritable examen des faits. Henri Pirenne, dont le nom reste sans doute encore en bien des mémoires, artisan d'une pyramide de travaux démonstratifs amorcée en 1905 et complétée en 1939[63], travaux qui furent parfois exploités d'une façon abusive et erronée, peut être considéré comme l'un des principaux inventeurs et défenseurs de ces thèses. Longtemps indiscutées, reprises par chacun, celles-ci furent remises sérieusement en question à partir des années 1970[64] et, depuis lors, cette réfutation s'affirme comme l'acquis indiscutable d'une recherche historique affranchie des hypothèses a priori, de cette tendance au systématique.

Les éléments du débat se discernent aisément. Pirenne, et ses disciples davantage encore, affirmaient que la ville médiévale se présentait en tout point différente des campagnes voisines, comme un corps hétérogène et tout nouveau. Elle n'avait pas, disaient-ils, de racines rurales et ne s'était développée qu'en tant que refuge puis bastion des libertés bourgeoises, libertés inconnues ou presque en dehors de ses murs. De cette construction apparemment solide, ils tiraient diverses conclusions dont une explication de la fameuse crise de l'industrie drapante des villes de Flandre à la fin du Moyen Age, phénomène socio-économique qui, alors, sollicitait très souvent l'attention des historiens. Ils pensaient que ces villes qui produisaient des étoffes de haute qualité exportées au loin avaient souffert de la concurrence d'autres draperies, en particulier des draperies rurales des cantons voisins qui s'en tenaient à une production plus ordinaire. Tout s'analysait ici en fonction de rivalités entre des centres de production et des milieux sociaux délibérément différents ; mais tout n'était, dans ces analyses, que constructions d'école. Pirenne n'avait pas étudié ce travail de la laine hors de quelques cités, cités phares de cette production. D'autres l'ont fait et découvert ainsi la grande diversité des approvisionnements, des exigences, des factures et des teintures dans des entreprises de toutes dimensions[65] ; ils ont montré, de très nombreux documents à l'appui, que, d'une part, la production rurale n'était pas limitée aux étoffes communes, de petits prix, et, d'autre part, que les capitaux et initiatives de la ville intervenaient fréquemment dans cette industrie des campagnes, jusque parfois à la diriger. Une thèse si bien amenée, un bel édifice échafaudé en toute logique qui, il faut en convenir, nous a séduits pendant plus d'une génération, ne reposait que sur un a priori intellectuel, sur cette obsession à vouloir tout classer, à traquer des antagonismes supposés inévitables. La bonne méthode étant exactement l'inverse : chercher d'abord les textes, les confronter et, à partir de ces analyses et sans préjugés préalables, en tirer des conclusions[66].

La ville prolongée et la campagne dans la ville

Quant aux relations, sur le plan social et politique principalement, nombre d'indications s'inscrivent décidément en faux contre l'idée d'une séparation absolue entre villes et campagnes, mais témoignent au contraire de liens étroits entre les deux milieux, à tous les niveaux.

Nous imaginons bien, tout d'abord, que les murs de l'enceinte municipale, souvent refuge d'ailleurs pour les gens des environs, n'arrêtaient pas les échanges avec la banlieue et les villages même plus lointains, tous concernés. Très souvent les édiles responsables, de l'Angleterre au Portugal et de la Bretagne aux pays d'empire, exigeaient des bourgs et des communautés rurales voisines une contribution financière appréciable aux frais qu'impliquaient la construction, puis les réparations et l'entretien des murailles. Les dimensions des cathédrales, aux nefs immenses, furent fixées, au moment de leur construction, dans les années 1100 souvent, non en fonction de la population urbaine encore relativement faible, mais de façon à accueillir, les jours de grandes solennités, celle des campagnes proches. En Angleterre, plusieurs villes, et non des moindres, qui organisaient de grands spectacles populaires, des mystères, des *plays* religieux, scènes mimées et défilés de chars, y conviaient naturellement leurs voisins des villages mais demandaient qu'ils prennent à leur compte une partie des dépenses. Défense et fêtes rassemblaient dans une même participation les hommes des deux milieux, qui mettaient volontiers en commun leurs efforts et leurs capitaux.

Sur le plan proprement administratif, très souvent, la ville se prolongeait dans la campagne par des districts placés alors sous la même administration et sous la même juridiction, définissant ainsi, par des lignes artificielles parfaitement droites, des circonscriptions amenées à vivre en totale symbiose avec les quartiers intramuros. En Occident, le mouvement de mise en valeur, défrichement et pacification des cantons encore déserts ou dévastés, associait paysans et citadins. La plupart des chartes de villes-neuves ou de villes-franches spécifiaient que les nouveaux habitants, les *hôtes*, recevraient un emplacement à bâtir dans la cité et, de plus, des pièces de terre. Les rues de la ville-neuve, régulièrement tracées, se coupant à angles droits, étaient prolongées au loin hors de l'enceinte et découpaient le terroir rural en blocs géométriques, répliques exactes de ceux du tissu urbain.

Pour certaines régions de France, nous pouvons même nous demander si la commune de telle ou telle ville ne rassemblait effectivement que les habitants des maisons intra-muros ou si, au contraire, elle ne s'étendait pas également aux gens des campagnes, appelant nombre de villageois à en faire partie. Pour répondre, les documents circonstanciés donnant des listes nominatives des membres de la commune, avec leurs qualités et leurs lieux de résidence, manquent le plus souvent, et peu d'enquêtes ont été entreprises dans ce domaine. Notons pourtant que, sur 2 701 participants au « scrutin » de Provins (en 1320) déjà évoqué[67], sont dénombrés certes 1 741 chefs de familles résidant dans la cité mais aussi 960 personnes ayant leur demeure en huit villages des environs ; ces derniers n'étaient pas tous des paysans : si 560 vivaient des champs et des vignobles, les autres s'adonnaient au travail des textiles et aux « professions mécaniques ».

Pour l'Italie, deux exemples témoignent d'une façon singulière de cette complémentarité, imposée d'autorité dès l'établissement de la cité. Lorsque, dans les années 1260-1268, par les efforts conjugués du roi angevin de Naples et du pape, fut fondée ou plutôt repeuplée complètement la ville d'Aquila dans les Abruzzes, ses protecteurs décidèrent d'y installer, de gré ou de force, des habitants de quatre-vingt-huit villages plus ou moins éloignés ; chaque groupe villageois, sous la conduite d'un prêtre, devait occuper, dans la cité même, un secteur délimité autour d'une église paroissiale, mais situé de façon à ce que, de là, il soit aisé d'apercevoir au loin le clocher du bourg d'origine[68]. Dans un tout autre contexte géographique et historique, mais à peu près à la même époque, les Vénitiens finirent, après une conquête difficile, par pacifier et coloniser l'île de Crète. Les terres des seigneurs indigènes furent confisquées et, celles réservées à l'Etat vénitien et aux couvents mises à part, on les distribua aux colons. L'île fut alors divisée en six *sestiers* correspondant exactement aux six ses-tiers de la ville de la lagune. Chacune des circonscriptions insulaires comprenait à la fois une ou plusieurs agglomérations urbaines (ports, marchés) et une vaste zone territoriale avec ses bourgs, ses villages, ses terres et ses vignobles, ses monts et ses forêts[69] ».

Nobles, seigneurs et guerriers dans la cité

Il semble difficile de définir en quoi l'aristocratie urbaine s'opposerait à celle des maires des fiefs ruraux et des seigneuries. L'idée de sociétés différenciées, s'adonnant exclusivement aux grands commerces et aux trafics de l'argent, se désintéressant de l'exploitation des terres, est erronée.

Certes les grandes villes attiraient de nombreux négociants ; elles avaient vu, au cours des temps, se développer foires et marchés. Mais ces marchés furent d'abord étroitement liés à l'économie seigneuriale ; on y vendait avant tout les surplus des récoltes et les produits d'un artisanat local. Certes les sociétés urbaines étaient, sur le plan politique et social, dominées par de fortes familles et même des dynasties de négociants. Mais ces marchands ne se présentent pas du tout comme de nouveaux venus, comme des hommes qui auraient conquis leur fortune toute récente lors des voyages et des échanges hasardeux.

D'une façon générale, nous avons, par goût de l'exotisme et désir de privilégier l'extraordinaire, beaucoup trop surestimé l'importance des trafics de luxe, à longue distance, en particulier du trafic des épices orientales qui nous a toujours paru essentiel. Nous oublions alors que la prospérité, pour la ville et pour les hommes qui la gouvernaient, tenait avant tout au négoce des produits du sol, produits de consommation immédiate amenés des seigneuries voisines : blés, vins, laines en premier lieu. Tout naturellement, les grands propriétaires fonciers alimentaient, directement ou par l'intermédiaire de leurs commis, familiers ou parents, ces ventes, pour leur meilleur profit ; ainsi pour tous les grands seigneurs, pour le comte, pour l'évêque et le chapitre, pour les riches abbayes qui, tous, possédaient une résidence dans la cité.

A Venise même, ville nouvelle, fondée de toutes pièces sur les îles de la lagune, les premiers négociants, enrichis par des échanges d'abord limités puis pionniers sur les routes maritimes de l'Orient, furent, dès les années 1000-1100, les nobles propriétaires des salines voisines ; ces seigneurs, chefs et responsables des premières communautés insulaires, patrons des premières églises qui portaient leur nom, ont d'abord fait de l'argent en vendant leur sel sur des marchés du littoral, marchés encore modestes, puis, peu à peu dans les villes de l'intérieur.

Partout, véritablement dans toute l'Europe, aux origines des grandes fortunes nous trouvons le produit brut, indispensable, non le luxe superflu. Les épices sont venues après et leur trafic est, à tout bien considérer, demeuré comme marginal, de moindre profit parfois, en tout cas ne suscitant que des échanges de plus faible volume. Quel rapport établir, dans les grands ports méditerranéens par exemple, entre les lourdes cargaisons de blés ou de vins qui sillonnaient la mer intérieure dans toutes les directions et les quelques dizaines de balles de poivre ou autres condiments ? Et de même dans la mer du Nord et dans la Baltique : les marchands des ports de la Hanse, d'Hambourg et de Brême, de Rostock et de Lübeck, étaient d'abord des négociants du sel qui lançaient leurs gros navires jusque dans la baie de Bourgneuf et vers le port de Setubal au Portugal ; ou bien des marchands de harengs salés qui fréquentaient assidûment, chaque année, les foires de Scanie, les ports de Norvège ou d'Islande.

Quant à l'analyse des sociétés urbaines on peut admettre sans hésitation ni restriction que, dans les grandes métropoles marchandes de l'Italie du Nord et du Centre, les riches négociants, capables d'accaparer une bonne part du trafic international dans toutes les directions, furent, au départ et tout au long des siècles du Moyen Age, des nobles authentiques, nantis de fiefs dans les campagnes et les montagnes ; installés également dans la cité, ils disposèrent, aux premiers temps, des bois et du fer, des pouvoirs de commandement sur les hommes pour armer et conduire des navires à l'aventure. Eux seul ont pu, au XIe et XIIe siècles, attaquer les Sarrazins en Méditerranée, assurant ainsi le succès de la reconquête chrétienne, de la péninsule Ibérique à la Terre Sainte. Par la suite, ces familles aristocratiques, nobles dans tous les sens du terme, se sont maintenues à la tête des affaires, augmentant simplement leurs assises sociales par un jeu bien pesé d'alliances et d'agrégations, mais résistant avec bonheur tant aux ambitions de nouveaux venus qu'aux avatars des troubles politiques : grande faculté d'adaptation aux circonstances mais aussi, et ce n'était pas négligeable, faculté de se replier, lors des mauvais moments, sur leurs terres, leurs châteaux et de mobiliser leurs troupes de fidèles. Pendant ces siècles de merveilleuse prospérité, temps des expéditions lointaines vers l'Orient ou le Nord atlantique, temps des conquêtes de comptoirs aventurés sur les rivages extrêmes de la mer Intérieure, ces nobles d'Italie, marchands et financiers, continuaient de rappeler à leurs enfants et à leurs clients leurs origines rurales et seigneuriales ; ils tenaient fermement en mains leurs fiefs ou leurs grands domaines de la terre ferme, de la montagne souvent, résidant tout à tour, selon les saisons et les aléas capricieux de la politique, dans leurs palais de la ville ou dans leurs maisons des champs, forteresses, *poderi* ou *ville*, au centre de vastes domaines exploités par des fermiers ou des métayers.

Dans toute l'Italie aucune rupture, aucun éloignement ne séparaient les cités des villages plus ou moins proches. Non seulement les nobles mais aussi les « bourgeois », petits artisans et négociants, notaires et hommes de loi, changeurs et banquiers, possédaient des terres, des vignes et des bois, des troupeaux de moutons et des forêts dont ils confiaient l'exploitation à des salariés ou à des métayers. De tous les livres de comptes ou journaux domestiques qui nous sont restés de cette époque, aucun ne montre une famille strictement et exclusivement implantée dans la ville, à l'abri des murailles. Ces textes, miroirs fidèles et passionnants de la vie quotidienne, font constamment état de propriétés rurales, de maisons sises dans les bourgs et les hameaux, d'allées et venues continuelles entre la maison de la ville et celle des champs, de relations d'amitié ou de protection avec les parents, amis ou voisins restés au village. De là venaient les ravitaillements essentiels à l'économie familiale : les grains et les vins, les toiles de lin et de chanvre ; de là venaient aussi les servantes et les nourrices.

Dernier signe indiscutable de la permanence des liens et de cette symbiose vécue jour après jour : les familles, nobles ou plus modestes, se sont toujours établies dans un quartier d'où elles pouvaient rejoindre commodément la route qui conduisait à leurs terres et à leur maison des champs. C'est ainsi que, pendant longtemps, jusqu'au début des années 1300, les murailles de Sienne étaient percées d'autant de portes que la ville comptait de grandes lignées nobles ; chacune pouvait ainsi accéder aisément, en temps de paix pour les affaires, lors des guerres civiles pour trouver refuges, à ses fiefs et à ses châteaux fortifiés[70]. En somme, la distribution topographique des maisons et des palais, des entrepôts et des ateliers dans la cité ne devait rien au hasard ; elle tenait compte de la localisation des seigneuries pour les nobles, des pièces de terre, clos de vigne et maisons des bourgs pour les autres, dans le *contado*, dans le district administré par la commune.

Sur ce plan, la cartographie précise des implantations familiales ou celle même des partis et des alliances politiques aide beaucoup à prendre une exacte mesure des liens concrets qui, dans la vie quotidienne et les relations sociales, pour le ravitaillement, pour la recherche de fidélités au service d'ambitions, unissaient les gens des villes à leurs parents des campagnes. L'étude des textes domestiques (comptabilités familiales, journaux personnels et petites chroniques, actes notariés) et des schémas topographiques permet aisément de transcender l'abstraction. Les conclusions illustrent parfaitement l'intime complicité entre cité et monde rural qui, loin de s'affronter, vivent de constants échanges et mutations. La ville ne s'enferme pas ; elle s'enrichit des apports que chaque groupe social s'applique à maintenir et à développer[71].

Le bourgeois, artisan ou marchand, installé dans un quartier situé le plus souvent à la périphérie du périmètre bâti, non loin d'une porte de la muraille, s'employait tout naturellement à acheter un champ, puis plusieurs autres, ou un clos de vigne, puis un petit domaine et, pour certains même, une seigneurie, dans cette direction. L'idée ne lui serait pas venue de traverser la ville. De même, l'habitant d'un bourg ou d'un hameau du district plaçait son fils en apprentissage ou sa fille comme servante chez des maîtres qu'il connaissait, dans un secteur de la cité qui lui était devenu familier à force d'en parcourir rues et places pour ses affaires, d'y porter ses légumes et ses volailles sur le marché. Les parents de Christophe Colomb, originaires d'un petit bourg de la montagne, sur la Riviera di Levante, se sont d'abord établis maraîchers à Quinto, dans un lointain faubourg de la banlieue est de Gênes, puis un peu plus près, à Quarto et à Sturla, puis enfin près du couvent de Santo Stefano, juste en dehors de la Porta di Sant'Andreà, à l'est de la cité. Bernardo, le père de Nicolo Machiavel, qui possédait deux modestes domaines et des terres dispersées dans trois villages au sud-ouest de Florence, sur la route de Sienne, était également propriétaire de deux maisons dans la ville, situées toutes deux près de l'église de Santa Fèlice, dans le quartier de l'Oltrarno, le plus proche de sa maison des champs, là où les ancêtres du clan avaient autrefois un palais[72] ; Nicolò est né à Florence mais, lorsque le retour des Médicis, en 1512, le contraint à l'exil, c'est dans son village qu'il se réfugie, occupé à surveiller ses bûcherons et à piéger des grives.

Ceci ne se vérifie pas seulement en Italie mais partout où l'on peut s'appliquer à cerner ces réalités topographiques, à localiser tant les résidences intra-muros que les biens, terres, vignobles, fermes ou maisons villageoises dans les terroirs des environs[73].

Plus que jamais, la théorie des luttes entre classes sociales parfaitement délimitées et sévèrement affrontées, se trouve ici démentie.

QUATRIÈME PARTIE

L'Eglise. Autres légendes. Autres combats

Devant le grand tribunal de l'Histoire, les temps médiévaux souffrent d'une tare indélébile, à savoir l'obscurantisme sécrété par une religion chrétienne enfermée dans des pratiques populaires, teintées de superstitions. Il apparaît clairement que les Grecs et les Romains de l'Antiquité, qui n'avaient pas subi le joug du christianisme, échappaient à toute forme d'oppression intellectuelle et morale ; ces hommes vraiment libres prenaient plaisir à exalter l'homme. Pour le Moyen Age, nos auteurs ont presque tous et sans nuances accablé le christianisme de condamnations systématiques, se haussant parfois aux plus hauts degrés de sottise. Tous, des années 1700 ou 1750 à nos jours, se sont employés, dans différents genres littéraires, utilisant souvent avec un rare bonheur leur talent de plume, à donner de l'Eglise médiévale une image détestable. Ce courant « historique », latent dès les philosophes « façon » Rousseau et Voltaire, s'est trouvé considérablement renforcé par l'anticléricalisme virulent des années 1890-1910 puis encore, depuis peu de temps, par la remise en question de certaines valeurs et croyances, de formes de vie religieuse, à l'intérieur même de l'Eglise romaine. De telle sorte que, loin de s'affaiblir, ces mépris et ces rejets restent, de nos jours, aussi forts.

Les historiens de cette veine y sont allés de quelques troublantes découvertes et ont instruit un certain nombre de procès truqués. De leur côté, les romanciers, dramaturges et nouvellistes, pamphlétaires camouflés, ont campé des personnages aux sombres figures, les ont érigés en symboles vivants d'obscurantisme et d'intolérance. Tous peu à peu ont forgé la même image, de Balzac à Victor Hugo et à Michelet, jusqu'aux plus besogneux des écrivaillons. Ils ont, à l'envi, décrit une société étouffée sous la crosse des évêques et des abbés, ont fait pleurer dans les chaumières et fait frémir d'indignation les âmes épises de justice. Un auteur aussi assuré et respecté d'un large public que Renan pouvait écrire : « Un poids colossal de stupidité a écrasé l'esprit humain… L'effroyable aventure du Moyen Age, cette interruption de mille ans dans l'histoire de la civilisation, vient moins des Barbares que de l'esprit dogmatique chez les masses[1] » L'intention est claire : la décadence de Rome, l'effacement de cette civilisation remarquable, ne furent pas le fait, comme tant d'écrits l'ont longtemps affirmé, des invasions étrangères mais bien de l'irruption du christianisme porteur de désintégration des vraies valeurs, facteur inéluctable d'abêtissement. Le Moyen Age n'est que fils de l'Eglise, principale instigatrice et naturellement coupable.

1

LE CLERGÉ, AGENT DE L'OBSCURANTISME

UN PEUPLE D'ILLETTRÉS

De telles outrances, alors, ne passaient sans doute pas pour extravagantes mais reflétaient l'opinion du temps. Rien de gratuit ou d'innocent en cela, au contraire... Les livres de classe, au lendemain des lois sur l'obligation scolaire, endoctrinaient les enfants dès leur jeune âge. Les manuels d'histoire accusaient, sans nuance et sans crainte du ridicule, l'Eglise médiévale d'avoir mis tout en œuvre pour maintenir les hommes dans un état de totale inculture ; tous disaient que, pour le clergé, « la diffusion des livres était le triomphe du diable » ou que « l'ignorance était en honneur au Moyen Age ». A les lire, l'idée s'imposait que l'Eglise avait « réservé jalousement pour ses moines, dans le mystère des cloîtres, des bribes de science qu'elle se garda bien de communiquer au grand public ». Ces responsables de l'enseignement, appliqués à forger les esprits, suivaient de très près leurs maîtres, Michelet surtout qui intitulait les chapitres de son *Histoire de France*, consacrés à l'Eglise : « De la création d'un peuple de fous » ou encore « La proscription de la nature[2] ».

A ce discrédit nous adhérons toujours, dans une large mesure. Certains diraient volontiers qu'avant Jules Ferry rien n'avait été fait pour l'instruction du peuple ! En tous cas, truisme constamment rappelé, aux temps « médiévaux » (pourquoi pas « moyenâgeux » ?) aucune école ni dans les villages, ni dans les divers quartiers des villes, si ce n'est pour quelques privilégiés… aussitôt destinés aux carrières ecclésiastiques. Or nous voici dans l'erreur la plus totale car toutes sortes de documents (archives comptables des municipalités et archives judiciaires, registres fiscaux) témoignent amplement, pour différents pays, de l'existence, outre le curé et ses assesseurs, de maîtres d'école de profession, régulièrement patentés et rémunérés. A Paris, en 1380, Guillaume de Salvadille, professeur de théologie au collège des Dix-Huit, chef des « petites écoles » de la ville, réunit les directeurs de ces écoles où l'on apprenait aux enfants la lecture, l'écriture, le calcul et le catéchisme ; sont présents vingt-deux « maîtresses » et quarante et un « maîtres », tous non-clercs, dont deux bacheliers en droit et sept maîtres ès arts[3].

Quant à l'Université, le concert des critiques, condescendant, veut à toute force nous faire admettre l'idée d'une scolastique rétrograde, figée en tout cas, et d'un enseignement qui se limitait à toujours gloser sur les mêmes textes, qui refusait délibérément *les* idées nouvelles jusqu'à jeter un lourd discrédit sur les esprits épris de recherche et de liberté. Un faisceau de légendes nous est devenu familier ; les prélats et les doctes maîtres des universités, nous dit-on, persécutaient et condamnaient les hommes de science, pionniers de la pensée libre, qui, eux, interprétaient le monde sans recourir ni aux Ecritures saintes ni aux Pères de l'Eglise. Quelques histoires édifiantes encombrent encore nos mémoires, vérités que l'on ne saurait secouer sans passer pour un obsédé du contre pied, pour un Don Quichotte lancé à l'attaque des moulins à vent.

A en croire la plupart de nos livres, Christophe Colomb, lorsqu'il présenta son merveilleux projet d'atteindre la lointaine Asie, l'empire du Cathay (la Chine) ou l'île de

Cipangu (le Japon) par voie maritime en naviguant vers l'ouest, projet « moderne », produit d'une vision scientifique et audacieuse de la sphère terrestre, fut tourné en dérision par une pléïade de docteurs fossiles de l'université de Salamanque, incapables de sortir des sentiers battus et de concevoir une telle démarche intellectuelle. Nous sommes persuadés de voir dans cet affrontement le symbole d'une lutte entre l'obscurantisme clérical du Moyen Age et la pensée moderne. Or, les hommes de Salamanque étaient de véritables savants et, dans ce domaine propre, Colomb fait plutôt figure de charlatan. Comment peut-on prétendre ou suggérer que ces universitaires et hommes d'Eglise niaient la possibilité d'arriver en Chine pour qui irait vers l'ouest ? Comme tous les hommes de qualité de leur temps, ils n'avaient rien à apprendre de la configuration de la terre ; depuis des générations, on la savait ronde et l'on raisonnait communément en ce sens. Ils disaient simplement que la distance, du Portugal aux îles du Japon, était certainement plus grande que ne l'affirmait le Génois. Et ils avaient cent fois raison : Colomb avait honteusement triché, choisi, parmi les écrits des Anciens, les chiffres les plus favorables, trituré ses calculs, oublié certains paramètres ; au total, il disait devoir naviguer pendant sept cent cinquante lieues alors que la distance réelle est, au mieux, de trois mille trois cents lieues ! En fait, son projet était complètement irréalisable. Il n'empêche que nous gardons de ce conflit « culturel » le souvenir d'un homme moderne, aventurier de la science, mais incompris, condamné par des cuistres, en butte à la sottise du Moyen Age, des savants et hommes d'Eglise. L'homme, excellent navigateur, pilote expérimenté et intrépide, remarquable conducteur d'hommes, ou bien se trompait du tout au tout, ou faussait volontairement ses estimations afin d'entraîner l'accord des souverains, espérant alors découvrir des terres inconnues. Mais ceci reste un mystère que nous ne sommes pas prêts d'élucider. En tout cas, répétons-le et insistons, refuser de le suivre dans son projet n'était absolument pas une marque d'intolérance ou d'obscurantisme.

RELIGION ET SUPERSTITIONS

Le Moyen Age et la quête des reliques

Aujourd'hui, tout paraît très clair : cette Eglise des temps obscurs, des « siècles de Barbarie », avait parfaitement réussi à faire de l'homme un être abruti, englué, paralysé par des croyances ridicules. Le chrétien d'aujourd'hui, auto-assuré d'une foi dépouillée d'attributs insignifiants et puérils, voit évidemment le christianisme médiéval d'un très mauvais œil : mépris, condescendance là encore, orgueil de celui qui se croit et se dit supérieur. Ni effort de compréhension, ni modestie dans ces jugements, pas même de simple respect. Il est de bon ton de tourner en dérision. Aucun effort non plus, en dehors des travaux des spécialistes (mais qui en tient compte pour parler à de larges audiences ?), pour marquer des étapes, nuancer et analyser une évolution du sentiment religieux à travers ces dix siècles du passé, illustrés pourtant par tant de réflexions et de démarches spirituelles, tant de remises en question.

Cette religion était, nous dit-on, entachée de superstitions, de pratiques sommaires (faut-il dire « sociologiques » ?) et superficielles ; en un mot, de croyances très « populaires » (doit-on penser « vulgaires » ou « primitives » ?). Sur ces thèmes, chacun pouvait et peut encore broder à l'infini et charger son discours d'ironie ou d'irrévérences, évoquer les innombrables pèlerinages, le culte des reliques, ses excès et ses naïvetés ; parler même des trafics et des escroqueries, des bois de la Croix conservé dans les trésors des églises, des pièces de vêtements ou des attributs imaginaires de pure fantaisie, des héros ou héroïnes de la foi qui n'avaient jamais existé, inventés au prix de jeux de mots faciles et déconcertants ; sans oublier les mêmes corps saints retrouvés en plusieurs lieux et vénérés avec la même ferveur. Oui, certes, tout ceci est exact et l'on peut à plaisir charger le catalogue de ces naïvetés.

Ces dévotions « primaires » : l'Eglise médiévale ou l'homme de tous les temps

Mais pourquoi en attribuer la responsabilité à cette Eglise des temps médiévaux qui, du pape aux évêques et aux abbés, a constamment et vigoureusement condamné ces pratiques. Cette église qui y voyait tout naturellement les réminiscences de nombreux cultes païens ?

En Angleterre, à deux reprises au moins, à Londres en 1342 puis à York en 1347, les conciles épiscopaux dénonçaient et interdisaient certaines dévotions très anciennes, en particulier les veillées aux morts dans les cimetières les nuits des grandes fêtes liturgiques, veillées prétextes à des repas et à des danses indignes. A la même époque, et toujours en Angleterre, les envoyés du pape et les évêques faisaient poursuivre les « pardonneurs », faux religieux venus d'on ne savait où, qui montraient de fabuleuses reliques (« un morceau de la voile de la barque de saint Pierre... ») ou des bulles de cardinaux parfaitement inconnus... et en tiraient de grands bénéfices[4]. Ces directives sont nombreuses et bien connues. Elles conduisent à nuancer fortement l'attitude du clergé et autorisent à penser que ces pratiques, développées et maintenues bien souvent à l'encontre des instructions, mettent plutôt en cause un fait sociologique très ordinaire qui, lui, est de tous les temps et de toutes les civilisations.

En tout état de cause, dévotions et cultes des saints, que nous disons puérils, ne sont pas propres aux temps médiévaux, absolument pas ; au meilleur de la Renaissance, les pèlerins et voyageurs de qualité, hommes « modernes » bien sûr, se gardaient de persifler et, eux-mêmes, accomplissaient volontiers les mêmes gestes sans rien mettre en doute, en attendant les mêmes bénéfices spirituels ou matériels, parfois les mêmes miracles. Le sage Montaigne, que nous pensons a priori plutôt blasé sinon quelque peu irrévérencieux, s'attardait, en 1581, à visiter Notre-Dame de Lorette. Il y fit dévotement ses pâques dans la petite chapelle qui servait de reliquaire (« ... ce qui ne se permet pas à tous ») et réussit, à force de se faire connaître et de supplier, à obtenir (« avec beaucoup de faveur ») assez de place pour faire accrocher, dans la maison de la Vierge, son propre ex-voto, un tableau à quatre figures d'argent, celle de Notre-Dame, la sienne, celles de sa femme et de sa fille : «... et sont toutes de ranc à genous dans ce tableau et la Notre-Dame au haut au devant[5]. »

Quelle époque, quelle société n'a pas connu ces dévotions que les bons esprits qualifient de ridicules ? Les détracteurs qui décrivent complaisamment ces pratiques et prières de petites gens, qui insistent sur les faux et les invraisemblances, oublient-ils que le culte du héros mort, même indigne, même imaginaire, se rencontre dans les sociétés politiques de tous les temps, abondamment illustré par quantité de démarches et de mouvements de foule, alors que le sentiment religieux n'entre pas en jeu d'une façon déterminante ? L'Eglise n'était pas seule, au Moyen Age, à susciter ces enthousiasmes, ces vénérations collectives. Le pèlerinage sur la tombe de Thomas Becket, dès les premiers temps après son assassinat, exaltait davantage son courage et ses actions politiques que ses perfections chrétiennes : martyr tué au pied de l'autel par les familiers du roi, héros défenseur des libertés, champion de la résistance au pouvoir absolu. Ces dévotions à Canterbury ont, pendant des siècles, amené des foules venues de tous les horizons[6].

Longtemps après le meurtre dans la cathédrale et à un an d'intervalle, deux villes d'Angleterre furent pendant des mois témoins de grands élans de foule, aux limites de l'émeute, sur les tombes de rebelles à l'autorité royale. A Pontefract, dans le Yorkshire, pour Thomas de

Lancastre, cousin d'Edouard II, exécuté en 1322, « qui moult était bon homme et saint… et fit depuis assez de beaux miracles au lieu où il fut décollé » (Froissart). Devant son tombeau, les pèlerins accouraient, priaient, suppliaient, en assemblées si nombreuses que l'on déplorait parfois des « homicides et blessures mortelles » ; ceci malgré l'interdiction de l'Eglise, en l'occurence l'archevêque d'York, qui y voyait des marques d'hérésie et d'irrévérence envers les saints. Son image fut pourtant placée dans la cathédrale de Londres en 1323 et c'était assez pour attirer de grandes dévotions de fidèles ; cinq ans plus tard, en 1328, un épicier de la ville vendait un hanap orné d'une figure de « saint Thomas de Lancestre ». A Bristol, en 1323, les foules de dévots se pressaient au pied du gibet où restèrent quelque temps pendus les corps de deux chevaliers rebelles, Henry de Montfort et Henry de Wylynton, condamnés pour trahison et brigandage, écartelés : là aussi, pèlerinages et vénérations[7]. Tout homme remarquable, mort martyr pour une cause, homme de bien ou traître, ou brigand peu importe, pouvait susciter de forts mouvements d'enthousiasme populaire, appeler de ferventes prières, provoquer des miracles, se voir vénéré comme saint. Elan spontané en forme de culte de la personnalité, le pèlerinage, ici, n'est pas à mettre au compte de la superstition religieuse.

N'est-il pas curieux, pour le moins, de se gausser des dévotions médiévales, de ces superstitions abêtissantes, alors que nous voyons nos contemporains faire un détour et prendre de leur temps pour visiter (contre argent comptant) la maison puis le bureau, et voir de leurs yeux la plume, le fauteuil, tous les objets domestiques d'un auteur vénéré disparu depuis longtemps ? Ou se disputer une relique d'un batteur de music-hall ? Ou encore défiler par milliers en silence respectueux devant le mausolée ou la simple pierre tombale d'un « grand timonier » plus ou moins sanguinaire… et être tout prêt à le faire à nouveau pour un autre héros de nos civilisations, grand penseur, homme public qui aurait acquis une suffisante renommée ?

Faut-il, en toute tranquillité d'esprit, brocarder ce culte des saints, ces dévotions populaires pour des hommes ou des femmes dont, à vrai dire, nous ne savons que fort peu de choses, certains parfaitement inconnus ou inexistants, insignifiants, aux légendes toutes d'inventions, mais, en tous cas, parfaitement inoffensifs et dont l'histoire ne risque pas de soulever passion ou amertume ? Alors que de nos jours, nos sociétés politiques en différents pays de liberté et de tolérance clamées bien haut, s'emploient à donner aux rues, aux avenues et aux places, et même ici et là à un bâtiment insigne, à un gymnase ou à un amphithéâtre d'université, ou encore à un aéroport, les noms d'hommes publics par force très discutés de leur temps et, pour beaucoup, d'une affligeante médiocrité ?

MIRACLES ET SIGNES DU CIEL, LES PEURS DE L'AN MILLE

Une autre preuve d'obscurantisme résiderait dans la croyance aux miracles, aux avertissements du ciel, aux prophéties des ermites et saints hommes : superstitions ridicules qui témoignent d'un âge révolu et que nous pouvons regarder de haut. Mais nous oublions que la divination se développait alors très largement en dehors du contexte chrétien et même contre les directives de l'Eglise. Depuis l'Antiquité, l'étude de la course des astres, de leurs conjonctions, n'avait cessé de passionner des adeptes convaincus. La fortune des astrologues italiens, que beaucoup considéraient comme des magiciens, s'affirmait particulièrement brillante dans les cours princières de France dès les premières années 1400[8]. Surtout, nous refusons de nous considérer nous-mêmes, de jeter un regard aussi lucide sur notre temps et d'examiner notre société d'aujourd'hui avec un peu plus de modestie. Comment tourner en dérision ces croyances médiévales et ne pas penser, pour notre temps d'aujourd'hui, aux extraordinaires succès de toutes manières de voyants, diseurs de bonne aventure patentés, largement consultés ; et comment ne pas s'interroger sur la prolifération des « docteurs », des fakirs et des marabouts dans nos cités ? pourquoi taire le fait que, chaque jour, nombre de journaux à grands tirages ou de postes de radio aux audiences non négligeables donnent un horoscope de pure fantaisie abondamment commenté ; sans parler du « bulletin » (ou plutôt du spectacle…) dit « météorologique » qui, à partir de données scientifiques certainement solides, rivalisant d'inventions plus ou moins burlesques et d'audaces dans la manière de décrire l'avancée des anticyclones, tient davantage ou du numéro de cabaret, ou d'une séance de science divinatoire que d'un sobre exposé des observations ?

Histoire d'une invention

L'acharnement à dénoncer l'obscurantisme et les superstitions, à les illustrer par des anecdotes que personne n'avait pu trouver dans les textes mais qui cadraient parfaitement avec le propos et venaient, d'une manière adroite, renforcer les convictions, fut à l'origine de plusieurs images qui ont gravement faussé l'interprétations des faits et ont forgé de véritables légendes dont se sont nourries des générations de lecteurs.

Ainsi en est-il de la légende des *Peurs de l'An Mille*, complaisamment rapportée de livre en livre, enjolivée d'ornements variés : les feux dans le ciel et autres signes mystérieux, les prophéties et les savants calculs des années écoulées depuis la création du monde ou la naissance du Christ, les références sans fin à l'Apocalypse ; plus encore les paniques collectives, la peur à tous les instants de la vie, les hommes abandonnant leurs travaux et leur toit pour se réfugier en d'interminables prières. Ceci, nous l'avons tous lu et gardé en mémoire.

Cette pure légende ne repose sur aucun témoignage : « Aucun document contemporain – acte officiel ou chronique – ne fait état d'épouvantes à l'orée du deuxième millénaire[9] ». Les seules références qui furent abondamment citées sans efforts d'analyse, sont de toute autre nature et participent à une littérature qui ne faisait absolument pas état de faits réels, d'événements vécus, mais seulement de spéculations intellectuelles. Ces clercs ne désiraient rien d'autre que de présenter leurs propres réflexions philosophiques sur le destin de la Chrétienté et du monde, de s'appliquer à des exégèses, des analyses des textes sacrés, souvent torturés à l'excès : des prédictions et des prophéties qui n'engageaient qu'eux-mêmes et ne s'autorisaient d'aucune observation réelle, d'aucun témoignage de contemporains. Raoul Glaber, si souvent mis en avant, écrit en 1048 et se place dans une perspective très particulière, celle de l'interprétation des signes et des prodiges annonciateurs de la fin du monde, préoccupations directement inspirées de l'Apocalypse de saint Jean mais partagées seulement par un très petit nombre de personnes, par ceux qu'en toute modestie il n'hésite pas à qualifier « d'hommes ingénieux et d'esprit pénétrant ».

Raoul Glaber ne parle ni de peurs collectives, ni de désespoirs et encore moins d'abandons des labours ou des échoppes ; mais simplement de pluies persistantes qui lui font penser au déluge et qu'il situe d'ailleurs non en l'an mille mais en 1033, mille ans après la mort du Christ. C'est évidemment l'occasion d'invoquer l'Apocalypse : « On croyait que l'ordonnance des saisons et des éléments qui avait régné depuis le commencement des siècles passés était retournée pour toujours au chaos et que c'était la fin du genre humain. » Lorsqu'il écrit « on », il ne parle que de lui. Dans ces dérèglements climatiques, sans doute passagers, certainement pas plus catastrophiques que tant d'autres qui, rapportés par les contemporains tout au long des siècles, n'avaient donné lieu à aucune sorte d'interprétation, il veut voir des avertissements du ciel, des présages décisifs qui s'insèrent d'une façon satisfaisante dans ses prophéties. Tout ceci n'est que construction[10]...

Quant aux événements eux-mêmes, non seulement il paraît impossible, à la lecture des textes de l'époque, de faire état de peurs et de paniques, ou même de troubles et de désordres, mais certains auteurs, historiens solides, font volontiers remarquer que l'on devrait au contraire créditer les temps qui précédèrent ou suivirent immédiatement l'an mille de sérieuses tentatives de mises en ordre social : paix de Dieu, réforme de l'Eglise, organisation des communautés paysannes.

Résumons : Raoul Glaber et quelques autres « clercs » moins bien connus sont les seules autorités jamais invoquées par ceux qui veulent attester de ces grandes peurs. Or aucun de ces clercs n'en parlent ; ils ne se préoccupaient que de discussions et de spéculations intellectuelles sur la date de la fin du monde et ne citaient que quelques signes, somme toute très ordinaires, qui, pour eux et pour eux seuls, en annonçaient l'approche ; ces signes météorologiques très communs, pas du tout miraculeux, ils ne les situaient pas en l'an mille mais nettement plus tard. Ils ne faisaient pas mention de craintes ni d'émotions populaires et encore moins de mouvements de foule. De nos jours, l'historien chercherait en vain un texte d'époque qui en parle. Tout au contraire, de bons auteurs, respectueux du document historique plutôt que des discours littéraires ou philosophiques, voient dans les décennies à la charnière des deux siècles une période de calme relatif et d'efforts pour lutter contre les guerres, les troubles et les désordres.

Pour quels profits ?

Tout ce qui concerne les terreurs de l'an mille fut inventé après coup, présenté, pendant des générations et à un large public, comme le récit de faits réels, illustré d'une suite d'anecdotes imaginaires. Comme toutes ses légendes, celle-ci a son histoire. L'entreprise servait naturellement un dessein bien arrêté et s'inscrivait dans un fort courant intellectuel d'anticléricalisme et de dépréciation générale du Moyen Age. Les signes avant-coureurs en apparaissent dans les écrits très disparates et dispersés d'historiens ou encyclopédistes des XVIIe et XVIIIe siècles, hommes d'Eglise souvent, chanoines et moines bénédictins en particulier, qui dénonçaient vigoureusement l'« ignorance et la barbarie des fidèles » des temps médiévaux, dont ils rendaient les mauvais prédicateurs, « gens ignorants et grossiers » responsables. Ces attaques n'avaient rien de particulier mais répondaient à une démarche « réformatrice » de l'Eglise qui, dans certains milieux ecclésiastiques, recueillait de nombreux appuis et sympathies. Tout porte à penser que, pour appuyer et illustrer leurs critiques, ces réformateurs ont accrédité l'histoire des paniques de l'an mille qu'ils condamnaient au même titre que tous les autres signes de barbarie, tel les fêtes des fous, les danses religieuses, les sarabandes dans les cimetières, les carnavals irrespectueux.

Les images de ces peurs collectives, toutes d'invention, furent reprises et enjolivées, largement commentées, par les « philosophes » d'avant et pendant la Révolution de 1789. Ces écrivains, certains fort obscurs, s'appliquaient à animer, en France et en Angleterre surtout, un mouvement violemment antireligieux. Il ne s'agissait plus seulement de rendre l'Eglise romaine coupable d'abêtir les hommes, de soigneusement propager l'obscurantisme dans le peuple, mais aussi d'inciter par d'indignes subterfuges nobles, bourgeois et paysans à donner leurs biens aux églises et aux couvents. Les auteurs engagés dans ce combat ne s'en prenaient plus seulement aux faux sermonneurs mais accusaient tout le clergé d'avoir, peu avant l'an mille, forgé l'idée de la fin du monde toute proche afin de convaincre les fidèles de prier davantage, de se laver de leurs péchés, de se débarrasser de leurs biens terrestres par de larges dons aux monastères. Un pamphlet anonyme, publié très exactement en 1789 et intitulé *le Diable dans l'eau bénite ou l'iniquité retombant sur elle-même*, prétendait démonter jusque dans ses moindres détails le mécanisme psychologique, mis en place par les religieux de tous bords, pour effrayer les populations et provoquer ces mouvements de panique. Ces suppôts de Satan avaient « acquis la confiance du peuple par le patelinage de leur conduite et le fanatisme crédule qu'ils insinuèrent dans les âmes » ; ils ne pensaient qu'à persuader les hommes, « rendus fanatiques jusqu'à la stupidité », que leurs fautes ne pouvaient se racheter que par l'abandon de leurs biens périssables. « Fondés sur l'idiotisme de cette morale, ils ont obtenus des dons immenses[11]. »

Ces explications, fort bien présentées, furent naturellement reprises, en 1791, au moment de la confiscation des biens du clergé, laquelle, disait-on sans aucune pudeur, allait enfin permettre de rendre tous ces biens fonciers « au peuple » (?) qui en avait été dépossédé par « une ignoble supercherie ». C'est ainsi que, par un de ses aspects du moins, le montage mis en place et affiné par les propagandistes de la Révolution, en l'occurence l'insistance à faire croire à la réalité des paniques de l'an mille, devait simplement justifier une vaste opération financière, pour le profit, quelques années plus tard, des accapareurs des biens devenus « nationaux ». A partir du moment où l'on prétendait administrer la preuve que les prêtres et les moines s'étaient enrichis par divers procédés indignes, par ces infâmes machinations et supercheries, les reprendre n'était que justice. Ce n'était plus une spoliation, un coup de force, mais une restitution que magistrats et financiers de la Révolution pouvaient mener la conscience tranquille, que la morale ne pouvait qu'approuver.

Plus tard, l'évocation de l'an mille, des désespoirs des hommes accablés dans l'attente de la fin du monde et du

Jugement, des grands mouvements de foules en prières et des paniques qu'entretenaient, à longueur de sermons, les prédicateurs parlant sans cesse des derniers jours, toutes ces légendes furent très bien accueillies dans le mouvement romantique. Chez les historiens de ce temps, dans les années 1830-1850, ces descriptions apocalyptiques trouvèrent leurs plus belles et plus denses expressions. Très vite, de nombreux auteurs se sont emparés du thème et l'ont rendu familier à un large public, lui assurant une étonnante fortune. Les récits s'enrichissaient de merveilleuses inventions et surtout d'images inspirées d'un misérabilisme outrancier : Michelet ne pouvait rester en retrait et fut l'un des plus zélés propagandistes de la légende noire : « cette fin du monde si triste était tout ensemble l'espoir et l'effroi du Moyen Age [...] C'est là l'image de ce pauvre monde sans espoir après tant de ruines, [...] le serf attendait sur son sillon, à l'ombre de l'odieuse tour. » *(Histoire de France*, 1833.) Et Eugène Sue, romancier, une vingtaine d'années plus tard, de renchérir encore : une « époque fixée par la fourbe cupidité de l'Eglise catholique comme le terme assigné à la durée du monde. Grâce à cette jonglerie infâme [...], le clergé extorqua les biens d'un grand nombre de seigneurs franks, nobles hommes encore plus religieusement hébétés que pillards et féroces » (*les Mystères du Peuple*, 1856). Tout y est et l'intention ne s'embarrasse d'aucun voile : les seigneurs féodaux plus abrutis que brutes et les moines responsables du tout[12].

A l'époque, et pendant des générations, ces billevisées n'ont pas fait rire. Bien au contraire, toutes sortes d'affirmations rocambolesques, illustrées de jolies anecdotes, furent proposées à l'édification des électeurs et à l'éducation des enfants. Le *Dictionnaire universel Larousse* de 1876 les adoptait sans nuance ; les manuels scolaires et les livres pour distribution de prix, de même... Puis vinrent, au début de ce siècle, les ouvrages de grande propagande, outils de lutte psychologique, au moment des attaques contre les congrégations et de la séparation de l'Eglise et de l'Etat.

Où en sommes-nous ? Il paraît hors de doute que, pour le lecteur tant soit peu attentif, capable de ne pas confondre Histoire avec récits fabuleux ou d'endoctrinement, tout est à revoir. La légende ne tient pas et les terreurs n'ont jamais existé. Les erreurs ou plutôt les machinations furent très tôt dénoncées, dès les années 1870, et ensuite constamment rectifiées pendant près d'un demi-siècle par des ouvrages solides. Leurs auteurs ne se contentaient pas d'apporter des preuves de l'absence de telles paniques ; ils mettaient au jour l'ingénuité des romantiques ou le travail des propagandistes engagés dans le combat politique. La critique fut reprise, plus tard, par d'éminents historiens et leurs travaux fort bien accueillis : Ferdinand Lot en 1947, Emile Pognon par un recueil de textes en 1947 également, Henri Focillon en 1952. Depuis, il n'est pas un seul spécialiste de cette période ou, d'une façon plus générale, de l'histoire de l'Eglise qui, en France du moins, n'ait développé l'analyse et apporté sa contribution à une totale réfutation du mythe[13]. Mais qui peut dire que l'image des terreurs de l'an mille ne s'impose pas encore, communément, dans les mémoires ?

2

DÉBAUCHÉS… DÉPRAVÉS… LA PAPESSE JEANNE

Coupable d'abêtir volontairement le peuple soumis à ses enseignements et à ses tabous, le clergé médiéval l'est aussi, selon une tradition historiographique solidement ancrée, d'avoir trahi les préceptes mêmes de sa religion, de mener une vie indigne – de débauches parfois –, d'accumuler les richesses, de pervertir la société des laïcs et le peuple naturellement vertueux, ou par de tristes exemples, ou encore par toutes sortes de manœuvres et d'intrigues : moines gourmands, moines paillards, vivant de la crédulité du peuple, trompant tout le monde…

Ce tableau, sans aucun doute, est apparu très tôt, dès que s'est développée, au Moyen Age même, une littérature satirique sous forme surtout de fabliaux et de soties. Les moines, accessoirement les nonnes mais bien moins souvent, étaient communément peints sous les traits d'individus roublards et sans scrupules, héros de sordides aventures. Mais alors l'intention et les critiques se maintenaient en certaines limites et répondaient au genre voulu et attendu pour ces farces, qui s'en prenaient tout autant, sur les mêmes registres et d'une façon aussi vive, aux bourgeois et aux marchands, aux chevaliers, aux paysans surtout, aux médecins et aux barbiers ; et aussi naturellement aux usuriers et aux Juifs. Le ton restait celui du genre et ne se haussait pas au niveau des dénonciations vengeresses.

Mais tous les censeurs ne parlaient pas seulement au nom de la modestie et de la pureté des mœurs. La papauté, depuis longtemps, s'était fait quantité d'ennemis, pour nombre de raisons qui, souvent, tenaient à des rivalités, à des conflits d'influence. En Italie – au temps d'Avignon – les tribuns de la politique et de la foi criaient sans cesse au scandale, fustigeaient cette papauté éminemment française qui, ainsi exilée, privait Rome d'une grande part de son prestige, des commandes et de ses ressources. Ils n'avaient pas de mots assez durs pour dénoncer cette « captivité de Babylone », chargée de tous les vices. Colà di Rienzo, Pétrarque et Catherine de Sienne, celle-ci d'une énergie étonnante, à demi hystérique parfois, unissaient leurs voix en un concert d'imprécations. Puis ce furent les ambiguïtés et incertitudes du grand schisme, les prétentions à l'indépendance des églises nationales (gallicanisme, anglicanisme) et surtout la grave crise conciliaire qui mettait en cause le pouvoir du Saint-Siège. Les papes en sont sortis vainqueurs (conciles de Constance puis de Bâle) et ont même réussi à reconstituer, pour un temps, l'unité avec l'Eglise d'Orient ; mais non sans mal et le pli était pris de critiques sans fin.

Aux plus forts temps des contestations, tous les vieux scandales, souvent arrangés ou inventés, certains déjà quelque peu oubliés, furent de nouveau de mode.

C'est ainsi que revint à l'honneur, promise à une longue fortune par les soins de publicistes de seconde zone, la fameuse supercherie de la papesse Jeanne, bel exemple des élucubrations, ridicules et puériles, de cet anti-Rome.

L'histoire de sa fabrication et surtout de sa remise sous les presses en différents moments est bien connue. Les premiers récits de cette aventure sont apparus dès le XIIIe siècle, sous la plume d'un clerc fort obscur nommé Martin Polonus que personne ne peut véritablement identifier ni situer pour ses alliances ou ses options. Reprise par Pétrarque et par Boccace (eux, toujours...), la légende de la papesse Jeanne, de ses audaces et de ses malheurs, connut surtout de grands succès à partir des années 1520, par le fait des écrivains protestants qui en alimentaient régulièrement différents libelles ou en illustraient, comme par simple souci de l'anecdote vraie, de sérieuses histoires de l'Eglise.

Au départ, les auteurs se contentaient de simplement faire mention d'une femme, nommée Jeanne l'Anglais, qui, se faisant passer pour un homme, aurait occupé le trône pontifical après la mort de Léon IV, en juillet 855. L'imposture aurait duré deux ans... ce que dément, bien entendu, la chronologie des souverains pontifes, parfaitement établie, qui indique clairement que l'élection de Benoît III, successeur de Léon, intervint quelques semaines seulement après la mort de ce dernier.

Ces histoires de la papesse se sont enrichies d'un grand nombre d'épisodes qui répondaient aux attentes de lecteurs friands de scandales : intrigues emmêlées à loisir, surprises et déguisements, amours coupables, exils, reniements et vengeances ; ceci brodé à grosses mains sur un fond d'ambitions effrénées, d'intolérances, de trahisons et de sombres manœuvres.

Telle qu'elle nous est présentée dans les dernières versions, celles mises au point au XIXe siècle, l'histoire se résume essentiellement dans les aventures rocambolesques d'une femme nommée Jeanne, originaire cette fois de la Mayenne qui, travestie en homme, se fit élire pape et prit le nom de Jean VIII. Photius, « patriache de Constantinople, soutenu par des guerriers francs et germains », assiège alors Rome, s'en empare, reconnaît Jeanne pour femme, la confond puis la fait destituer par un « concile des évêques » et emprisonner. Peu de temps après arrive l'empereur Louis II, petit-fils de Charlemagne (?), qui la délivre et la rétablit sur le trône de saint Pierre. Autre rebondissement : la voici chassée de nouveau pour laisser la place à un autre pape, Nicolas Ier...

qui ne reste pas longtemps ; Jeanne revient, puis nous nous perdons quelque peu dans les méandres, tours et détours de cette sombre affaire.

De plus, sur cette trame déjà bien compliquée, s'en greffe une autre, elle aussi de pure fantaisie, dont les inventeurs, aussi féconds que les premiers, avaient évidemment en tête les malheurs de Rome lors du sac de 1527. De l'entrevue de Jeanne et de Photius était né un enfant mâle recueilli par un nommé Pommerand, serviteur fidèle, lui aussi de Mayenne, qui l'éleva comme son fils et lui donna son nom. Ce « bâtard de la papesse », le jeune Pomerand donc, apprend de sa mère, lors d'une rencontre en Allemagne, le secret de sa naissance ; il se rend à Rome mais, refoulé, attaqué, et chassé, subit là d'insupportables humiliations. Il jure de se venger et tout d'abord « il écrivit l'histoire de sa vie pour servir d'exemple à ses petits neveux et pour léguer à sa postérité le soin de cette vengeance ». Mais, poursuit l'artisan anonyme d'un de ces beaux récits historiques, publié en 1878 sous forme de livre de prix pour les élèves méritants de nos collèges[14], « il fallut sept siècles pour que l'œuvre de son père d'adoption (?) se réalisât, quand un successeur d'Archambault, le connétable de Bourbon, fit, avec l'aide d'un Pomerand et des armées allemandes, le sac de Rome ». Archambault étant l'un des comtes de Savoie… Quant au Pomerand, capitaine du connétable, on en chercherait vainement la trace… C'est ainsi que l'on pouvait expliquer, justifier peut-être, les horreurs du sac de Rome.

Le même auteur ne s'arrêtait pas en si bon chemin. Ce n'était encore qu'un « prologue » à un roman construit de toutes pièces, œuvre de pure fiction où il reconnaît avoir tout inventé. Au total, près de huit cents pages d'une véritable histoire de cape et d'épée, d'intrigues sordides déjouées par des héros au cœur vaillant, où viennent sur le devant de la scène puis se retirent sans apparence de raison de très nombreux personnages célèbres : papes, rois de France, l'empereur Charles Quint,

Bourbon et Sforza, le cardinal Chigi, l'Arétin et Benvenuto Cellini ; et nombre de courtisans aussi. Le héros, à l'âme pure et à l'épée vengeresse, est toujours un Pomerand, redresseur de torts évidemment. Ce beau roman-feuilleton, ahurissant de naïvetés et de sottises, écrit de plus d'une plume balbutiante ou redondante, situe ses épisodes dans un temps très court qui va de 1523 au massacre de la Saint-Barthélémy. Tout est lié.

3

LES MAUVAIS COMBATS

LES ALBIGEOIS.
ESSAI D'ANALYSE POLITIQUE ET SOCIALE

L'Eglise au Moyen Age surtout, poursuivait d'une haine farouche les hérétiques, et nos manuels de rappeler régulièrement, exemple significatif entre tous, les horreurs de la croisade des Albigeois, les massacres, les enquêtes et condamnations. Non sans raison certes, et le propos n'est ici ni de minimiser ces violences scandaleuses, ni de dresser des bilans ou ménager des degrés, et pas plus de chercher à partager les torts ; ni encore d'entreprendre une analyse quelconque, sociologique ou psychologique, ou si l'on préfère anthropologique, de ces déchaînements de cruautés. Les faits sont là, avérés, et se voiler la face ne serait qu'hypocrisie. Cependant, je demeure toujours étonné, à lire même des ouvrages sérieux et relativement objectifs, de trouver cette croisade interprétée de façon si étroite, unilatérale ; de ne voir là que le reflet d'une poursuite de l'hérésie, en somme une guerre de religion. Tout viendrait alors de Rome et des évêques ou des religieux dominicains. C'est réduire l'entreprise militaire à un très petit cadre et occulter ce qui était peut-être le principal.

Manifestement, dans l'interprétation ordinaire de la croisade des Albigeois, deux facteurs essentiels font défaut et, qui prend seulement le soin de les évoquer, lui donne aussitôt une autre dimension.

Les guerres de conquête : Toulouse et Naples

Pourquoi taire le fait politique ? Faut-il oublier que cette expédition, punitive certes mais aussi de conquête, ne fut en aucune façon un accident isolé, uniquement provoqué par le désir d'abattre une nouvelle Eglise, mais qu'au contraire, elle s'insérait d'une manière très logique dans un vaste programme d'annexions territoriales non dissimulées ? Conduite par les rois de France, soit par personnes interposées soit directement, mais avec une rare persévérance, elle prend place à un moment où la famille capétienne, enfin victorieuse sur le flanc ouest de son royaume, se lance, à grand renfort de démarches dynastiques ou religieuses, à l'assaut des pays du Midi. Pour le Languedoc, le plus clair des résultats de la croisade fut bel et bien l'annexion du comté de Toulouse au royaume de France, en la personne d'Alphonse de Poitiers, frère de Louis IX. Un autre frère du roi, Charles d'Anjou, s'installait en Provence et, au prix d'une dure campagne militaire, prenait le royaume de Naples, aidé en cela par le pape français Urbain IV (né à Troyes, chanoine de Laon, puis évêque de Verdun et nommé patriarche de Jérusalem en 1255). Ce pape champenois mit son autorité et ses réserves financières au service des Français, proclamant et soutenant une croisade contre les fils de l'empereur Frédéric II, Manfred et Conradin, héritiers indiscutables de ce royaume italien. Si bien qu'à deux ou trois décennies d'intervalle, à la croisade religieuse contre les Albigeois pour la conquête d'une part du Languedoc, répondait une autre croisade, également décidée par Rome, pour la conquête de Naples et de la Sicile.

Rien d'important ne différencie les deux entreprises. Celle d'Italie fut, elle aussi, placée sous le signe de la faveur divine et les victoires célébrées comme des dons de Dieu, des sortes de miracles. L'heureux succès de Bénévent (1266) contre les Allemands de Manfred et leurs partisans fut fêtée pendant longtemps ; saint Janvier, évêque martyr de Bénévent (mort en 305), devint le patron de cette Naples conquise par les capétiens et sa fête, le 19 septembre, vit la ville chanter ses actions de grâces par de grandes processions. Charles II, fils du conquérant, consacra, au cœur de la cité, le monastère de Santa Maria de Realvalle à la commémoration de cette victoire de Bénévent qui assura le succès de la dynastie ; son successeur, Robert, fit don à la cathédrale d'un magnifique reliquaire pour saint Janvier, d'argent et d'or, œuvre de deux orfèvres français, Godefroy et Guillaume de Vézelay (1304-1306). Ce même Robert et le pape français d'Avignon, Jean XXII, offrirent tour à tour un drap d'or pour la chapelle (1318 et 1331), lieu de grands pèlerinages. Dans le même temps, ces rois angevins assuraient dans leur capitale une place prépondérante aux Franciscains qui avaient tant fait pour eux lors de la conquête du royaume ; ils firent construire ou embellir leurs églises de San Lorenzo Maggiore, où furent placés les premiers monuments funéraires de la famille, de Sant'Eligio, puis de Santa Clara et le couvent des Clarisses[15].

Il ne semble pas sans intérêt de rappeler que, lors de cette croisade pour Naples, les armées françaises, assurées de leur bon droit, se laissèrent aller à d'aussi grandes atrocités qu'auparavant en pays albigeois. Au lendemain de leur victoire de Tagliacozzo (1268), chevaliers et piétons réussirent à rejoindre le jeune prince allemand Conradin, âgé de seize ans, et le massacrèrent sur place ainsi que de nombreux nobles de sa suite. Cette vilenie, action strictement politique qui se donnait pour but l'extermination de la dynastie rivale et de sa proche clientèle, prit volontiers prétexte du service de Dieu et de la défense de l'Eglise. La croisade était une « juste » et « bonne » guerre. Les appels et encouragements du souverain pontife furent invoqués à tout propos. Les chevaliers français et leurs alliés affichaient hautement leur bonne conscience. Leurs hauts faits d'armes furent célébrés par cette papauté soumise à la dynastie capétienne, chantés par les troubadours et par les peintres ; dans une maison des Hospitaliers, à Pernes-les-Fontaines, une suite de peintures murales, composées au moment même de la conquête (en 1285), met en parallèle la légende de Guillaume d'Orange et plusieurs scènes de la vie de Charles d'Anjou, accompagnées des figures de la Vierge et de saint Christophe portant le Christ : œuvre de pure propagande au service de cette guerre France contre empire, pour la maîtrise du royaume de Naples. Comme en Albigeois, l'ennemi est par force, hérétique. Alors que l'expédition ne pouvait certes pas invoquer l'existence d'un quelconque courant religieux marginal ni la moindre tentative de désobéissance dogmatique à Rome, les Allemands et leurs partisans italiens, les gibelins, furent pourtant accusés d'hérésie et poursuivis comme tels. A Naples, Charles II, roi dévôt, très proche du mouvement « spirituel » des Franciscains, grand bâtisseur d'églises, installe les dominicains dans un vaste couvent dédié à San Pietro Martire ; or cette dédicace témoigne d'une volonté car ce Pietro di Verona, mort en 1252, fut sanctifié pour avoir si vigoureusement lutté contre l'hérésie, précisément par le pape Innocent IV qui excommunia l'empereur Frédéric II et entreprit le premier d'évincer ses descendants de l'héritage napolitain. Plus significatif encore, le fait que le couvent fut construit (de 1294 à 1301) grâce aux biens confisqués aux « hérétiques », c'est-à-dire aux chevaliers qui avaient combattu dans l'autre camp.

A Naples, comme à Toulouse, la conquête s'habille d'une apparence ; le prince ambitieux ne peut se lancer dans l'aventure sans garant moral ; il affirme se mettre au service de l'Eglise et prend prétexte de la défense de la vraie foi.

La croisade des Albigeois, grave et dramatique convulsion dans le cours de notre histoire, retient naturellement davantage l'attention de nos historiens que celle de

Naples. Nombre d'entre eux ont mis à l'évoquer, cela se comprend aisément, une sorte de passion. Cependant, négliger complètement les ambitions conquérantes de la monarchie capétienne et celles des seigneurs du Nord, en quête de fiefs et de terres, est s'enfermer dans de trop courtes vues. Les rois de France furent ici partie prenante, instigateurs, acteurs essentiels. Si Philippe Auguste ne prit pas les armes, c'est que le conflit qui l'opposait au pape, au sujet de la répudiation d'Isembourg de Danemark, et la menace d'excommunication qui pesait sur lui, le tenaient forcément à l'écart d'une croisade. Il ne mit aucun obstacle au départ des chevaliers d'Ile-de-France, ses vassaux directs, tout au contraire. Son fils Louis VIII conduisit personnellement le deuxième assaut, celui-ci décisif. Le film des événements montre que l'esprit de conquête et de domination politique était toujours au cœur des chefs : annexer des fiefs, réduire les seigneurs du Midi à l'obéissance, abattre tout forme d'autonomie : lorsque le roi s'empare d'Avignon, en 1226, sa première action fut de s'assurer la maîtrise absolue de la cité contre les velléités d'indépendance ou d'insoumission des nobles ; il fit combler les fossés, raser les murs de l'enceinte et abattre, précise le chroniqueur, plus de trois cents tours-donjons accolées aux palais des grandes familles. En somme, une vaste entreprise de mise au pas qui, ici, ne se justifiait en rien par la lutte contre l'hérésie[16].

Est-ce parce que, depuis des siècles, nos historiens répugnent à présenter sous un mauvais jour toute action qui visait à élargir le « pré carré » capétien que les aspects politiques de cette triste croisade furent communément passés sous silence ?

Le Nord contre le Sud

Cette évocation du poids politique ne conduit en aucune façon à réhabiliter ni à justifier, et pas davantage à minimiser, atrocités et cruautés. Le Languedoc du comté de Toulouse a terriblement souffert de ce déferlement des barbares étrangers, pilleurs, massacreurs souvent. Mais pourquoi incriminer d'abord et surtout les hommes d'Eglise ? Pourquoi cette malhonnêteté à retenir des mots inventés de toutes pièces ? La propagande anticatholique mit en avant nombre d'images forgées. Telle, bien sûr, la façon dont nous est présenté le sac de Béziers par les hommes d'armes à pied, suiveurs plutôt que combattants (le 22 juillet 1209). Les faits sont avérés ; mais fallait-il incriminer, par une opération de pur « montage », le légat Arnaud de Citeaux, et lui prêter la phrase si fameuse : « Tuez-les tous, Dieu reconnaîtra les siens. » ? Mot atroce, mot inventé qui n'a jamais été prononcé, bien au contraire… Mais le mot court encore partout et les manuels ou encyclopédies peuvent bien le dire sans aucun doute apocryphe, le slogan est en place, pour longtemps sans doute…

Mis à part même la soif de conquête, il paraît évident que toute guerre de sécession, comme celle-ci, engendre des violences inouïes. Comment ne pas tenir compte du heurt dramatique de deux peuples ; incompréhension, hostilité latente – sans parler de l'envie suscitée, chez les gens du Nord, par une civilisation certainement plus brillante – suffisaient à provoquer puis entretenir rage de combattre et de détruire. Ces antagonismes et violences, entre voisins, furent, en tous temps, très ordinaires.

Quel sort les armées d'Athènes réservaient-elles à leurs ennemis vaincus ? Pourquoi nos livres, qui chantent les vertus des villes d'Italie du Moyen Age, taisent-ils généralement les massacres, les destructions systématiques de maisons, de vergers et de vignobles perpétués par les troupes de ces cités « communales » contre les villes voisines ou contre leurs propres citoyens, membres malheureux d'un parti adverse ? Qui pourrait, dans ces luttes inexpiables, poursuivies de génération en génération jusqu'à la ruine complète de l'adversaire, invoquer un quelconque fanatisme religieux et une responsabilité de l'Eglise ? Rome, les évêques, les religieux prêchaient en vain la paix, réconciliaient les familles et les factions ennemies, leur imposaient de solennelles cérémonies de pardon ; mais les querelles se rallumaient aussitôt éteints les feux de liesse.

Peut-on ne parler que de religion, d'intolérance et de poursuite des hérétiques pour expliquer, bien plus tard, dans nos sociétés « modernes », d'autres déferlements de cruauté sur lesquels certains auteurs passent un peu rapidement : exactions, pillages et massacres par les armées françaises lors de la campagne du Palatinat (1689), la terreur révolutionnaire à Paris et dans nos provinces (1789-1794), le génocide de Vendée, les représailles indécentes et meurtrières au lendemain de la guerre de Sécession dans ces Etats-Unis parangons des vertus civiques ? Le culte de la cité ou de l'Etat, l'esprit de parti davantage encore, les idéologies inspirées par la recherche du bonheur de l'humanité, celles surtout qui prenaient pour prétexte l'établissement d'une justice sociale, furent, lors des affrontements politiques, infiniment plus meurtriers que notre croisade des Albigeois.

Ceci, bien sûr, n'explique et ne justifie rien ; absolument pas. Mais cessons de citer cette guerre-là, guerre politique et de sécession autant que croisade contre une religion condamnée, comme un drame provoqué uniquement par l'intransigeance de l'Eglise, illustré par des atrocités sans pareilles ; de minimiser l'appétit des princes et des aventuriers du Nord, les haines, les antagonismes entre peuples encore étrangers les uns aux autres ; de passer sous silence la naturelle folie meurtrière des combattants aux lendemains des assauts ; pour incriminer l'Eglise seule, et une Eglise d'essence « médiévale ». Les véritables guerres de religion, entre catholiques et protestants ou entre protestants eux-mêmes comme à Genève ou parfois dans l'empire, se situent dans la période que nous qualifions de moderne, illuminée par les lumières de la Renaissance.

L'INQUISITION : OUTRANCES ET OUBLIS

A considérer la littérature historique du XIXe siècle et même celle d'aujourd'hui, l'Inquisition aurait marqué d'une macule indélébile les pages les plus noires de notre passé. Les images sinistres du monstre nourri pour persécuter les cathares, de cette mécanique infâme et si bien rodée, de ces pouvoirs exorbitants concédés à des hommes cruels, insensibles ni à la pitié ni à la raison, ont eu la vie dure. Ces tableaux meublent l'inconscient collectif du chrétien ; il s'en croit quelque peu responsable et voudrait expier ; en tout cas, à tout propos, en n'importe quelle occasion, il rappelle ces crimes et les dénonce.

Un auteur, médiocre certes mais peut-être beaucoup lu, pouvait, exactement en 1878, écrire que ce monstre hideux sévissait encore aux alentours des années 1830, aussi acharné à envoyer de pauvres innocents au supplice : « La justice de l'Inquisition était aussi cruelle qu'expéditive, vu le nombre de victimes qu'elle avait quotidiennement à brûler. » Quotidiennement ! ! Pourquoi ? Où ? Détails sans importance… il suffisait d'enfoncer le clou. De telles sornettes, puisées dans le répertoire des vieilles bigotes jacobines, ne fleurissaient pas seulement dans les pamphlets de l'anti religion ou dans les livres bon marché pour lecteurs curieux de fortes sensations. Elles furent offertes non par hasard ou accident mais de la manière la plus commune, et pendant des générations, aux élèves des classes primaires de l'enseignement laïc, à tous les échelons de leur cursus. C'était, dès les lendemains des lois Jules Ferry, un des fers toujours maintenus au feu pour le combat civique. De ces outrances, les manuels des années 1880-1890 donnaient aussitôt le ton : « En 1244, on brûla deux cent cinq hérétiques à la fois dans la petite ville de Montségur… en 1328 plusieurs centaines d'autres furent emmurés dans une grotte près de Foix où on les fit mourir de faim ; l'Inquisition, répandant partout la terreur et empêchant les hommes de penser, fonctionna durant plusieurs siècles dans les pays catholiques (Espagne, France). » (Aulard et Debidoux ; cours moyen.) « L'accusé n'avait pas de défenseur. L'Inquisition détruisit toute pensée libre dans le midi de la France et elle fit, au XIIe siècle (*sic*) d'innombrables victimes. » (mêmes auteurs ; cours supérieur.) « Les peines sont atroces, la torture, l'emmurement perpétuel, le bûcher ; la liberté de pensée est étouffée par les cadavres d'innombrables victimes. » (Guiot et Mane ; cours supérieur.)[17] Avant même d'exister, au XIIe siècle, ce monstre clérical faisait torturer et brûler des hommes et des femmes coupables d'avoir seulement voulu penser et sans doute est-ce, dans l'esprit de ces auteurs, pédagogues, spécialistes de l'endoctrinement des enfants, le plus abominable de ses forfaits. Rien de plus condamnable que les attaques contre la liberté de penser… Est-il bien importun de se demander si ces faiseurs de manuels, à la solde de l'Etat et d'un courant d'opinion, s'interrogeaient pour déterminer si le matraquage intellectuel, le terrorisme culturel imposé par leurs livres et par les maîtres qui s'y référaient, laissaient aux élèves la faculté de penser sainement et le choix de leurs opinions ?

Les persécutions et condamnations ne font aucun doute. Elles appartiennent à l'histoire de cette dure conquête des biens et des esprits qui s'abattit d'une façon si lourde parfois si cruelle, sur les pays du Midi. Cependant, l'Histoire ne se fait pas par l'évocation d'images monstrueuses. L'Inquisition, sa mise en place et son organisation, les procès et les sentences, demandaient évidemment une étude minutieuse. Ce qui fut fait d'une façon exemplaire[18] mais, semble-t-il, en vain car reviennent communément les mêmes tableaux et les mêmes thèmes ; surtout, on néglige volontiers certains aspects de cette action répressive, pourtant importants.

Les conclusions d'études récentes apportent bien du nouveau[19]. Non pas seulement pour compléter une analyse souvent réduite à de simples traits et montrer, par exemple, que les Dominicains cédèrent ici et là le pas devant les évêques, le plus souvent responsables. Non pas pour dire que le nombre des suppliciés devait être ramené à des chiffres plus bas que ceux avancés d'ordinaire et, en tout état de cause, très inférieurs à ceux des exécutions et assassinats lors d'autres grands drames de notre histoire, évoqués ceux-ci de façon si discrète par les mêmes auteurs qui, alors, ne manquent pas d'arguments pour expliquer, nuancer, justifier. Mais plutôt pour tenter une analyse précise des structures de l'institution, des démarches et des pratiques, des condamnations, sans se référer exclusivement aux chroniques ou aux chansons forcément et naturellement vengeresses, en étudiant les manuels des inquisiteurs et les procès-verbaux des tribunaux. Cela conduit à des conclusions plus nuancées que celles avancées ordinairement.

Les manuels prêchent la modération dans la façon de traiter prisonniers et suspects, la rigueur dans l'instruction des procès. Celui du dominicain Bernard Gui, qui fut inquisiteur à Toulouse de 1307 à 1323, conseille avant tout la fermeté et veut des juges incorruptibles (« [...] ne pas se laisser émouvoir par les prières ou les dons [...] ») mais dit aussi que ces juges doivent savoir écouter, discuter, peser le pour et le contre, se montrer ouverts au doute dans les cas difficiles : « Que l'amour de la vérité et la pitié qui doivent toujours être au cœur du juge l'éclairent sans cesse. Dès lors ses sentences ne pourront paraître le fait de la convoitise ou d'une cruauté perverse. »

Par ailleurs, nous savons bien que les anathèmes, les persécutions religieuses, les démarches brutales ou insidieuses pour obtenir des aveux ou des conversions forcées furent de tous les temps et ne cessèrent en aucune façon au lendemain du Moyen Age. Qui, de bonne foi, ne s'étonnerait des condamnations sévères de nos livres d'histoire, des manuels de classe à ceux écrits pour meubler nos loisirs, contre ces insupportables cruautés de l'Eglise médiévale, alors que demeure le voile pudique jeté sur les temps de la Réforme ? Certes, sont dénoncées les horreurs des combats ou des vengeances et représailles, mais non celles des condamnations systématiques pour mal penser. Qui évoque en de gros livres à l'usage de nos écoliers les sorcières de Salem livrées à un tribunal de puritains hystériques puis aux flammes, ou les bûchers de Genève au temps de Calvin ; ceci en pleine Renaissance ? L'historien danois Gustav Hernningson a parfaitement montré, dans sa thèse parue aux Etats-Unis en 1980, que la « folie criminelle de la chasse aux sorcières » est un phénomène éminemment moderne. Luther voulait « toutes les brûler ».

D'autre part, il convient de ne pas négliger l'aspect financier ; les tribunaux de l'Inquisition s'en prenaient davantage aux biens qu'aux personnes : amendes, réparations des fautes, confiscations, obligation de reconstruire couvents ou églises et de les doter. Il s'agissait, en fait, d'une vaste politique d'accaparement des richesses immobilières et mobilières au profit d'abord du trésor royal, puis des évêques nouvellement nommés, venus du Nord, des chevaliers de la croisade et de tous ceux qu'ils traînèrent avec eux. Cela s'apparentait à une certaine forme de colonisation, en tout cas de mise en coupe réglée du Languedoc ; elle s'est d'ailleurs poursuivie, sous d'autres allures et pour d'autres prétextes, bien plus tard, jusque dans les moments difficiles de la guerre de Cent Ans.

Sur le plan matériel et financier, l'Inquisition venait ainsi parfaire l'œuvre de conquête de la croisade des Albigeois ; ce sont là deux aspects, deux volets, d'une démarche qui visait à provoquer puis consolider l'unification du royaume capétien. Certes, ni l'ampleur de l'hérésie et le rayonnement de l'Eglise cathare, ni les rigueurs ou atrocités de la répression ne doivent être celées. Mais l'affaire religieuse n'apparaît-elle pas comme un prétexte bien venu, au service d'un grand dessein politique ?

4

L'USURE ET LE TEMPS DES TABOUS

L'homme du Moyen Age vivait donc accablé d'une religiosité aveugle, de superstitions ridicules, qui lui interdisaient tout libre arbitre et coulaient la société dans un étroit carcan d'obligations et de tabous. Telle est l'idée communément admise et soutenue, depuis très longtemps, par toutes sortes d'ouvrages très sérieux.

Preuve en serait, parmi tant d'autres, l'interdiction et la condamnation de l'« usure », à savoir, selon la terminologie de l'époque, non pas seulement les prêts à taux d'intérêts très élevés, mais tout prêt rapportant profit, quel qu'il soit. Sur le plan des analyses économiques et sociales, le schéma pouvait s'inscrire d'une manière simpliste et les auteurs, plus soucieux d'énoncer des principes généraux que de cerner des réalités d'approche parfois difficile, en ont tiré les conclusions que l'on sait : l'Eglise défendait, personne n'osait et les bons chrétiens se sont donc, de bon gré, par conviction ou par peur des pénitences et même des feux de l'Enfer, abstenus de pratiquer les prêts d'argent et même toute pratique comptable ou scripturaire qui impliquait un profit de ce genre. L'homme devait travailler de ses mains pour expier la faute originelle, « gagner son pain à la sueur de son front » ; les richesses acquises autrement sentaient le souffre, d'où l'adage « les écus ne peuvent faire d'autres écus ».

Seuls les Juifs, placés hors de cette loi commune, marginaux, étrangers, méprisés et détestés de ce fait, pouvaient se risquer à pratiquer l'usure ; naturellement soumis à toutes sortes d'aléas et de persécutions, craignant toujours, à juste titre, la confiscation de leurs biens par le roi ou par le prince, ils ne concédaient des prêts d'argent que contre de forts gages – souvent confisqués en fin de compte – et au prix d'intérêts prohibitifs. Ces exigences pesaient très lourd sur les paysans, déjà ruinés par les « impôts » seigneuriaux, obligés souvent d'emprunter, au temps des semences ou de la soudure surtout, incapables parfois de rembourser à temps et, ainsi, peu à peu, dépossédés de leurs champs, de leur bétail, ou encore de leurs outils.

Quant aux affaires, entre marchands ou artisans, la gêne provoquée par ces interdictions formelles était extrême et ces tabous expliqueraient bien des archaïsmes, bien des insuffisances : pas de prêts, pas de capitaux donc, aucune fluidité de l'argent, de petits moyens, en somme une économie qui demeurait « primaire » voire « primitive » (pour certaines époques, même, économie « fermée » ou « de subsistance »), artisanale dans chacune de ses pratiques, en tout cas jamais ni capitaliste, ni même pré-capitaliste. De petites transactions, familiales autant que possible à court rayon d'action, des transports qui se limitaient à des produits de luxe, par caravanes bien sûr à cause des seigneurs brigands, ou sur de petits navires constamment menacés par les tempêtes ou les pirates... Ce fut la thèse soutenue, sans preuves à l'appui mais très satisfaisante pour l'esprit, par Werner Sombart, dans les années 1900-1930[20], thèse complètement démantelée depuis par des innombrables travaux, non de philosophes de l'Histoire mais de véritables chercheurs et, cependant, toujours à l'honneur, toujours inspiratrice de discours et de manuels.

Dans la même logique de la pensée et le même aveuglement devant les faits, s'inscrit la belle construction qui voit dans le désarroi ou l'agacement des hommes d'affaires une des origines de la Réforme. Dans l'impossibilité de conduire convenablement leur négoce, d'entreprendre de plus vastes trafics, de bénéficier à leur convenance de prêts et d'investissements, les marchands auraient sévèrement mis en cause l'Eglise responsable de tant d'obstacles ; ils se seraient détournés des traditions, de l'orthodoxie en somme, et auraient appelé de leurs vœux une Réforme, voir une nouvelle Eglise contre Rome. C'est ce qu'ont affirmé, avec Max Weber (1864-1920)[21], plusieurs théoriciens allemands et de nombreux émules par la suite. Cette thèse ne pouvait, malgré la qualité du discours démonstratif, résister à un examen même rapide. Mais, elle aussi, se retrouve toujours dans certains manuels ou ouvrages de vulgarisation. L'image, comme toutes celles présentées d'une façon suffisamment insistante, garde sa séduction. L'idée a sans doute inspiré quelques-uns de nos historiens, zélés et obstinés, qui, il n'y a pas si longtemps, se sont appliqués à définir un seuil de passage entre Moyen Age et modernité, entre l'obscurantisme paralysant et une plus grande liberté de pensée.

Il y a tant à dire sur ces naïvetés que l'on ne sait par où commencer. Tout est faux et à reprendre à la simple lecture des documents, lecture qui, évidemment, ressort d'une autre démarche intellectuelle que la spéculation.

Quelques évidences tout d'abord : les rappels de l'interdiction de l'usure, rappels précis, circonstanciés, adaptés à chaque pratique, certes furent très fréquents, constamment renouvelés, édictés non seulement par l'Eglise elle-même à différents degrés de la hiérarchie, mais tout autant par le gouvernement princier ou municipal. Cependant, la multiplication des règlements et interdictions n'est, en aucun cas, la preuve que les hommes s'y pliaient et que ces pratiques du prêt n'avaient pas cours ; tout au contraire, c'est le signe de graves résistances et désobéissances, et donc de la permanence des pratiques usuraires. Une abondante production réglementaire montre clairement que les infractions demeuraient nombreuses et que les hommes tenaient peu compte des interdictions.

D'autre part, si les mises en garde et, par avance, les condamnations si souvent reprises, non seulement des taux prohibitifs mais de toute manière de prêt rétribué, ne fait aucun doute, rien ne dit que les répressions effectives aient couramment suivi. Aux innombrables rappels des interdits ne répond, semble-t-il, qu'un petit nombre de procès et d'amendes. Les archives judiciaires, sur ce point, restent souvent muettes.

Coupable certes au regard des lois, de sa religion et de la société, le prêteur raisonnable, modeste dans ses exigences, s'interrogeait sans doute sur la gravité des fautes… et passait outre. Quant au prêteur invétéré, celui que nous désignons aujourd'hui du nom d'usurier, nous ne le voyons pas souvent poursuivi ni par l'Eglise ni par le bras séculier.

L'usurier répare certes ses torts : par des dons aux pauvres et aux œuvres charitables, mais le plus souvent au déclin de sa vie, au moment de rédiger son testament, privant ainsi ses enfants d'une part de l'héritage et leur laissant le soin de distribuer aumônes et legs aux hôpitaux ou aux couvents ; ses générosités allaient volontiers aux Frères mendiants qui, parmi les docteurs de l'Eglise, avaient mieux su accepter la nécessité de pratiques financières dans la conduite des affaires et proposé de judicieux assouplissements aux interdictions. Nous devons à ces réparations post-mortem de belles réalisations sociales, tel l'hôpital-hospice fondé à Prato par Francesco di Marco Datini[22] ; telle l'école de grammaire et d'abaque instituée par l'usurier milanais Tomaso Grassi[23] ; telle surtout, à Padoue, la chapelle dite des Scrovegni, ornée des célèbres peintures murales de Giotto (en 1304-1305), construite avec l'argent légué aux frères *Gaudenti* de *l'Ordini dei militi di Maria Vergina Gloriosa*, par le marchand Enrico Scrovegni pour racheter les fautes de son père Rinaldo, usurier notoire[24]. Réparations individuelles donc, hors de la répression judiciaire.

AFFAIRES ET SUBTERFUGES

Tout historien des pratiques monétaires et financières dans les sociétés médiévales, tant urbaines que rurales, constate que le prêt à intérêt se pratiquait partout, par tous, sous différentes manières et parfois vraiment à petit prix.

Entre négociants, armateurs, ou banquiers, rien ne pouvait se faire sans ce recours constant aux capitaux de tiers qui engageaient leur argent, supputaient risques et profits, spéculaient volontiers. Ceci, soit par les diverses formes d'associations commerciales, toutes largement pratiquées et bien autorisées : en Italie, par exemple, *commenda, societas, colleganza*, compagnies florentines à base familiale, compagnies génoises dites *a carati*, parfaitement anonymes[25]. Soit par les emprunts camouflés par diverses pratiques de plus en plus complexes ; *mutus gratis et amore Dei* écrivaient les notaires lorsqu'ils dressaient le contrat mais, en même temps, majoraient la somme prêtée et prévoyaient de très lourdes amendes pour les retards ; prêts dits « à risque maritime » qui aidaient à l'armement des navires et servaient d'assurance ; spéculations sur les changements de cours des différentes monnaies (prêt chiffré dans une monnaie et remboursable dans une autre) ; et surtout change et rechange par le *pacto di ricorsa* et même le *change sec* qui provoquaient l'échange de lettres ou d'informations par centaines entre les grandes places financières de l'Occident[26]. Ces procédés, très communs, utilisés, en Italie du moins, à différents niveaux de la société marchande, témoignent d'une étonnante alacrité d'esprit, d'une grande habileté à manier chiffres et fractions et, souvent, d'un réseau de renseignements bien au point. Elles ont connu un tel succès que d'importants éléments des activités économiques ont dû leur existence ou leur développement à cette utilisation intensive des subterfuges pour pratiquer le prêt à intérêt sans enfreindre ouvertement l'interdit[27].

Une preuve de cet usage intense, tout à fait admis entre négociants ou banquiers, nous la trouvons dans la faiblesse des taux d'intérêts. Pour qui prend la peine de démonter le mécanisme et recueillir les données nécessaires (cours des monnaies et taux de change), les analyses montrent, invariablement, que ces taux varient entre 7 et 12 pour cent[28] ; un niveau tout à fait raisonnable qui témoigne d'une économie qui s'est largement affranchie de la pénurie des investissements, qui tournait résolument le dos à ce caractère « artisanal », « moyenâgeux », que nous lui attribuons volontiers. A un moment où, d'après certains, les grands marchands auraient souhaité une réforme de l'Eglise pour mieux mener leurs affaires, celles-ci bénéficiaient en réalité de grandes facilités de crédit, et ces mêmes marchands avaient si bien appris à tourner les commandements, à mettre sur pied une vaste gamme de pratiques parallèles parfaitement maîtrisées, que ces exercices étaient devenus de pure routine. L'Eglise n'a pas freiné le développement du crédit. Hommes d'affaires et hommes d'Eglise s'entendaient bien ; les uns et les autres savaient composer et ces arrangements nous paraissent plus vraisemblables, plus conformes à la marche d'une société que des exigences et des respects absolus des interdits.

Certes, la prudence ou le bon ton exigeaient de ne jamais faire clairement état des intérêts du prêt ; de se plier à ces pratiques de contournement, certaines très alambiquées, et de n'indiquer ni le montant ni même l'attente d'un bénéfice. C'était sacrifier (hypocrisie bien sûr...) aux règlements. Mais pas seulement à ceux du clergé ; l'Eglise et ses éventuelles peines spirituelles n'étaient pas seules en cause. Comptaient autant la pression sociale, la renommée auprès des concitoyens, le qu'en-dira-t-on en somme. Dans les années 1450, les marchands et financiers génois qui, dans leur ville, respectaient scrupuleusement les habitudes et les discrétions, qui n'indiquaient jamais dans leurs livres de comptes l'intérêt de leurs prêts d'argent, le faisaient ouvertement, très naturellement et sans aucune sorte de précaution, lorsqu'ils résidaient à Londres : alors leurs opérations comptables avec le taux de l'intérêt pour chacun des prêts consentis apparaissent parfaitement claires[29]. Ce qui n'était pas possible chez soi, sous l'œil des voisins et des amis, le devient au-delà des mers.

Procédés ingénieux pour tourner les règlements, subterfuges et tromperies donc ? Sans doute… Cependant, tout nous dit que ces manières et ces camoufflages ne leurraient personne. Non seulement le marchand averti savait où emprunter, mais il se tenait au courant des variations de l'intérêt d'une place ou d'une saison à l'autre, et menait ses affaires en conséquence. Dans les années 1339-1340, Francesco Pegolotti, facteur de la Compagnie florentine des Bardi, consacrait de longs chapitres de sa *Pratica della Mercatura* à dire, pour l'édification des négociants, en quelles occasions ou en quels mois de l'année l'« argent était plus cher » (le taux de l'intérêt plus élevé) dans nombre de ports et villes, non seulement d'Italie mais aussi d'Orient et d'Occident[30].

L'important était de connaître très vite, autant que possible avant d'autres, les cours des marchandises et ce prix de l'argent. Informations et spéculations exigeaient précautions et manœuvres, mobilisaient les énergies de facteurs ou courtiers toujours tenus en haleine. Les correspondants des compagnies, responsables des comptoirs ou des filiales, agents stipendiés, se plaignaient régulièrement de devoir si souvent écrire pour communiquer nouvelles et chiffres ; ils disaient leur peine et leur fatigue à passer de longues heures à faire leurs lettres, éclairés de maigres chandelles pour s'assurer du secret ; chacune de ces lettres se terminait invariablement par les cours du change des principales monnaies étrangères ; ce qui permettait à leur patron, à plusieurs centaines de lieues de là, de mieux organiser ses opérations de change et de rechange et, donc, de prêts d'argent, à meilleur compte[31].

Loin de refuser les profits de l'argent, l'homme d'affaires spéculait sur tout. Lorsque, dans les années 1300, les compagnies florentines mirent sur pied le premier service de poste régulier, en particulier avec la cour pontificale d'Avignon, elles acceptèrent certes de prendre également les lettres de leurs voisins et concurrents ; mais leur facteur avait ordre de ne distribuer ces dernières que vingt-quatre heures après l'arrivée de leur courrier porteur de la *scarsella* (« l'escarcelle »)[32].

Affirmer que l'esprit de spéculation, ou capitaliste, ne pouvait se développer et conduire les affaires dans ces temps de « barbarie médiévale »... Dire, avec Sombart, que cet esprit de profit est né dans les communautés israélites, ou, avec Werner, seulement au temps de la Réforme dans les milieux marqués par le calvinisme, ou encore, comme l'écrivent les professionnels de la copie conforme, seulement lors des Temps « modernes », avec la Renaissance, passé un « seuil » économique... Tout cela relève de pure fantaisie.

Chacun sait aussi, du moins parmi les historiens des doctrines économiques, que l'Eglise elle-même avait, sur certains points, nuancé sa position et levé quelques interdits ; ses docteurs et censeurs reconnaissaient que le profit de l'argent devenait licite dès que le service rendu devenait indispensable ou que le risque encouru s'avérait important. Les Dominicains et les Franciscains, très liés au monde des affaires, ont beaucoup œuvré en ce sens et étendu les justifications à nombre de pratiques financières[33]. C'est ainsi que peu à peu l'assurance maritime, longtemps réduite à des subterfuges, finit par s'exercer au grand jour. Un courtier d'assurance génois, appelé, en 1463, à porter témoignage devant notaire, disait alors on ne peut plus clairement que les contrats d'assurance maritime étaient, par lui et ses voisins de banc, établis sous la forme de vente simulée des navires ou des marchandises ; que cela se faisait communément sur la place publique et que toute la ville était au courant. Or, dès ce moment et surtout dans les années suivantes, les notaires, tout en continuant à utiliser les formules de la vente fictive, commençaient à indiquer en clair le taux de la prime[34].

La sale usure

Il s'agit de l'usure abusive, de petites sommes empruntées pour de courtes périodes par les paysans pour acheter semences, outils ou animaux de trait, par les artisans à court de rentrées d'argent, par toutes sortes de petites gens pour faire face à des dépenses exceptionnelles (mariages des filles, achats de vêtements, remboursements d'autres dettes). Ces prêts ressortissaient d'un système et d'un contexte social très différents. Sur ces pratiques et les relations humaines qu'elles provoquaient, l'Histoire nous a bien informés : le prêteur, usurier sans vergogne, exigeait des taux prohibitifs et, très souvent, confisquait les gages ; c'était généralement un Juif, naturellement rejeté par la communauté urbaine, réduit à mener ses affaires dans l'ombre, à vivre dans un ghetto. Mais, là aussi, l'image est excessive, par manque, jusqu'à ces derniers temps, de véritables recherches.

Juifs et chrétiens : une collaboration ?

Est à revoir, au premier chef, la position sociale des Israélites dans différents pays d'Europe chrétienne. Les communautés juives n'étaient pas forcément exclues, nettement séparées, cantonnées dans une *juiverie* (le mot de *ghetto* n'apparaît que plus tard), dans un quartier fermé, en tous cas soigneusement isolé. Dans certaines régions, dans les villes de Provence par exemple, c'était tout le contraire et les Juifs demeuraient presque toujours dans plusieurs secteurs de la cité, parfois dans un proche voisinage avec les chrétiens[35]. L'étude de ces implantations topographiques n'a pas encore été conduite d'une façon précise pour toutes nos villes ; elle ménagerait quelques surprises…

D'autre part, les Israélites n'étaient pas seulement prêteurs sur gages ; loin de là : nous les trouvons communément petits marchands, négociants de grains et de bétail dans les campagnes, artisans du cuir et des textiles, médecins dans les villes[36].

Sur le plan des affaires, les prêteurs juifs ne se retranchaient pas de la bonne société chrétienne. Ils collaboraient souvent avec les financiers de la ville ou de simples bourgeois en quête de bons investissements ; à tel point que l'argent prêté par les Juifs provenait communément de familles citadines qui se servaient d'eux comme intermédiaires pour ne pas paraître ouvertement exercer ces activités, pour cacher leurs disponibilités et ne pas payer de taxes sur ces revenus. C'est pourquoi la commune de Sienne décidait, en 1457, que « lesdits Juifs sont tenus de faire connaître tous les citoyens et habitants de la ville qui ont de l'argent placé dans leur *presto* ». Vers 1480, un chroniqueur de Mantoue soutenait que les banques de prêt tenues par des Israélites appartenaient en fait aux Trotti, grands financiers chrétiens. Lorsque le pape, en 1460, projette d'imposer une taxe de 5 pour cent sur les capitaux des Juifs, le duc de Milan, Francesco Sforza, veut l'en dissuader car ce serait une « charge insupportable » pour ses sujets, puisque « beaucoup de capitaux des chrétiens sont pour lors entre les mains des Juifs ». Imposer les usuriers juifs reviendrait à faire perdre de l'argent à une « grande et infinie quantité » de chrétiens[37]…

Dans quelques villes d'Italie, les Juifs trouvaient effectivement des protecteurs parmi les grandes familles nobles et tenaient leurs officines d'usurier aux portes mêmes de leurs palais. Ainsi à Florence, où ils souffraient pourtant de la concurrence des « changeurs » de la cité, fort actifs, peu scrupuleux. Neri di Bicci, peintre florentin d'audience modeste et souvent besogneux, empruntait volontiers à toutes sortes de personnes et portait quantité d'objets domestiques en gage (vêtements, ceintures de soie, vaisselle d'argent et bijoux). Dans les années 1450, il se rendait dans l'une des banques de prêt récemment ouvertes par des Juifs dans le quartier de Santa Trinità. Cette « table » d'usurier, prêteur sur gages, était tenue par un homme que l'on appelait l'« Ebreo degli Spini » ; elle était installée, précisément, dans l'une des maisons de la famille noble des Spini. Le registre comptable de ce même peintre, décidément souvent à court d'argent, montre aussi de beaux vêtements laissés en gage chez l'« Ebreo degli Arrigucci » et chez l'« Ebreo di Borghese »[38].

Lombards, changeurs et marchands

Comment peut-on lier aussi étroitement usure et qualité de non-chrétien, exclu de l'Eglise, alors que les concurrents des Juifs, pour les prêts sur gages dans les campagnes et dans les villes, furent les « Cahorsins » puis ceux que l'on appelait couramment les « Lombards ». Les premiers, certes, ont à un moment souffert de l'accusation d'hérésie, accusation plutôt prétexte à l'intervention des armées capétiennes vers le sud et à la confiscation de leurs biens. Mais les Lombards ne tombaient, en aucun cas, sous le coup d'une quelconque suspicion. D'abord, effectivement, hommes de Plaisance et des villes de la vallée du Pô, puis Toscans de Florence, Sienne ou Pistoia surtout, puis encore Piémontais d'Asti et de Chieri, ils s'étaient établis sans aucune difficulté, bénéficiant même de privilèges et de protections dans de très nombreuses villes de France, d'Angleterre, de Flandre et du Hainaut, de la vallée du Rhin[39].

Au départ, dans les années 1100 et 1200, les luttes entre les partis, les proscriptions et les exils furent presque toujours la cause de cette diaspora qui les conduisit loin de chez eux, en quête de petits profits, dans une situation précaire. Mais très vite les situations se sont éclaircies ; le Lombard nouait et maintenait des liens constants avec sa ville d'origine. Certains ont formé d'importantes compagnies de frères et de cousins qui étendaient leurs ramifications sur de vastes régions. Ils prêtaient bien sûr sur gages (objets, vêtements, terres, récoltes) mais pratiquaient aussi toutes sortes de négoces : sociétés marchandes sur un plus petit pied que les grandes compagnies mais, tout compte fait, de même nature et tout aussi respectables[40].

Sans aucun doute, les intérêts étaient très élevés, parfois scandaleux, et l'emprunteur se trouvait souvent, par l'accumulation des retards, amendes et pénalités, entraîné vers un véritable gouffre, perdant ses terres et ses instruments de travail. Peut-être était-ce, pour l'usurier, une politique arrêtée, l'appropriation des biens fonciers étant le but final de ces opérations. Nous pouvons, il est vrai, incriminer la misère des temps, l'injustice des destinées et l'avidité des usuriers. Mais, plutôt que d'y voir le propre de nos temps médiévaux chargés de tant d'iniquités, ne serait-il pas utile de comparer ces relations paysans-usuriers avec celles d'autres temps ou d'autres civilisations, considérées, a priori, comme étant moins engluées dans cet obscurantisme inéluctable ? Avec par exemple, ce que nous pouvons savoir de la vie des campagnes dans l'antiquité grecque ou romaine ? Ou encore, avec les Temps modernes et plus contemporains, au cours des années 1800 entre autres, dans nos villages ? Et, hors d'Europe, hier et aujourd'hui, avec toutes les formes d'exploitation et de spoliation, aussi sévères sinon plus, des paysans par les financiers de petit étage ou les propriétaires fonciers eux-mêmes ?

L'Eglise : sanctions ? protections ?

Ces prêteurs sur gages à la petite semaine, exigeaient beaucoup ; ils enfreignaient les lois de l'Eglise qui, pensons-nous, ne devait manifester à leur égard aucune tolérance mais les poursuivre de ses foudres. Cependant, ici non plus, l'examen des faits et des attitudes ne répond pas à l'attente. Certes, l'histoire de nos cités fut marquée par de violentes persécutions contre les Juifs et, parfois, contre les Lombards ; les gens du peuple, acculés à la ruine, descendaient dans les rues dans l'espoir d'annuler leurs dettes, mettaient les maisons de leurs créanciers au pillage, exigeaient leur départ. Souvent ils invoquaient, bien sûr, leur désir de chasser des impurs, Juifs ou hérétiques, et ces émeutes s'accompagnaient alors de grands mouvements de piété exacerbée. Mais est-ce pécher par pure invention que de dire que, lors de ces pogroms, Juifs et Lombards, et surtout les Juifs, ont souvent trouvé refuge auprès des évêques et des abbés, derrière les murs des couvents ?

Pour un François Xavier prêchant pureté et réparation, attisant les antagonismes et les violences, que de prélats, de Dominicains compatissants et protecteurs !... N'est-ce pas, plus tard, Rome et le pape qui accueillirent les Juifs chassés d'Espagne par les édits des rois catholiques[41] ?

Et de même, sans aucun doute dans des circonstances moins dramatiques, pour les Lombards... Lors des années 1280-1300, alors que leurs comptoirs de Paris tombaient sous le coup des persécutions royales, que leurs biens étaient confisqués et leurs créances annulées, les voici qui écrivent pour se donner réconfort, faire le point de la situation, se féliciter d'avoir pu sauver l'essentiel et, surtout, en insistant beaucoup, pour rendre grâce à tel abbé et tel évêque qui ont su les protéger et les aider à bien conduire leurs affaires[42].

Le roi et l'Eglise prêts à sévir ? sourcilleux de faire respecter les interdits ? Sûrement pas... Certes ils légifèrent, rappellent les condamnations et brandissent quelques menaces ou, plus modestement, par une démarche déjà en repli, essaient de définir des limites raisonnables au taux de l'intérêt. Certes, dans les années de mauvaises récoltes, devant la montée des plaintes puis de la colère des pauvres gens qui, devant l'impossibilité de payer même les amendes en retard, voient venir le moment des confiscations, le roi ou le prince, préoccupé de maintenir la paix sociale, cède aux récriminations et expulse Juifs ou Lombards. Double profit : pour les pauvres grâce au moratoire et à la satisfaction de voir leurs bourreaux chassés de leur ville ; pour la Couronne par la saisie des biens, par de lourdes amendes, par le fait aussi qu'une partie des créances était récupérée par les officiers de l'Etat qui en exigeaient fermement, et sans échappatoire cette fois, le paiement. Ces persécutions répondent avant tout à des préoccupations politiques et financières : apaiser les débiteurs entraînés vers le désastre tout en enrichissant le trésor royal, lui aussi souvent aux abois.

Contre l'avis des auteurs friands des habituels schémas, ces persécutions, confiscations et expulsions n'ont que peu à voir avec la lutte aveugle contre les non-chrétiens : les Lombards furent aussi durement et peut-être plus souvent frappés que les Juifs, tant par les émeutes populaires que par les édits royaux. Ne voir là qu'une marque d'intolérance, que le fait d'une défense de la religion et de ses préceptes, est se priver d'importants éléments d'appréciation.

Les relations entre les autorités civiles ou ecclésiastiques et les usuriers n'ont été, jusqu'à présent, que très peu étudiées. Cependant, quelques indications, ponctuelles mais très significatives, donnent une idée précise des complaisances et accommodements. En 1302-1305, les Gallerani, société de Lombards (ce sont, en fait, des Siennois) installée à Paris, ont consenti en quelques mois un nombre considérable de prêts à des paysans de l'Ile-de-France, dans une vaste zone allant de Taverny et Montmorency à Arpajon et Etampes. Ces prêts, d'une dizaine de sous ou de plusieurs livres, étaient naturellement gagés sur des pièces de terre ou des clos de vigne. Mais ces gages n'étaient pas, comme l'auraient été des objets mobiliers, livrés au moment du contrat ; les champs et clos restaient aux mains du débiteur. Comment pouvait-on penser les confisquer en cas de non-paiement ? Envoyer un commis affronter une communauté paysanne, forcément solidaire ? Certainement pas… Mieux valait s'assurer de sérieuses garanties. Aussi ces Lombards faisaient-ils enregistrer chacun de leurs prêts soit par le prévôt de Paris, soit par l'official (le juge) de l'évêque qui leur délivraient des lettres dites « de garantie » ou « d'obligation ». Lorsque s'accumulaient les retards, que le refus ou l'impossibilité de rembourser s'avéraient patents, les Gallerani requéraient aussitôt l'intervention des autorités. Le prévôt royal envoyait un sergent du Châtelet accompagné d'une petite escorte de gens d'armes confisquer les terres ; l'évêque brandissait les armes spirituelles, excommunication comprise[43]. Loin de le condamner, l'Eglise se portait à l'aide de l'usurier.

Usuriers bons chrétiens et bons bourgeois

Juifs et Lombards étaient des étrangers à leur milieu d'adoption, que l'on pouvait aisément, les circonstances pressant, désigner à la vindicte des foules ; de cette façon, le prêt à intérêt serait resté un phénomène social très particulier, limité à quelques individus montrés du doigt, dont les méfaits ne retombaient pas sur la communauté entière. Les bons chrétiens, gens de la ville et fidèles paroissiens, nous ne les imaginons pas capables de pratiquer aussi largement et aussi souvent une véritable usure. L'Eglise, nous a-t-on appris, l'interdisait et régnait alors sans partage sur des foules soumises à ses exigences, paralysées par la crainte des tabous et des condamnations.

Tout ceci est inexact et les enquêtes, même toutes simples, conduites à partir de documents privés très explicites, disent le contraire. Certes, de telles recherches, qui ne se contentent plus de rebâcher les schémas traditionnels, demeurent encore peu nombreuses : les textes particuliers manquent dans la plupart des cas ou ne sont pas d'approche aisée ; surtout, les conclusions ne connaissent qu'une diffusion fort restreinte. Mais, enfin, le voile se lève sur les réalités de ces trafics de l'argent entre chrétiens, et nous pouvons, sur le plan social, préciser et enrichir un tableau resté trop incomplet.

L'année 1400, le roi de France Charles VI demandait que soit entreprise une enquête sur « toutes manières de Lombards et autres gens prestans à usure et faisant faulx contraulx illusoires... » afin d'examiner leurs comptes et de les frapper d'amendes. Les commissaires royaux effectuèrent alors de longs voyages, quatre années de suite, dans le nord de la France : Picardie, Champagne, Ile-de-France et Touraine. L'affaire s'est soldée par 520 amendes, imposée sur 491 « usuriers ». Certes, trois grandes familles lombardes d'Asti, implantées grâce à leurs nombreux parents ou commis dans plusieurs villes, se trouvèrent ainsi répertoriées et soumises à de dures réparations ; de leur côté, les « Lombards de Rouen », indépendants de ceux-ci, payèrent effectivement une des plus fortes amendes : douze cents livres, somme considérable. Ce sont là les seuls étrangers : quatre compagnies, pas davantage. Tous les autres usuriers, 487 au total, étaient bien Français d'origine, venus pour quelques-uns, peu nombreux, des provinces éloignées (du Languedoc en particulier), mais presque tous citoyens précisément des villes où ils exerçaient leur trafic. Et plusieurs d'entre eux ne se contentaient certainement pas de petits prêts, occasionnels : un Pierre du Chemin fut taxé quatre cents livres, un Pierre Belle seize cents... Tous étaient bons chrétiens, bons bourgeois[44].

Ces prêteurs, hommes de leur ville et parfaitement insérés dans la société, étaient-ils des marchands, adonnés à différents trafics de l'argent, bien avertis des diverses fluctuations des monnaies ? Pas seulement... et, là encore, les preuves abondent d'une très large diffusion, à tous les niveaux de la société, de ces emprunts contre divers dédommagements. A Montbrison par exemple, et dans d'autres villes du Forez, centres de foires ou de grands marchés, les testaments de quelques bourgeois nous les montrent préoccupés de dresser, pour leurs héritiers, la liste de leurs créances ; ils alignent des noms, précisent les sommes engagées et les modalités des remboursements. En aucun cas on ne les voit faire de cadeau. Ils semblent parfaitement à l'aise. Hugues Maniglier, qui fut marguillier de la collégiale Notre-Dame de Montbrison et fit fortune dans le commerce de la cire, des draps, du froment, du seigle et du vin, laisse à sa mort un grand nombre de reconnaissances de dettes dûment enregistrées. Le plus riche des bouchers de la ville, Mathieu Chambon, prêtait couramment à sept pour cent d'intérêt et gardait dans son coffre cent trente-deux créances, pour la forte somme de quinze cents livres tournois ; le tiers de ces dettes, contractées par des paysans des environs ou de petits artisans, datait de plus de dix ans ; certaines étaient accompagnées de gages hétéroclites ; d'autres prévoyaient la confiscation des terres et, effectivement, ce boucher réussit de la sorte à rassembler une belle fortune foncière : champs, prés, vignes et rentes[45].

Nous voyons aussi, aux temps difficiles de la guerre de Cent Ans, des bourgeois d'Angers et du Mans prêter de l'argent à des nobles prisonniers des Anglais, pour qu'ils puissent payer leur rançon ; ils prenaient des bijoux en gage[46]. Beaucoup plus tôt, en 1294, à Lille, six bourgeois obtenaient du comte le monopole des opérations de banque et de change ; ils prêtaient régulièrement à intérêt, à toutes sortes de personnes, sans demander de gages puisque forts de la garantie du prince ; ces hommes étaient de familles honorablement connues, échevins parfois, courtiers en laine ou marchands de draps[47].

Les nobles prêtaient aussi volontiers de l'argent contre intérêt, soit directement dans leur fief à leurs paysans, soit dans les villes, à Paris surtout, par un intermédiaire qui leur rendait des comptes[48]. Et de même pour les gens d'Eglise : en Angleterre, l'évêque de Coventry, l'archevêque d'York et trois clercs de la chancellerie royale ont, de 1335 à 1385, fait enregistrer plus de deux cent vingt reconnaissances de dettes signées par des chevaliers ou d'autres membres du clergé, toutes pour de petites sommes et à court terme, visiblement pour faire face à des urgences[49].

En Italie, tous les registres privés, d'une authenticité indiscutable, témoignent de la constante pratique des prêts entre citadins, entre voisins, ou de citadins aux paysans, et souvent entre gens de petites conditions. Le chef de famille engageait une pièce de vaisselle, du linge de table ou de beaux vêtements. Nombre de ces services, certes, étaient de pure amitié, et gratuits ; mais pas tous, et nous discernons aisément les profits. Ces petites gens vivaient certes bien mais semblaient toujours à court d'argent ; les hommes et les femmes empruntaient sans cesse, remboursaient le moment venu, prêtaient eux-mêmes à d'autres. Ils ne s'en cachaient absolument pas et ne cherchaient pas à taire leurs gains. Ces pratiques de l'emprunt, très ordinaires, tissaient la toile de fond des relations sociales.

Et les paysans ? Faut-il les croire à l'abri des mœurs pernicieuses de la ville, respectueux donc des interdictions ? Pour une certaine littérature qui, d'ailleurs, n'est pas propre à cette époque, l'homme des champs restait pur de toute spéculation et n'amassait de petits profits qu'au prix de durs labeurs.

Le processus des prêts gagés sur les terres était pourtant connu depuis très longtemps. Tous les ouvrages qui décrivent la vie rurale et la condition des hommes en ont parlé, mais, souvent, sans insister ni en relever la signification.

Au fil des temps et selon les régions, les accords portaient des noms variés mais le principe et le résultat demeurait toujours les mêmes. La pratique, certes, vise à cacher l'usure ; inattaquable peut-être, elle se découvre pourtant sans mal. Le paysan en quête d'un prêt vendait une pièce de terre et recevait aussitôt, en argent frais, le prix fixé ; le contrat précisait que la vente était révocable à sa convenance dès qu'il remboursait sa dette. Entre-temps, il reprenait de l'acheteur la jouissance de cette même terre ; il la cultivait contre un loyer annuel qui représentait ainsi l'intérêt de l'argent prêté. Ces prêts, appelés le plus souvent « locations-ventes », furent largement pratiqués très tôt, sans doute dès les années mille et dans tous les pays d'Occident ; on en trouve traces par centaines et, parce que le gage paraissait plus solide que d'autres, le taux de l'intérêt se maintenait, face à notre conception de l'usure médiévale, étonnamment faible : en général de 10 à 12 pour cent. Les acheteurs-prêteurs n'étaient ni Juifs ni Lombards, ni toujours gros bourgeois, changeurs ou bons marchands ; mais, plus souvent, soit des artisans du village soit, surtout, des paysans eux-mêmes, appartenant à la même communauté rurale, des voisins en somme, mieux lotis. Ces pratiques très courantes, parfaitement au point et relativement bon marché, intéressaient de très larges strates de la société campagnarde et, à l'intérieur du monde paysan, ne suscitaient aucune réprobation. Les censeurs de l'Eglise n'y faisaient pas allusion.

CONCLUSION

Les faits parlent clairement : pendant de longs siècles du Moyen Age, en fait aussi haut dans le temps que remonte notre documentation, les prêts à intérêts furent largement pratiqués en toutes sortes d'occasions, à la ville comme à la campagne, par des hommes de toute profession qui se situaient à des niveaux de fortune et de renommée fort différents. Juifs et Lombards tenaient sans doute leurs officines plus ouvertes que les autres, elles plus discrètes, mais ne se réservaient, en fin de compte, qu'un nombre limité d'opérations ; souvent, ils n'étaient que des intermédiaires appliqués à faire fructifier l'argent de bons bourgeois chrétiens.

Chacun était à sa façon créancier de son voisin et en attendait des services ou, plus communément, un profit pécunier soigneusement fixé à l'avance, faute de quoi diverses sanctions elles aussi codifiées et contraignantes frappaient le débiteur insolvable ou récalcitrant. Hors des moments difficiles et des menaces d'émotion populaire, les pouvoirs administratifs et l'Eglise n'y voyaient pas de mal et pesaient de leur poids pour exiger le remboursement des dettes, augmentées des intérêts ou pénalités prévus.

Tout ceci est certitude… et pourtant s'inscrit complètement en faux contre la chose écrite et enseignée depuis plusieurs générations, et réduit à néant de brillantes thèses échafaudées sur des postulats trop fragiles, thèses qui n'avaient bénéficié d'aucune recherche un tant soit peu attentive. Rien d'exceptionnel ni vraiment d'étonnant en cela... Nombre d'idées aussi bien reçues, aussi communément diffusées dans nos livres, méritaient, elles aussi, sinon une totale révision, du moins un sérieux dépoussiérage.

Pourquoi l'erreur ?

Il faut avouer et admettre que la « création » historique ressortit d'un processus complexe, soumis à nombre d'aléas et d'influences. Elle s'affirme rarement libre mais au contraire marquée par le « climat » politique et social, par les curiosités et les préoccupations du temps, ou, parfois, outrageusement volontariste au service d'une idéologie, d'une cause supportée avec l'enthousiasme des néophytes, ou encore, la « roublardise » des séducteurs professionnels de la pensée.

Cependant, n'insistons pas trop à nouveau sur les mauvaises intentions des écrivains, « historiens », pamphlétaires intarissables ou romanciers, engagés depuis longtemps dans la lutte pour discréditer tout ce qui, dans le passé, ne cadrait pas avec leur idéal d'Etat centralisateur, tout ce qui leur semblait étranger au « progrès » industriel, marchand, bourgeois. Ces auteurs ont, en toute impunité, fait notre histoire officielle. Nous leur devons cette image du Moyen Age qui s'impose encore, à peine nuancée, dans notre folklore politique et notre bagage culturel ; image sinistre, faussée jusqu'à paraître l'envers des réalités.

Pensons plutôt aux honnêtes gens, aux historiens que n'habite a priori aucun engagement, ni même aucune intention de démontrer ou de moraliser. La tâche n'est pas si facile, et la voie constamment semée d'embûches.

Tout d'abord, il peut sembler naturel d'aborder la recherche avec au moins une première idée en tête, d'en chercher alors illustration et confirmation, ne serait-ce que pour guider les pas, faire le tri des documents et informations ; de favoriser cette « hypothèse de travail » et de négliger les faits, pourtant parfois indiscutables, qui pourraient aller contre ; on use alors de faux-fuyants puérils, aussi grotesques même que la trop célèbre formule de l'« exception qui confirme la règle ». Dans ce processus, les découvertes ne s'interprètent qu'à la lumière de l'hypothèse initiale. Un de nos maîtres, fondateur de l'école dite « des Annales », que nous admirons encore et à juste titre pour de solides travaux, osait écrire dans un ouvrage consacré au métier d'historien que « si l'on ne sait ce que l'on cherche, l'on ne sait pas ce que l'on trouve ». Mais qui détermine l'hypothèse ? La mode ?, le conformisme ?, le désir de plaire et de ne pas s'écarter de ce qui est admis en général ou affirmé par un brillant polygraphe ? Trop de nos étudiants, jeunes chercheurs de bonne volonté et parfaitement armés pour de sérieuses investigations, capables d'en tirer eux-mêmes les conclusions, se croient obligés de consacrer leurs efforts à simplement confirmer, dans leur propre champ de recherches, ce qu'ils ont relevé dans un manuel sous la plume d'un « grand médiéviste ». L'Histoire n'est pas illustration des fortes pensées.

Elle n'est pas non plus simple application des règles générales et c'est se fourvoyer que d'œuvrer pour apporter une pierre de plus de taille et très brillante qu'importe... à un édifice déjà quasi achevé. Certes, la formulation des conclusions à valeur démonstrative s'avère satisfaisante pour l'esprit. Mais, outre le fait qu'il s'agit là encore de soutenir forcément une hypothèse de départ, c'est imposer à soi-même et à ses lecteurs une vue très particulière des structures sociales et de leur évolution. Certains voudraient nous faire croire à un destin inéluctable, à une marche de l'humanité, régulière et uniforme, passant par plusieurs stades plus ou moins bien définis, en un mot au « sens de l'Histoire ». D'autres, loin d'adhérer à ces schémas, pensent cependant que, dans des circonstances à peu près semblables, l'Histoire se répète ou, du moins, qu'une analyse établie ici vaut aussi ailleurs. La recherche historique se limiterait alors, une fois la règle établie, à exhumer des détails au simple niveau de l'anecdote. Pour cette longue période dite du Moyen Age, en tout cas, il y faut renoncer. N'en déplaise à ceux qui nous reprocheraient de dresser « trop d'arbres cachant la forêt », tout est ici diversité : images d'un monde compartimenté où les relations entre les pays, relations certes aisées, n'impliquaient pas servitudes culturelles ; d'un monde que divers procédés d'administration n'avaient pas encore broyé dans le même moule. De ce fait, les leçons générales et les belles formules, bonheur des pédagogues, nous induisent en erreur et, de plus, sclérosent la recherche. Pourquoi, en effet, s'employer à découvrir ce que l'on pense déjà connaître ?

Reste enfin et surtout le « document » : mot galvaudé, employé à tort et à travers, pour désigner n'importe quoi. Or il est bien certain que chaque période, chaque « âge » même, nous offre une documentation propre, différente souvent des autres, plus ou moins accessible et facile à interpréter. Les difficultés, on l'oublie trop volontiers, se situent à divers niveaux et, d'un texte à l'autre, sont parfois sans commune mesure. S'attaquer aux plus ardus, les plus riches de renseignements précis, les plus « authentiques » aussi, demande compétence et effort.

Comment ne pas comprendre que les auteurs lancés les premiers dans l'aventure historique, privés de points de repère et de jalons, de trames chronologiques et institutionnelles convenables, se soient limités d'abord à l'essentiel, à savoir l'histoire événementielle et politique ; et, pour le reste, s'en soient tenus aux documents les plus aisés, pieusement conservés, en bon état, de bonne écriture, à des textes « officiels », réglementaires ou administratifs qui, en peu de lignes, apprennent (ou apportent...) beaucoup ? Comment ne pas comprendre aussi (mais, pour ma part, avec infiniment moins de sympathie) que certains auteurs d'aujourd'hui pressés d'écrire, souvent embarrassés et même incapables de déchiffrer une véritable source, se limitent à de telles lectures ? Trop d'historiens, quelques-uns de grande renommée, dissertent savamment du passé sans se référer suffisamment aux documents d'archives… et tant d'autres qui ont, au temps de leurs véritables recherches, donné d'indiscutables preuves de leur compétence, l'oublient pour se cantonner dans le domaine des réflexions ou des évocations rapides.

Pour une très large part, toutes mauvaises intentions exclues, l'image de notre Moyen Age et la kyrielle d'erreurs qu'elle emporte avec elle viennent de ces choix documentaires. Qui veut décrire les sociétés, les relations humaines, la vie quotidienne, les formes de civilisation, s'adresse volontiers aux textes littéraires, largement sollicités. Chansons de geste, cycles poétiques, farces et soties, sermons des prédicateurs, chroniques ou traités de morale, donnent là quantité d'informations immédiatement exploitables. Ce sont des mines inépuisables. Et, de plus, d'un accès merveilleusement aisé : beaux manuscrits, calligraphiés, illustrés parfois d'enluminures ; les plus importants sont édités, accompagnés de notes précieuses et de glossaires de qualité. Aucune difficulté de lecture…

Mais… qui peut oublier que ces « documents » ne donnent évidemment qu'un certain reflet de la réalité ? Qu'entre celle-ci et le tableau qu'ils en proposent s'interposent les intentions et l'art de l'auteur doué d'une personnalité propre, marqué par ses préoccupations et ses engagements, soumis à la commande passée par le maître ou au goût du public qu'il veut atteindre ? L'art littéraire existe… ! Témoignages indispensables pour qui veut étudier les courants d'opinion, les modes, les cheminements de la création littéraire et les stéréotypes, ces textes ne peuvent être pris qu'au deuxième degré par l'historien des sociétés qui veut se limiter au concret. L'écrivain crée, enjolive ou caricature autant que l'artiste peintre. Or, nous avons renoncé à considérer les scènes de genre des peintures des manuscrits ou des sculptures aux portails et aux chapiteaux de nos églises, comme des sources iconographiques parfaites pour la connaissance des architectures, des costumes, des outils agraires, des us et des coutumes...

Ce divorce ou ces nuances entre réalité et représentation, artistique ou littéraire, sont de tous les temps. A qui ferait-on croire que le théâtre de Boulevard d'hier donnait un reflet exact de la société bourgeoise d'alors ? Et les séries américaines dont nous abreuvent si généreusement nos chaînes de télévision, une image des villes d'aujourd'hui, outre-Attlantique même ? Sans parler des justifications après coup, des mauvais plaidoyers... Qui, dans un demi-siècle, écrirait sérieusement notre histoire en démarquant les mirobolants Mémoires d'un de nos hommes politiques ? Nombre d'auteurs, non de romans mais de véritables livres d'histoire, ont pourtant usé et usent encore de ces procédés, parlant des mœurs des religieux d'après le *Decameron* et autres contes ou farces, des pratiques des marchands en se référant aux anathèmes des sermonneurs ; d'autres évoquent la vie de Louis IX en citant de longs passages de l'hagiographie de Joinville ; d'autres encore décrivent la vie quotidienne des seigneurs en ne prenant pour sources que les chansons de gestes. C'est ainsi que quelques auteurs, marchant dans le sens du vent, ont prétendu que la femme au Moyen Age souffrait d'une condition inférieure, d'un véritable et dur mépris, en arguant simplement du fait qu'elle n'apparaissait pas souvent ou pas du tout dans les romans de chevalerie, Guillaume le Maréchal et autres... : sociétés de guerriers, disaient-ils, où la femme n'était qu'objet destiné au repos du combattant, aux plaisirs passagers et à la procréation de l'héritier mâle. Trouvons-nous, depuis lors, les femmes en bonne place dans les récits de l'ère « moderne », de Marignan à Verdun et au Pacifique ? Ou dans les comptes rendus de certaines compétitions sportives ?

Nous utilisons aussi, pour la vie quotidienne dans nos villes et les mœurs bourgeoises, de nombreux rappels de ce que montraient les œuvres satiriques, les fabliaux et les farces, ou, dans un registre différent, quelques traités d'économie domestique sur la façon de se bien comporter et de mener ses enfants ou ses serviteurs. Qui se priverait alors de citer le si célèbre *Ménagier de Paris*, écrit vers 1390 par un inconnu, que l'on croit « bourgeois et aisé » ? De ces lectures viennent nombre d'affirmations péremptoires sur la condition de la femme, en général, à travers tout notre Moyen Age. Est-ce bien sérieux ? Ce qui serait vrai – supposition déjà bien hasardée – à Paris, le serait-il ailleurs ? A Toulouse ou à Marseille ? Les Florentins s'effarouchaient et s'indignaient de la liberté de mœurs qu'affichaient les femmes de Gênes… Et ces auteurs, celui du *Ménagier* entre autres, les connaissons-nous autrement que par leurs écrits ? Ce bourgeois était-il un homme sensé ou un grincheux, avare et acariâtre, qui trouvait là occasion d'exhaler sa bile ? Ainsi écrit-on trop souvent l'histoire sociale… Il y faudrait autre chose.

Le véritable document apporte certes davantage. Mais encore… Inutile de longuement rappeler qu'une ordonnance royale ou municipale, qu'une bulle pontificale, qu'un décret d'un synode, ne témoignent jamais que d'une intention et non du respect des dispositions ou interdictions ; qu'un registre fiscal, qu'un censier ou un livre de la taille qui donnent la liste des assujettis ne permettent en aucune façon de déterminer qui a effectivement payé et combien. Trop de naïveté ici a souvent conduit à de graves erreurs. Le maniement des textes n'est pas travail d'amateurs trop pressés.

Au total, nous voyons bien que, plus l'historien veut cerner la réalité quotidienne, plus il lui faut s'affranchir des belles séries de la documentation officielle si aisée d'accès, bien répertoriée, utilisée déjà à maintes et maintes reprises, pour s'engager dans la quête hasardeuse de textes mal connus, beaucoup moins « nobles », épars et incomplets la plupart du temps, généralement mal écrits et d'une langue incertaine, sur de mauvais papiers et maintenant livrés à lui en piteux état. Il ne fait aucun doute que ces lectures très difficiles, pour des résultats souvent ponctuels, peuvent sembler ingrates. Nombre d'auteurs renoncent encore, préférant énoncer de grands postulats ou broder et renchérir sur les anciens. Mais de cette façon seulement l'Histoire peut aborder d'autres domaines de recherche ou, par l'analyse des faits réels, nuancer voire démentir les règles générales, ces constructions de l'esprit qui devaient beaucoup à des a priori ou à des engagements dont nous n'avons que faire : une révision qui n'appelle pas à forger d'autres théories, par force tout aussi factices, mais à opposer le concret aux abstractions.

NOTES

Avant-propos

1. Francesco Guicciardini, tombé en disgrâce en 1537 pour avoir déplu à Côme de Médias, nourrit son exil d'amères réflexions sur les vices de son temps. Dans la *Storia d'Italia*, il consacre un long développement aux exploits des navigateurs portugais et espagnols, mais aussitôt oppose les mœurs des Indiens si proches de la nature à celles du vieux monde corrompu : «... ils se contentent des bontés de la nature ; ils ne sont tourmentés ni par l'avarice ni par l'ambition mais vivent heureux n'ayant ni religion, ni instruction, ni habileté de métiers, ni expérience des armes et de la guerre... ». *Storia d'Italia*, a cura di FR. CATALANO, Milan, 1975, vol. I. pp. 209-210.

2. Nous en voyons de bons exemples, ces temps derniers, à l'occasion des commémorations de la découverte de l'Amérique. Certains auteurs, ou commentateurs, ou journalistes, se demandent gravement où placer Christophe Colomb : un homme « encore du Moyen Age » annonçant tout de même une ère nouvelle ou un « moderne » mal en son temps qui aurait eu le malheur de naître un peu trop tôt ? Faux problèmes, jeux puérils...

PREMIÈRE PARTIE

1. W.K. FERGUSON *la Renaissance dans la pensée historique*, Paris, 1950 (trad. de l'éd. anglaise de 1947) ; sur les his-

toriens protestants : pp. 52-62 et 76-77 ; sur l'emploi du mot « Moyen Age » : note 3, p. 75.

2. L'histoire « contemporaine » fut, en France, introduite dans les programmes des lycées en 1902. Dès lors furent clairement définies les quatre périodes... qui n'ont pas varié depuis. Il était précisé que la période « moderne » serait limitée aux XVIe-XVIIe siècles.

3. C'est ainsi que l'artisan d'une chronologie jointe à une version française de l'un des romans de Stevenson rappelle, pour l'an 1453, divers faits essentiels dont la victoire des Français à Castillon et la reprise de Bordeaux ; mais il précise aussitôt, dans la plus pure tradition : « Fin de la guerre de Cent Ans et fin du Moyen Age », ceci dans une publication de 1983. *Cf.* R.L. STEVENSON, *la Flèche noire* (éd. 10/18, Paris, 1983), p. 316.

4. A noter cependant, parue en 1941, la remarquable étude de synthèse de R. GANDILHON : *la Politique économique de Louis XI*, Paris, qui, injustement mise au ban par l'« école » des Annales, n'a pas connu le succès qu'elle méritait et n'a pas été aussitôt suivie d'ouvrages de même envergure.

5. A.R. BRIDBURY, *Economic growth England in the Late Middle Ages*, Londres, 1962, 2e éd., 1975 – W.G. HOSKINS, *The Making of English Landscape*, Londres, 1955.

6. Témoins les théories d'une école historique qui, en France, avec Ernest LABROUSSE, s'employait à tout expliquer par la conjoncture. Dans les années 1950, les cours polycopiés de Sorbonne donnaient une parfaite illustration de ces attitudes et des complaisances envers les « phases » et les « cycles ».

7. A.O. LOVEJOY, *The first gothic revival and the return to nature*. trad. fr. dans M. BARIDON, *le gothique des Lumières*, éd. Gérard Montfort, Saint-Pierre-de-Saleme, 1991, pp. 14-16.

8. W.K. FERGUSON, *la Renaissance...* note 1 p. 300 et p. 341.

9. J. GUIRAUD, *l'Eglise et les origines de la Renaissance*, Paris, 1902, pp. 59-60 et 71-73 – E.H. WILKINS, « The Coronation of Petrarca », *in Speculum*, 1943.

10. Sur les engagements et les écrits de Pétrarque à ce sujet, *cf* les analyses très pertinentes de W.K. FERGUSON, *la Renaissance...* pp. 16-18.

11. P.L. DE CASTRIS, *L'arte di Corte nella Napoli angioina*, Florence, 1986.

12. Sur tout ce qui précède, *cf* l'ouvrage très documenté et les analyses originales de M. WARNKE, *l'Artiste et la Cour. Aux origines, de Vartiste moderne*, Paris, 1989.

(éd. all., Cologne. 1985), pp. 13-211 – Egalement : E. MUENTZ, *Pétrarque : ses études d'art, son influence sur les artistes, ses portraits et ceux de Laure ; l'illustration de ses écrits*, Paris, 1902 – P. MURRAY, « On the date of Giotto's birth » *in Giotto e il suo tempo*, Rome, 1971, pp. 25-34 – A. SMART, « Quasi tutta la parte di sotto del Ghiberti e le attribuzioni del Vasari a Giotto degli affreschi d'Assisi » *in ibid.* pp. 79-103 – D. Russo, « Imaginaire et réalité : peindre en Italie aux derniers siècles du Moyen Age » *in Artistes, artisans et production artistique*, vol. I, Paris, 1986, pp. 354-380.

13. Bon résumé et analyses des problèmes dans le livre de E. PANOFSKY, *la Renaissance et ses avant-courriers dans l'art d'Occident*, Paris, 1990 (éd. anglaise, 1960), pp. 18 et sq. – Cf. aussi : M. BAXANDALL, *Giotto and the Orators. Humanist observers of painting in Italy and the discovery of pictural composition. 1350-1450*, Oxford, 1971.

14. R. SALVINI, *Tutta la pittura di Giotto, Milan*, 2e éd., 1962, p. 39.

15. N.F. FARAGLIA, « Barbato di Sulmona e gli uomini di lettere della corte di Roberto d'Angio » in *Archivio Storico Italiano*, 1889, pp. 313-360 – E.G. LÉONARD, *Un poète à la recherche d'une place et d'un ami : Boccace à Naples*, Paris, 1944, 2e éd., 1954.

16. M. WARNKE, *l'Artiste et la Cour...*

17. Article de H. HEIMPEL *in Archiv fur Kulturgeschichte*, 1953, cité par M. WARNKE, *l'Artiste et la Cour...*

18. E.H. WILKINS « Petrarch's last return to Provence » *in Speculum*, 1964 – M. MEISS, *Painting in Florence and Siena after the Black Death*, New York, 1964, pp. 70 et sq.

19. G. VASARI, *les Vies des meilleurs peintres, sculpteurs et architectes...*, éd. A. Chastel, Paris, 1981, II, 50 et 333.

20. *Ibid.*, VI., 28.

21. R.A. GOLDTHWAITE, *The Building of Renaissance Florence*, Baltimore, 1980, pp. 259-260 – G. GIORNI, « Della Famiglia alla Corte : Itinerari e allegorie nell epoca di L.B. Alberti » *in Bibliothèque d'Humanisme et de la Renaissance*, 1981.

22. M. WARNKE, *l'Artiste et la Cour...*, p. 46.

23. *Ibid.*, pp. 52-53.

24. VASARI et FILARETE cités par M. WARNKE *(l'Artiste et la Cour...*, pp. 138-139.).

25. J. GUIRAUD, *l'Eglise et les origines...*, p. 71.

26. E. PANOFSKY, « Dûrers Stellung zur Antike » *in Jahrbuch far Kuntsgechichte*, 1921-1922 (trad. anglaise *in Meaning in the Visual Arts)*, pp. 236 et sq.

27. G. VASARI, les *Vies*...

28. BOCCACE, *Decameron*, VI, 5.

29. F. VILLANI, *De Origine civitatis Florencie eiusdam famosis civibus*, éd. G.C. Galletti, Florence, 1847.

30. *Cf. supra* note n° 28.

31. FILARETE, *Trattato d'architettura*, éd. A. Finale, 2 vol. Milan, 1972.

32. *Ibid.* et A. Di TUCCIO MANETTI, *Vita di Filippo di ser Brunellesco*, Florence, 1927, pp. 18-19.

33. E. PANOFSKY, *la Renaissance*..., p. 24.

34. J.B. RIESS *Political Ideals in Medieval Arts. The frescoes in die Palazzo dei Priori di Perugia (1297)*, Michigan University Press, 1981.

35. G. VILLANI *Cronica*, éd. F.G. Dragomanni, 3 vol., Florence, 1847, Lib. XII, cap. 34.

36. MANETTI *Vita di... (cf. supra* note n° 32), pp. 78 et sq.

37. FILARETE *Trattato... (cf. supra* note n° 31), XIII, p. 428.

38. E. PANOFSKY *la Renaissance*..., p. 26.

39. M. BORSA « Pier Candido Decembrio e l'Umanesimo in Lombardia » *in Archivio Storico Lombardo*, 1893.

40. J. COLIN *Cyriaque d'Ancône*, Paris, 1981.

41. GHIBERTI *Commentari*, éd. J.V. Schlosser, Berlin, 1912, pp. 5-6.

42. CENNINO D'AANDREA CENNINI DA COLLE DI VAL DELSA, *IÎLibro dell Ane*, éd. D.V. Thompson, New Haven, 1893, II, p. 2.

43. BOCCACE *Decameron*, VI, 5.

44. Très intéressante mise au point de E. PANOFSKY *la Renaissance*..., pp. 33-34.

45. *Ibid.* et note n° 93 p. 50.

46. FÉLIBIEN DES AVAUX *Entretien sur les vies et sur les ouvrages des plus excellents peintres anciens et modernes*, 5 vol., Paris, 1666-1668. Cité par W.K. FERGUSON *la Renaissance*..., p. 69.

47. J. EVELYN *Account of Architects and Architecture*, 1697. Cité par A.O. LOVEJOY *Gothique*..., pp. 10-12.

48. MONTESQUIEU *Esquisse sur le goût*... Cité *ibid.* pp. 18-19.

49. Cité *ibid.* p. 25 et note n° 20 p. 54.

50. *Ibid*, pp. 19-20.

51. J. HUIZINGA « Das Probleme der Renaissance » *in Wege der Kulturgeschichte*, pp. 89 et sq.

52. E. PANOFSKY *la Renaissance...*, note n° 11. p. 41.

53. W.K. FERGUSON *la Renaissance...*, en particulier les derniers chapitres pp. 128 et sq.

54. A.O. LOVEJOY, *The first gothic...*, pp. 33-35.

55. I. HAMPSEL LIPSCHUTZ, *Spanish Painting and the French Romantics*, Harvard University Press, 1972.

56. T. GAUTIER, *Voyage en Espagne*, éd. J.-C. Berchet, Paris (éd. Garnier-Flammarion), 1981.

57. W.K. FERGUSON, *la Renaissance...*, pp. 122-123.

58. R. BEYER, préface à l'édition de la *Vie de Benvenuto Cellini écrite par lui-même*, Paris (éd. Juillard), 1965, p. 8.

59. J. BURCKHARDT, *la Civilisation de la Renaissance en Italie*, p. 9.

60. W.K. FERGUSON, *la Renaissance...*, note n° 6, p. 171.

61. *Itinerarium cuiiusdam anglici. 1344-1345*, éd. G. Golubovich, Karachi, 1923, t. IV, p. 434.

62. *Itinéraire d'Anselme Adorno en Terre Sainte. (1470-1471)*, éd. J. Heers et G. De Groer, Paris, (C.N.R.S.), 1978, p. 425.

63. D. COMPARETTI, *Virgilio nel Medio Evo.*, 2 vol., Florence, 1896, t. I, pp. 33. 49. 52. 126.

64. *Cf* en particulier les nombreux travaux d'E. FARAL, *Recherches sur les sources latines des contes et romans courtois du Moyen Age (1913)* et *l'Orientation actuelle des études relatives au latin médiéval (1923)*, qui affirme, entre autres : « Tout ce que le XVe siècle posséda de l'antiquité latine, excepté deux ou trois textes, le XIIe siècle l'avait possédé, l'avait médité. » Cité par W.K. FERGUSON, *la Renaissance...*, p. 302.

65. Dès 1913, le monumental ouvrage de P. DUHEM *(Etudes sur Léonard de Vinci, ceux qu'il a lu et ceux qui l'on lu*, 3 vol., Paris, 1913) mettait les choses au point. Vinrent ensuite, à quelques années d'intervalles, les études très documentées de HASKINS *(Etudes sur l'histoire de la science médiévale*, 1924), de THORNDIKE *(A History of magie and experimental science*, 6 vol., New York, 1923-1941) et SARTON *(Introduction of the History of Science*, 2 vol., Washington, 1927-1931) qui tous se refusaient à admettre la moindre discontinuité entre la science au Moyen Age et celle moderne. *Cf.* W.K. FERGUSON, *La Renaissance...*, p. 304.

66. Y. Renouard, *les Villes d'Italie de la fin du Xe au début du XIe siècle*, Paris, (S.E.D.E.S.), 2e éd. 1969, pp. 189-190.

67. J. Adhémar, *Influences antiques dans l'art du Moyen Age français ; recherches sur les thèmes et les sources d'inspiration*, Londres, 1937.

68. A. Grabar et C. Nordenfalk, *la Peinture du Haut Moyen Age*, Genève (éd. Skira), 1957 – J. Hubert, J. Porcher et W.F. Volbach, *l'Empire carolingien*, Paris (coll. *l'Univers des Formes)*.

69. C. Huelse *Le chiese di Roma nel Medio Evo*, Florence, 1926 – G. Lugli, *Roma antica ; il centro monumentale*, Rome, 1946.

70. G. Marchetti Longhi, « Le contracte medievali della zona » *in* « Circo Flaminio » ; Il « Calcarario ». *In Atti della Società Romana di Storia Patria*, t. XLII, 1919, pp. 401-435.

71. R. Weiss, *Un umanista veneziano. Papa Paolo II*, Venise et Rome, 1956 – P. Partner, « Sisto IV, Giulio II e Roma rinascimentale : la politica sociale di una grande iniziativa urbanistica » *in Atti e Memorie della Società savonesa di Storia*, t. XXII, 1986.

72. Sur ces critiques et ces lamentations, textes rassemblés par S. Borsi, *Giuliano di Sangallo. I disegni di archittetura e dell Antico*, Rome, 1985, pp. 32-33 – Sur Flavio Biondo, B. Nogara (éd.), *Scritti inediti e rari di Biondo Flavio*, Rome (coll. *Studi e Testi* n° 48.), 1927. En particulier pp. XCVII-XCIX.

73. E. Muntz, *Raphaël*, Paris, 1881, p. 603.

74. W.K. Ferguson, *la Renaissance...*, p. 18.

75. *Ibid.*, p. 19 – L. Bruni, *Historiarum florentini populi Libri XII*, éd, E. Santini (Muratori. XIX, 3), Città di Castello, 1914.

76. W.K. Ferguson, *la Renaissance...*, note n° 5, p. 25.

77. B. Nogara, *Scritti... (cf. supra* note n° 74).

78. E. Rodocanachi, *Histoire de Rome de 1354 à 1471. L'antagonisme entre les Romains et le Saint-Siège*, Paris, 1921, p. 438.

79. E. Rodocanachi, *Histoire de Rome. Une cour princière au Vatican pendant la Renaissance (1471-1563)*, Paris, 1925.

80. C. Corvisieri, « Il trionfo romano di Elenora d'Aragon » *in Atti délia Società Romana di Storia Patria*, t. I, 1878, p. 637.

81. *Vie de Benvenuto Cellini...*, pp. 113-114.

82. E. RODOCANACHI, *Histoire de Rome... (cf. supra* note n° 80), p. 268.

83. *Ibid*, p. 340.

84. H. LECLERCQ, article « Catacombes » *in Dictionnaire d'archéologie chrétienne et de liturgie*, t. 2, 1910, col. 2375-2450.

85. R. AIGRAIN, « Les catacombes romaines » *in Archéologie chrétienne* (éd. Bloud et Gay), Paris, 1942, pp. 9-10.

86. STORNAIOLO, « Il Giovanni Battista ed il Pantagosto compagni di Pomponio Leto nella visita délie catacombe romane » *in Nuovo Bollet-tino di Archeologia christiana*, 1906.

87. D. SPRETI, *De Amplitudine, vastatione et instauratione civitatis Ravennae ;* inventaire précis et enthousiaste écrit en 1489.

DEUXIÈME PARTIE

1. Sur tout ce qui précède : P. KESSEL, *la Nuit du 4 août 1789*, Paris, 1969, pp. 46-47. 340. 360-361.

2. *Les Origines intellectuelles de la Révolution française. 1715-1787*, Paris, 1933, 2e éd., 1947.

3. E. LABROUSSE, *la Crise de l'économie française à la fin de l'Ancien Régime et au début de la Révolution*, Paris, 1943.

4. F. FURET et D. RICHET, *la Révolution*, Paris, 1966.

5. P. KESSEL, *la Nuit du 4 Août...*, pp. 122. 127. 192-193.

6. Ainsi ceux du duc d'Aiguillon et du vicomte de Noailles (« Un monstre nous restait, la féodalité, abattu par Noailles, il hurle, tombe, expire. »)

7. P. KESSEL, *la Nuit du 4 Août...*, p. 162.

8. J. GUIRAUD, *Histoire partielle. Histoire vraie*, 1.1, Paris, 1912, p. 38.

9. *Henri III et sa cour* (1829) – *la Tour de Nesle* (1832) – *la Reine Margot* (1845).

10. *Louis XI (1832)* – C. DELAVIGNE, auteur également de *Marino Faliero* (1829) – *Robert le Diable* (1831) – *les Enfants d'Edouard* (1833) – *les Vêpres siciliennes* (1855).

11. Sur ce caractère mal défini de la noblesse : M.-T. CARON *la Noblesse dans le duché de Bourgogne. 1315-1477*, Lille, 1987, pp. 21-56 – G. SIVÉRY, *Structures agraires...*, t. II, pp. 596-609. (« Le Hainaut ne connaît plus guère le terme de noble dans la vie courante et les textes de la pratique »).

12. M.-C. GERBET, « Les guerres et l'accès à la noblesse en Espagne de 1465 à 1492 » in *Mélanges de la Casa de Velasquez*, 1972, pp. 295-326, et l'ouvrage collectif : *Origines et renouvellement de la noblesse dans les pays du sud de l'Europe au Moyen Age*, Paris (Fondation C. Gulbenkian, 1989.

13. Sur la déchéance des nobles : A. BOUTON, *le Maine. Histoire économique et sociale*, t. II, Le Mans, 1970, pp. 94 et sq. 206 et sq. G. SIVÉRY, *Structures agraires...*, t. II., pp. 454-455. 598-599. (« Dans le nord de la Thiérache, le seigneur d'Avesnes, l'abbaye de Maroilles et les communautés paysannes ont écrasé les petits seigneurs »).

14. J.A. DULAURE, *les Droits du seigneur...*, p. 449.

15. Et aussi : « Que de charges pèsent sur ce misérable serf ! Il construit gratuitement les routes, il creuse les fossés, il aide à élever les fortifications du château. Dieu sait si le tyran abuse ! [...] Souvent la chaumière est brûlée, chaque année les moissons sont saccagées [...] ; réduits à se nourrir d'herbes, d'animaux immondes, les misérables se révoltent. » *Cf.* J. GUIRAUD, *Histoire partielle... Introduction* au chap. XX (« La féodalité, les seigneurs féodaux ») qui présente des extraits des manuels scolaires.

16. *Encyclopaedia Universalis*, éd. 1984, t. 8, p. 1150, article *Guerre de Cent Ans* de J. LE GOFF.

17. P.C. TIMBAL, *la guerre de Cent Ans vue à travers les registres du Parlement (1337-1369)*, Paris, 1961, pp. 7. 14-19 – M. JUSSELIN, « Comment la France se préparait à la guerre de Cent Ans » *m Bibliothèque de l'Ecole des Chartes}* 1912 – R. CAZELLES, *la Société politique et la crise de la Royauté sous Philippe VI de Valois*, Paris ; 1958 – « Lettres closes, lettres "de par le roy" Philippe VI de Valois » *in Annuaire-Bulletin de la Société de l'Histoire de France*, 1958.

18. P. STRINEMANN, « Les bibliothèques princières et privées aux XIIe et XIIIe siècles » *in Histoire des bibliothèques françaises. Les bibliothèques médiévales du Ve siècle à 1530*, ouvrage collectif, Paris, 1989, pp. 173-192 – Du même auteur : « Quelques bibliothèques princières et la production hors scriptorium au XIIe siècle » *in Bulletin archéologique*, 1984, po. 7-38, – J. BENTO, « The court of Champagne as a Litterary Center » *in Spéculum*, 1961, pp. 551-591.

19. L. DE BEAUVEAU, *le Pas d'armes de la Pastourelle*, éd. Chapelet, Paris, 1928 – F. ROBIN, *la Cour d'Anjou-Provence. La vie artistique sous le règne de René*, Paris, 1985, pp. 46-58. René d'Anjou est lui-même l'auteur d'un *Traictié de la forme*

et devis comme on fait les tournois, dédié à son frère, Charles, comte du Maine.

20. J. GLENISSON, « Notes d'histoire militaire. Quelques lettres de défi du XIVe siècle » *in Bibliothèque de l'Ecole des Chartes*, 1947-1948, pp. 246-252.

21. *Le Petit Journal des grandes expositions* (éd. Réunion des Musées nationaux), 9 juin-18 septembre 1978, rédigé par M. LACLOTTE, D. DIDIER, N. REYNAUD.

22. C. VERLINDEN, *l'Esclavage dans l'Europe médiévale*, vol. 1, Bruges, 1955 – J. HEERS, *Esclaves et domestiques au Moyen Age dans le monde méditerranéen*, Paris, 1981.

23. J. HEERS, « Guerres et rébellions en Europe méridionale (XIe-XVe siècles). Prisonniers et esclaves », *in Trabajos en Homenaje a Ferran Valls i Taberna*, Malaga, 1990, pp. 3371-3395.

24. C. FELLENS, *les Droits du seigneur*..., p. 436.

25. *Ibid.*, pp. 432-433.

26. D. SALVAINS DE BOISSIEU, *De l'usage des fiefs*, Grenoble, 1731.

27. J.A. DULAURE, *la Noblesse*..., p. 539.

28. Intervention, la nuit du 4 Août, de Le Guen de Kerengal qui se dit député paysan breton, en fait négociant en toiles : « [...] ce bizarre droit établi dans quelques-unes de nos provinces, par lequel les vassaux sont obligés de battre l'eau des marais quand la dame du lieu est en couches, pour la délivrer du bruit importun des grenouilles [...]. Qu'on nous apporte ces titres qui obligent les hommes à passer des nuits entières à battre les étangs pour empêcher les grenouilles de troubler le sommeil de leurs voluptueux seigneurs. » Cité par P. KESSEL, *la Nuit*..., pp. 142-143.

29. Sur tout ce qui précède, C. FELLENS, *les Droits du seigneur*..., pp. 435 et sq. 541 et sq.

30. Sur ce « droit », toutes les anecdotes sont rapportées très sérieusement par J.A. DULAURE, *la Noblesse*..., pp. 605 et sq.

31. Il y a déjà plus d'un siècle : C. SCHMIDT,, « Der Streit über das Jus primae noctis » *in Zeitschrift für Ethnologie*, t. XVI, 1884.

32. Cité par J.A. DULAURE, *la Noblesse*...

33. Sur ces droits odieux, FELLENS et DULAURE insistent beaucoup, en particulier dans le Dictionnaire de leur gros livre {*les Droits du seigneur*..., pp. 603-676).

34. P.-F. CLERGET, né à Besançon en 1746, écrivit et publia en 1785, en collaboration avec J.-P. BAVEREL, un ouvrage inti-

tulé *Coup d'œil philosophique et politique sur la main-morte* dont il donne, seul, une nouvelle édition, plus virulente, en 1789. Curé d'Ornans, élu député du clergé, il rejoint le tiers-état. Ses écrits et discours ont souvent inspiré les historiens des abus de l'Ancien Régime ; mais ceux-ci taisent le fait qu'il refusa de prêter le serment constitutionnel et mourut exilé aux îles Canaries en 1808.

35. Cité par P. KESSEL, *la Nuit...*, p. 144.

36. Dans son livre, publié il n'y a pas si longtemps (en 1969) {*la Nuit du 4 Août...*, ouvrage très documenté et généralement rigoureux, P. KESSEL ne semble pas mettre en doute les propos de l'avocat Lapoule lorsque celui-ci affirmait que le seigneur pouvait user de ce droit « de prélassement » et donc d'éventrer deux de ses paysans pour se réchauffer les pieds : « On comprendrait mal, d'ailleurs, pourquoi un avocat comme Lapoule aurait éprouvé le besoin d'exagérer : il était assez au courant des questions féodales, de la réalité féodale en Franche-Comté, pour ne pas se mettre en faute et risquer de compromettre son exposé. » Ceci écrit avec le plus grand sérieux (p. 144).

TROISIÈME PARTIE

1. A. SOBOUL, *la Civilisation et la Révolution française*, vol. I, *la Crise de l'Ancien Régime*, Paris, 1971.

2. C. MAZAURIC, *Sur la Révolution française*, Paris, 1970. p. 134 – Contre ces partis pris, voir : F. FURET, « Le catéchisme révolutionnaire » m *Annales E.S.C.* 1971, pp. 255-289.

3. R. BOUTRUCHE, *Seigneurie et féodalité. Le premier âge des liens d'homme à homme*, Paris, 1959.

4. Pour l'Angleterre : E.A. KOMINSKY, *Studies in the agrarian History ofEngland in the XIII th. Century*, Oxford, 1956 – Pour l'Ile-de-France : I. ATTARD, *Villepreux et sa région à la fin du Xe siècle d'après le registre du tabellionnage de Villepreux*, Mémoire, Université de Paris IV, 1987.

5. G. SIVÉRY, « La gestion du temporel du Saint-Sépulcre de Cambrai » *in Etudes rurales*, n° 48, 1972, pp. 120-134 – « L'évolution des documents comptables dans l'administration hennuyère de 1287 à 1360 environ » *in Bulletin de la Commission royale d'Histoire*, Bruxelles, 1975, pp. 133-232 : l'auteur relève 260 livres de comptabilité pour les domaines du comte, de 1295 à 1505 ; plus, par ailleurs, 119 pour la seigneurie de

Blaten et Feignies (de 1381 à 1505) et 208 pour le seigneur de Bouchain (de 1320 à 1502) ; plus divers autres, soit au total plus d'un millier de registres.

6. L. Fox, *The Administration ofthe Honour ofLeicester in the XIV th. Century*, Leicester, 1940 – B. Somerville, « The Duchy of Lancaster Council and Court of Ducher Chamber » *in Transactions of the Royal Historical Society*, 1941, pp. 59-177 – R.H. Hilton, *The Economie deve-lopment ofthe higher nobility in the XlVth. Century England*, Cambridge, 1957 – M. Me Kinsack, « Rural Society in the Fourteenth Century. 1307-1399 » *in Oxford History ofEngland*, 1959 – F.R.H. du Boulay, *The Lordship of Canterbury*, Londres, 1966.

7. H.S. Bennett, « The reeve and the manor in the XlVth. century » *in English historical Review*, 1926 – T.F.T. Plucknett, *The médiéval Bailif*, Londres, 1954.

8. M.-T. Kaiser, *le Berger en France à la fin du Moyen Age*, Paris, 1974.

9. Rouen, Bibliothèque municipale, Mss. n° J. 1 (977).

10. *Traité d'économie rurale composé en Angleterre au* XIIe *siècle*, éd. E. Lacour, *in Bibliothèque de l'Ecole des Chartes* 1856 – *Walter of Henley's husbandry, Seneschancie and Robert Grosseteste's rules*, éd. Lamond, 1890 – G. Duby, *l'Economie rurale et la vie des campagnes dans l'Occident médiéval*, Paris, 1962, vol. 1, pp. 311 et sq. – D. Ochisnky, *Médiéval Treatises on Estate Accountings, in Economie History Review*, 1947 – *Médiéval Treatise of Estate Management, ibid*, 1956.

11. A. Evans, *La pratica délia Mercatura di Francesco di Balduccio Pegolotti*, Cambridge (Mass.), 1936 – R.S. Lopez, « El Origen de la oveja merina » *in Estudios de Historia moderna*, 1954, pp. 3-11.

12. Cité par R. Dion, *Histoire de la vigne et du vin en France*, Doul-lens, 1959, p. 283.

13. G. Fourquin, *le Domaine royal du Gâtinais d'après la prisée de 1322*, Paris, 1963 – « La part de la forêt dans les ressources d'un grand seigneur d'Ile-de-France à la fin du XIIIe et au XIVe siècle », *in Paris et l'Ile-de-France*, 1970, pp. 7-36, carte.

14. G. Sivéry, *Structures...*, p. 455 – O. Graff, *la Forêt d'Halatte à la fin du Moyen Age*, Mémoire, université de Paris-Sorbonne (Paris IV), juin 1973 – F. Leloup, *le Coutumier des forêts royales de Normandie d'Hector de Chartres, ibid.*, juin 1975.

15. G. FOURQUIN, *les Campagnes de la région parisienne à la fin du Moyen Age*, Paris, 1954, pp. 347 et sq. – En Allemagne du Nord, en 1375, 88 « bourgeois » de la petite ville de Stendal, au sud de l'Elbe, possédaient des biens fonciers, pièces de terres et exploitations entières, dans 114 villages différents de la région voisine (l'Altmark) et en tiraient d'appréciables revenus : W. ABEL, *Geshichte der deutschen Landwirtschaft von frtihen Mittelalter bis zum 19 Jahrhundert, in Deutsche Agrargeschichte*, éd. G. FRANZ, Stuttgart, t. II, 1962, p. 182.

16. E. CARUS WILSON, « Evidences of Industrial growth on some XVth. century manors » *in English Historical Review*, 1959 – Vers 1450, un homme de loi de Londres, Richard Maryot, achetait l'un des quatre manoirs du village de Sherington, dans le Buckinghamshire ; pour ce faire, il s'était associé avec plusieurs autres citoyens de sa ville dont un drapier et un marchand de sel. Le manoir et les terres étaient gérés en commun, comme une société marchande : *cf.* A.C. CHIBNALL, *Sherington, Fiefs and Fields of a Buckingamshire Village*, Cambridge, 1965.

17. R. FÉDOU, *les Hommes de loi lyonnais à la fin du Moyen Age*, Lyon, 1964 – M.-T. LORCIN, « Le vignoble et les vignerons du Lyonnais aux XIVe et XVe siècles », *in le Vin, production et consommation*, ouvrage collectif, Grenoble, 1971.

18. J. SCHNEIDER, *la Ville de Metz aux XIIe et XIe siècles*, Nancy, 1950, pp. 394 sq.

19. B. GRANDJEAN, *Etude du cartulaire de Renier Acorre*, Mémoire, université de Paris X, 1971.

20. G. FOURQUIN, *les Campagnes...*, pp. 137-138 et 149-159.

21. R. BOUTRUCHE, *Une société provinciale en lutte contre le régime féodal : l'alleu en Bordelais et Bezadais du XVe au XVIe siècle*, Paris, 1947.

22. G. DUBY, *la Société aux Xe et XIe siècles dans la région mâconnaise*, Paris, 1953.

23. M. GONON, *les Institutions et la société en Forez d'après les testaments, XIe-XVe siècles*, Paris, 1960 – *la Vie quotidienne en Forez d'après les testaments, XIe-XVe siècles*, Paris, 1968.

24. P. FEUCHÈRE, « Un obstacle aux réseaux de subordination : alleux et alleutiers en Artois, Bourbonnais et Flandre wallonne » *in Etudes publiées par la section belge de la Commission internationale pour l'Histoire des Assemblées d'Etat*, 1955, pp. 1-32.

25. G. DUBY, *l'Economie rurale...*, p. 379.

26. E. MILLER, « The English Economy of the Thirteenth Century » *in Past and Présent*, 1964, pp. 21-40 – C. DYER, « A reditribution of Incomes in the XlVth. Century England », *ibid.* 1968.

27. R. BOUTRUCHE, « Les courants de peuplement dans l'Entre-Deux Mers (Bordelais), étude sur le brassage de la population rurale du xr au XV[e]siècle » *in Annales. E.S.C.S* 1935, pp. 15-37.

28. D. ANGERS, « Mobilité de la population et pauvreté dans une vicomte normande à la fin du Moyen Age » *in Journal of Médiéval History*, 1979, pp. 233-248 – « La vicomte de Bayeux au bas Moyen Age (1389-1500) » *in Francia*, 1980, pp. 141-172.

29. C. DESPRETZ, *Désordres et Instabilité dans l'Angleterre du XIe siècle*, Thèse dactylographiée, université de Lille III, 1989, 1.1, p. 66.

30. A.R.H. BAKER, « Open fields and Inheritance on a Kent manor » *in English Historical Review*, 1964 – B. DODWALL, « Holdings and Inheritance in Médiéval East Anglia », *ibid.* 1967 – Et surtout : J.A. RAFTIS, *Tenure and Mobility : Studies in the Social History ofthe Médiéval English Village*, Londres, 1964.

31. F.R.H. DU BOULAY, « Who were farming the English Demesne at the End of the Middle Ages ? » *in English Historical Review*, 1965. Sur ces aristocraties paysannes, *cf* par ex., J.A. RAFTIS, « Social Structures in Five East Midland Villages » *in ibid.* – F. RAPP, « L'aristocratie paysanne du Kochesberg à la fin du Moyen Age et au début des Temps modernes » *in Bulletin philologique et historique du comité des travaux historiques et scientifiques*, 1967 – A. ROCHETTE, « Fortunes paysannes du XIVe siècle en Forez » *in Etudes foréziennes. Mélanges*, 1970 – J. TRICARD, « La tenure en Limousin et Marche à la fin du XVe siècle. Etude des structures agraires et foncières, *in Annales du Midi*, 1976.

32. MONTESQUIEU, *l'Esprit des lois...*, Lib. XXX, cap. XV.

33. M.-T. LORCIN, « Un musée imaginaire de la ruse paysanne. La fraude des décimables du XIVe au XVIIe siècle dans la région lyonnaise » *in Etudes rurales*, 1973.

34. J.A. DULAURE, *Histoire de la Noblesse...*, p. 521.

35. J. HEERS, « Fiscalité et politique le péage de Crépy-en-Valois et le conflit Orléans-Bourgogne » *in Studi in Memoria di Federigo Mèlis*, Milan, t. II, 1978, pp. 395-430.

36. F. Di BALDUCCIO PEGOLOTTI, *La Pratica délia Mercatura*, éd. A. Evans, Cambridge (Mss.), 1936.

37. F.R.H. DU BOULAY, « A renter economy in the later Middle Ages : the archbishopic of Canterbury » *in English Historical Review*, 1964 – R.R. DAVIES, « Baronial Accounts, Incomes and Arrears in the later Middle Ages » *in ibid.*, 1968.

38. *Cf. supra* note n° 33.

39. G. SIVÉRY, *Structures agraires et vie rurale dans le Hainaut à la fin du Moyen Age*, Lille, 1.1, 1977, t. 2, 1980 – *Terroirs et communautés rurales dans l'Europe occidentale au Moyen Age*, Lille, 1990.

40. M.-T. LORCIN, *les Campagnes de la région lyonnaise aux XIe et XVe siècles*, Lyon, 1974, pp. 160 et 419.

41. E. PERROY, *Terres et Paysans* (cours C.D.U.), Paris, 1953.

42. P. DUPARC, « Une communauté pastorale en Savoie : Cheravaux » *in Bulletin philologique et historique du comité des travaux historiques et scientifiques*, 1963, pp. 309-329 – P. VAILLANT. « Les origines d'une libre confédération des vallées : les habitants de la communauté du Briançonnais au XIIe siècle » *in Bibliothèque de l'Ecole des Chartes*, 1967, pp. 301-348 – R. GRAND, « Chartes et communautés rurales d'Albepierre et de Combrelles » *in Revue historique du droit français et étranger*, t. CXXVII, pp. 373 et sq.

43. G. DUBY, *la Société... (cf. supra*, note n° 22).

44. H. DUBLED, « Les communautés de villages en Alsace au XIIe siècle » *in Revue d'Histoire économique et sociale*, 1963.

45. G. SIVÉRY, *Terroirs et communautés...*, pp. 116-127.

46. J.A. BRUTAILS, « Note sur les fonds bénédictins des Archives de la Gironde » *in Actes de l'Académie des Sciences, Belles-Lettres et Arts de Bordeaux*, 1915, pp. 3-23.

47. P. DUPARC, « Confréries du Saint-Esprit et Communautés d'habitants au Moyen Age » *in Revue historique du Droit français et étranger*, 1958.

48. G. SIVÉRY, *Terroirs et Communautés...*, p. 128 – *Structures agraires...*, pp. 628 et sq.

49. P. RACINE, « Citoyens et Vilains dans les communes italiennes » *in Festival d'Histoire de Montbrison*, octobre 1986, pp. 381-394.

50. G. BUSSON et A. LEDRU, *Acta pontificum Cenomannis in urbe degentum*, Le Mans, 1901, pp. 376-378.

51. H. DUBRULLE, *Cambrai à la fin du Moyen Age*, Lille, 1904, pp. 10 à 25.

52. Toutes ces références dans G. DUBY, *le Dimanche de Bouvines* (coll. *Trente Journées qui ont fait la France)*, Paris, 1973, pp. 216-232.

53. F. BOURQUELOT, « Un scrutin au XIVe siècle » *in Mémoires de la Société des Antiquaires de France*, vol. XXI, 1852, pp. 455 et sq.

54. A. BOUTON, *le Maine. Histoire économique et sociale. XIVe, XVe et XVIe siècle*, Le Mans, 1970, pp. 737-747.

55. R. CAZELLES, *Etienne Marcel*, Paris, 1980.

56. E. CRISTIANI, *Nobiltà e Popolo nel Comune di Pisa dalle origini del Podestariaro alla signoria dei Donoratico*, Naples, 1962.

57. G. PETTI BALBI, « Genesi e Composizione di un cèto dirigente : I "popolares" a Genova nei Secoli XIII-XIV » *in Spazio, società, potere nell'Italia dei Comuni*, éd. G. Rossetti, Naples, 1986, pp. 85-103 – P. RACINE, « Le "popolo", groupe social ou groupe de pression ? » *in Nuova Rivista Storica*, 1989, pp. 133-150.

58. G. AIRALDI, *Genova e la Liguria nel Medioevo*, Gênes, 1986, p. 98.

59. J.-M. NAJEMY, *Corporation and Consensus in Florentine Electoral Politics. 1280-1400*, Uniyersity of North Carolina Press, 1982.

60. J. HEERS, *les Partis et la Vie politique dans l'Occident médiéval*, Paris, 1981, pp. 133-161.

61. J. HEERS, *Espaces publics et espaces privés dans la ville : Le Liber terminorum de Bologne (1294)*, Paris, 1984, pp. 97-109.

62. G. GOZZADINI, *Délie torre gentilizie di Bologna e délie famiglie aile quali prima appartennero*, Bologne, 1875.

63. H. PIRENNE, « Une crise industrielle au XIVe siècle : la draperie urbaine et la nouvelle draperie en Flandre » *in Bulletin de l'Académie royale de Bruxelles. Classe des Lettres*, 1905, pp. 489-521 – « Les périodes de l'Histoire rurale du capitalisme », *ibid.*, 1914, pp. 258-299 – *Les Villes et les institutions urbaines*, Paris-Bruxelles, 2 vol., 5e éd., 1939 ; Mise au point de A. VERHULST, *AUX origines de nos villes* (éd. université de Liège, coll. *l'Histoire aujourd'hui)*, 1985.

64. G. DESPY, « Villes et campagnes aux IXe et Xe siècles : l'exemple du pays mosan » *in Revue du Nord*, 1968, pp. 145-168 – « Naissance de villes et de bourgades » *in Hasquin*,

1975, pp. 93-129 – G. DESPY et P. RUELLE, « Conclusions à deux mains » *in Dierkens*, 1978, pp. 492-496 – Y. MORIMOTO, *Recherches sur les rapports villes-campagnes dans l'Occident médiéval*, Fukuoka, 1988.

65. Article pionnier de E. COORNAERT, « Draperies rurales et draperies urbaines : l'évolution de l'industrie flamande au Moyen Age et au XVe siècle » *in Revue belge de philologie et d'histoire*, 1950, pp. 59-96.

66. Y. Fujn, « Draperie urbaine et draperie rurale dans les Pays-Bas méridionaux au bas Moyen Age : une mise au point des recherches après Henri Pirenne » *in Journal of Médiéval History*, 1990, pp. 77-98.

67. F. BOURQUELOT, *Un scrutin... (cf. supra* note n° 53).

68. G. BUDELLI, C. CAMPANESCHI, F. FIORENTINO, M.-C. MAROLDA, « L'Aquila, nota sul rapporto tra "castelli" e "locoli" nella formazione d'une capitale territoriale » *in Città, contado e Jeudi*, éd. E. Guidoni, 1986, pp. 183-210.

69. F. THIRIET, *la Romanie vénitienne*, Paris, 1959, pp. 182-190.

70. L. BORTOLOTTI, *Siena.* Bari (coll. *Le città nella Storia d'Italia)*, 1983, pp. 21-29.

71. Par ex. : J. PLESNER, *l'Emigration de la campagne à la ville libre de Florence*, Copenhague, 1934 – G. AIRALDI, *Genova e la Liguria nel Medioevo*, Turin, 1986.

72. B. MACHIAVELLI, *Libro di Ricordi*, éd. C. Olschki, Florence, 1954.

73. Voir, par ex., les indications données sur ce point par M. TITS, *l'Evolution du patriciat louvaniste*, Louvain, qui montre que le regroupement des familles de la ville, en lignages bien plus importants, avait été commandé par la localisation géographique de leurs seigneuries.

QUATRIÈME PARTIE

1. E. RENAN, *Souvenirs d'enfance et de jeunesse ; (1883)*, Paris, (éd. Calman-Lévy), 1960, p. 13 ; cité par J. DUMONT, *la Révolution ou les prodiges des sacrilèges*, Limoges (éd. Critérion), 1984, p. 182.

2. Cité par J. GUIRAUD, *Histoire partielle. Histoire vraie*, t. I, Paris, 1912, p. 58 – Et pour MICHELET, *Histoire de France*, VII, 27 et 36.

3. J. HILLAIRET, *l'Ile de la Cité*, Paris, 1969, p. 48.

4. D.W. ROBERTSON, « Frequency of Preaching in XIIIth. Century. England » *in Spéculum*, 1949, pp. 376-388 – G.R. OWST, *Littérature and pulpit in Médiéval England ; a neglected chapter in the History of English Letters of the English People*, Cambridge, 1933 – *Preaching of Médiéval England. An introduction to sermon manuscripts of the period circa 1350-1450*, New York, 1965.

5. *Voyage de Michel de Montaigne en Italie par la Suisse et l'Allemagne en 1580 et 1581* (éd. Club français du livre), Paris, 1954, pp. 181-185.

6. A.K. HIEATT et C.B. HIEATT, *Geoffrey Chaucer's Canterbury Taies*, New York, 1964 – H. COOPER, *The Canterbury Taies*, Oxford, 1989 – Et pour un pèlerinage plus fréquenté à l'époque que celui de Canterbury : J.C. DICKSON, *The Shrine of our Lady of Walsingham*, Cambridge, 1956.

7. J.C. COX, *The Sanctuaries and Sanctuary Seekers of Médiéval England*, Londres, 1911.

8. A. DE METS, *les Médecins, astrologues, chirurgiens et lettrés à Paris pendant la guerre de Cent Ans...*, Anvers, 1934 ; et J. TREVEDY, « FOUS, folles et astrologues à la cour de Bretagne » *in Bulletin archéologique du Finistère*, t. XVIII, pp. 3-14.

9. J. BERLIOZ, « Les terreurs de Tan mille ont-elles vraiment existé ? » *in L'Histoire*, nov. 1990, avec une mise au point bibliographique.

10. *Cf. supra* note n° 9.

11. Cité par J. DUMONT, *la Révolution...*, p. 183-184.

12. J. BERLIOZ, *les Terreurs..., (cf. supra* note n° 9).

13. *Ibid.* et C. AMALVI, « Du bon usage des terreurs de l'an mille » *in l'Histoire*, nov. 1990, pp. 10-15.

14. *Le Bâtard de la Papesse*, ouvrage anonyme, Paris, 1878, p. 209.

15. E.G. LÉONARD, *les Angevins de Naples*, Paris, 1954.

16. *Gesta et chronica... Ludovici VIII... (Recueil des Historiens des Gaules et de la France*, vol. 17), 1878.

17. Tout ce qui précède cité par : J. GUIRAUD, *Histoire partielle...*, p. 303 et *Introduction* au chapitre sur l'Inquisition.

18. C. MOLINIER, *l'Inquisition dans le midi de la France aux XIIe et XIVe siècles ? axis*, 1880, C. DOUAIS, « Les sources de l'Inquisition dans le midi de la France au xnr et au XIVe siècle » *in Revue des Questions Historiques*, 1881, pp. 383-459 – J.-M. VIDAL, *le Tribunal de l'Inquisition de Pamiers*, Toulouse, 1906.

19. Y. DOSSAT, *les Crises de l'Inquisition toulousaine au XIIe siècle (1233-1273)*, Bordeaux, 1959, J. DUVERNOY (éd.), *Registre d'Inquisition de Jacques Fournier*, 3 vol., Toulouse, 1965 – J.H. MUNDY, *The repression of Catharism at Toulouse. The royal Diploma of 1279*. Londres, 1985 – G. HEENINGSEN et J. TEDESCHI, *The Inquisition in early moderne Europe, Northern Illinois University Press, 1986 – A.* DONDAINE, *les Hérésies et l'Inquisition aux XIe-XIIe siècles, documents et études* (éd. Y. Dossat), 1990.

20. W. SOMBART, *le Capitalisme moderne*, 1902 – *Les Juifs et la vie économique*, 1911.

21. M. WEBER, *l'Ethique protestante et l'esprit du capitalisme*, 1964.

22. F. MÉLIS, *Aspetti délia vita economica médiévale (Studi nell'Archi-vio Datini di Prato)*, t. I, Sienne, 1962.

23. G. BARBIERI, « L'usurario Tomaso Grassi nel raconto bandellanio e nella documentazione storica » *in Studi in onore di Amintore Fanfani*, Milan, t. II, 1962, pp. 21-88.

24. D.M. FEDERICI, *Istoria dei cavalieri gaudenti*, Trévise, vol. 1,1787, p. 289.

25. A.E. SAYOUS, « Les méthodes commerciales à Barcelone au XVe siècle » *in Revue d'histoire du droit français et étranger*, 1936 – E. BYRNE, « Commercial contracts of the Genoese in the Syrian trade of the Twelfth Century » *in Quartely Journal of Economies*, 1916-1917 – M.M. POSTAN, « Credit in Medieval Time » *in Economic History Review*, 1928 – Y. RENOUARD, *Recherches sur les compagnies commerciales et bancaires utilisée par les papes d'Avignon avant le Grand Schisme*, Paris, 1942 – *Les Hommes d'affaires italiens au Moyen Age*, Paris, 1950 – J. HEERS, *Gênes au XVe siècle. Activité économique et problèmes sociaux*, Paris, 1961, pp. 197-204.

26. R. DE ROOVER, *l'Evolution de la lettre de change (XIe-XVIe siècles)*, Paris, 1952 – G. MANDICH, *le Pacte de ricorsa et le marché italien des changes au XVe siècle*, Paris, 1953... (L'opération du re-change, ou *contra-cambio* consistait à retourner vers sa ville d'origine une lettre de change qui n'était pas honorée à sa destination ; ce retour s'effectuait à un taux différent de l'aller, ce qui ménageait un bénéfice qui correspondait à l'intérêt de l'argent pendant le temps des deux expéditions. Cette opération, d'abord complexe, finit par se simplifier et permettre un nombre considérable de prêts d'argent, pendant quatre ou six mois généralement.

27. M. BRÉSARD, *les Foires de Lyon aux XIe et Xe siècles*, Paris, 1914 – J.F. BERGIER, *Genève et l'économie européenne de la Renaissance*, Paris, 1963 – R. GANDILHON, *la Politique économique de Louis XI, Paris, 1941 – J. PAZ et G. ESPEJO, Las antiguas ferias de Médina del Campo*, Valladoiid, 1912.

28. J. HEERS, *le Livre de comptes de Giovanni Piccamigho, homme d'affaires génois (1456-1460)*, Paris et Aix-en-Provence, 1959, tableaux et graphique pp. 50-52.

29. J. HEERS, « Les Génois en Angleterre ; la crise de 1458-1466 » *in Studi in onore di Armando Sapori*, Milan, vol. I, 1957, pp. 809-832. Ces prêts, relativement nombreux, sont assortis d'un intérêt de 14 pour cent par an.

30. A. EVANS (éd.), *La Pratica délia mercatura di Franceso di Balduccto Pegolotti*, Cambridge (Mss.), 1936.

31. Par ex. : cette lettre adressée à Francesco Datini de Prato par un commis de son associé d'Avignon : « Ici la chaleur est insupportable et nous ne pouvons supporter la fatigue d'écrire comme s'il faisait plus frais. » *Cf.* R. BRUN, « Annales avignonnaises de 1382 à 1410 » *in Mémoires de l'Institut historique de Provence*, 1934-1935, p. 26.

32. Y. RENOUARD, *Recherches...* – Egalement, sur l'importance de la nouvelle pour les. spéculations marchandes et financières : G. SARDELLA, *Nouvelles et Spéculations à Venise au début du XIe siècle*, Paris (Cahiers des Annales n° 1), 1949 – J. HEERS, « Il Commercio nel Mediterraneo alla fine del secolo XIV e nei primi anni del XV » *in Archivio Storico Italiano*, 1955, pp. 157-209.

33. R. DE ROOVER, « Le marché monétaire au Moyen Age et au début des temps modernes. Problèmes et méthodes » *in Revue Historique*, 1962 – « The Scolastic Attitude toward Trade and Entrepreneurship » *in Explorations in Entrepreneurial History*, I, 1963, pp. 76-87.

34. J. HEERS, *Gênes...*, pp. 206-217 ; en particulier p. 210 : le témoin déclare « que l'usage est que ceux qui assurent des marchandises sur un navire reconnaissent avoir acheté ces marchandises et s'engagent à payer de fortes sommes d'argent en cas de perte ; mais, en réalité, rien n'a été vendu et le notaire le sait très bien ; cependant, il le rédige de la sorte... car bien que rien ne soit vrai dans cet acte, il n'en est pas moins régulier et conforme à la coutume. » *Cf.* aussi : J. HEERS, « Le prix de l'assurance maritime à la fin du Moyen Age » *in Revue d'Histoire économique et sociale*, 1959, pp. 7-19 – M. DEL TREPPO, « Assicurazioni e Commercio a Barcelo-

nane 1428-1429 » *in Rivista Storica Italiana*, 1957-1958 – F. MEUS, *I primi secoli délie assicurazioni (secoli XIII-XVI)*, Rome, 1965 – L.A. BOITEUX, *la Fortune de mer. Le besoin de sécurité et les débuts de l'assurance maritime*, Paris, 1968.

35. D. IANCOU-AGOU, « Topographie des quartiers juifs en Provence médiévale » *in Revue des Etudes juives*, 1974.

36. J. SCHATZMILLER, *Recherches sur la communauté juive de Manosque au Moyen Age. 1241-1329*, Paris – La Haye, 1973 – D. IANCOU-AGOU, *les Juifs de Provence. 1475-1501. De l'insertion à l'expulsion*, Marseille, 1981 – R.W. EMERY, *The jews of Perpignan in the XIIIth. Century*, New York, 1959 – *Cf.* également : M.J. PIMENTA FERRO, *Os Judeus em Portugal no seculoXIV*, Lisbonne, 1970 (tableau des professions exercées par les Juifs dans les villes du Portugal) – D. IANCOU-AGOU, « L'inventaire de la bibliothèque et du mobilier d'un médecin juif d'Aix-en-Provence » *in Revue des Etudes juives*, 1975.

37. Tout ceci cité par : L. POLIAKOV, *les Banchieri juifs et le Saint-Siège*, Paris, 1965, pp. 99-106.

38. NERI DI BICCI, *Ricordanze (10 marzo 1453-24 aprile 1474)*, éd. B. Santi, Pise, 1976, pp. 5. 16. 17. 32. 36. 77. 155.

39. P. WOLFF, « Le problème des Cahorsins » *in Annales du Midi*, 1950, pp. 229-238 – Y. RENOUARD, « Les Cahorsins, hommes d'affaires français du XIIe siècle » *in Transactions of the Royal Historical Society*, 1961, pp. 43-67 – C. PITON, *les Lombards en France et à Paris*, Paris, 2 vol., 1892-1893 – L. GAUTHIER, *les Lombards dans les deux Bourgognes*, Paris, 1907 – V. CHOMEL, « Communautés rurales et casanes lombardes en Dauphiné. Contribution au problème de l'endettement des sociétés paysannes du sud-est de la France au bas Moyen Age » *in Bulletin de la Commission historique*, 1951-1952.

40. C.M. DE LA RONCIÈRE, *Un changeur florentin du Trecento : Lippo di Fede del Sega (1285 environ-1363 environ)*, Paris, 1973.

41. L. POLIAKOV, *les Banchieri...*

42. Ex. : le 26 janvier 1330, le facteur de la Compagnie « lombarde » des Partira, de Pistoia, leur écrit de Bourges pour leur faire part de la confiscation de leurs biens à Paris. Il fait état de ce qu'il a pu sauver grâce à divers subterfuges et précautions et ajoute : « le prieur de la Chartreuse et les autres ont été très aimables avec nous et nous ont rendu de grands services en allant et venant et en gardant nos biens. Nous avons fait pour eux ce que nous avons cru convenable. Je pense qu'il

serait bien que vous lui écriviez, à lui et au couvent, pour montrer que vous vous souvenez d'eux... ». *Cf.* L. CHIAPPELLI, « Una lettera mercantile del 1330 » *in Archivio Storico Italiano*, t. I, 1924, pp. 249-256.

43. A. GRUNZWEIG, « La garantie du crédit non commercial dans la région de Paris au temps de Philippe le Bel » *in Studi in onore di Amin-tore Fanfani*, Milan, vol. II, 1962, pp. 527-546. – G. BIGWOOD et A. GRUNZWEIG, *les Livres de comptes des Gallerani*, Bruxelles, 2 vol., 1969.

44. C. VORNEFELD, *la Situation sociale et les origines des usuriers chrétiens au temps de Charles VI*, Mémoire dactylographié, université de Paris-Sorbonne, 1988.

45. E. FOURNIAL, *les Villes et l'économie d'échange en Forez aux XII*[e] *et XI*[e] *siècles*, Paris, 1967, pp. 209 et sq.

46. A. BOUTON, *le Maine. Histoire économique et sociale*, t. II, Le Mans, 1972, pp. 102-103.

47. G. SIVERY, *Histoire de Lille*, t. I, Lille, 1970, pp. 192 et sq.

48. M.-T. CARON, « Vie et Mort d'une grande dame : Jeanne de Chalon, comtesse de Tonnerre (vers 1388-vers 1450) », *in Francia*, 1981.

49. R.B. PUGH, « Some Médiéval Moneylenders » *in Spéculum*. 1968. pp. 274-289.

TABLE

TROISIÈME PARTIE
Les paysans ou la légende noire

QUATRIÈME PARTIE

L'Eglise. Autres légendes. Autres combats

collection tempus
Perrin

DÉJÀ PARU

1. *Histoire des femmes en Occident* (dir. Michelle Perrot, Georges Duby), *L'Antiquité* (dir. Pauline Schmitt Pantel).
2. *Histoire des femmes en Occident* (dir. Michelle Perrot, Georges Duby), *Le Moyen Âge* (dir. Christiane Klapisch-Zuber).
3. *Histoire des femmes en Occident* (dir. Michelle Perrot, Georges Duby), *XVIe-XVIIIe siècle* (dir. Natalie Zemon Davis, Arlette Farge).
4. *Histoire des femmes en Occident* (dir. Michelle Perrot, Georges Duby), *Le XIXe siècle* (dir. Michelle Perrot, Geneviève Fraisse).
5. *Histoire des femmes en Occident* (dir. Michelle Perrot, Georges Duby), *Le XXe siècle* (dir. Françoise Thébaud).
6. *L'épopée des croisades* – René Grousset.
7. *La bataille d'Alger* – Pierre Pellissier.
8. *Louis XIV* – Jean-Christian Petitfils.
9. *Les soldats de la Grande Armée* – Jean-Claude Damamme.
10. *Histoire de la Milice* – Pierre Giolitto.
11. *La régression démocratique* – Alain-Gérard Slama.
12. *La première croisade* – Jacques Heers.
13. *Histoire de l'armée française* – Philippe Masson.
14. *Histoire de Byzance* – John Julius Norwich.
15. *Les Chevaliers teutoniques* – Henry Bogdan.
16. *Mémoires, Les champs de braises* – Hélie de Saint Marc.
17. *Histoire des cathares* – Michel Roquebert.
18. *Franco* – Bartolomé Bennassar.
19. *Trois tentations dans l'Église* – Alain Besançon.
20. *Le monde d'Homère* – Pierre Vidal-Naquet.
21. *La guerre à l'Est* – August von Kageneck.
22. *Histoire du gaullisme* – Serge Berstein.
23. *Les Cent-Jours* – Dominique de Villepin.
24. *Nouvelle histoire de la France*, tome I – Jacques Marseille.
25. *Nouvelle histoire de la France*, tome II – Jacques Marseille.
26. *Histoire de la Restauration* – Emmanuel de Waresquiel et Benoît Yvert.

27. *La Grande Guerre des Français* – Jean-Baptiste Duroselle.
28. *Histoire de l'Italie* – Catherine Brice.
29. *La civilisation de l'Europe à la Renaissance* – John Hale.
30. *Histoire du Consulat et de l'Empire* – Jacques-Olivier Boudon.
31. *Les Templiers* – Laurent Daillez.
32. *Madame de Pompadour* – Évelyne Lever.
33. *La guerre en Indochine* – Georges Fleury.
34. *De Gaulle et Churchill* – François Kersaudy.
35. *Le passé d'une discorde* – Michel Abitbol.
36. *Louis XV* – François Bluche.
37. *Histoire de Vichy* – Jean-Paul Cointet.
38. *La bataille de Waterloo* – Jean-Claude Damamme.
39. *Pour comprendre la guerre d'Algérie* – Jacques Duquesne.
40. *Louis XI* – Jacques Heers.
41. *La bête du Gévaudan* – Michel Louis.
42. *Histoire de Versailles* – Jean-François Solnon.
43. *Voyager au Moyen Âge* – Jean Verdon.
44. *La Belle Époque* – Michel Winock.
45. *Les manuscrits de la mer Morte* – Michael Wise, Martin Abegg Jr. & Edward Cook.
46. *Histoire de l'éducation*, tome I – Michel Rouche.
47. *Histoire de l'éducation*, tome II – François Lebrun, Marc Venard, Jean Quéniart.
48. *Les derniers jours de Hitler* – Joachim Fest.
49. *Zita impératrice courage* – Jean Sévillia.
50. *Histoire de l'Allemagne* – Henry Bogdan.
51. *Lieutenant de panzers* – August von Kageneck.
52. *Les hommes de Dien Bien Phu* – Roger Bruge.
53. *Histoire des Français venus d'ailleurs* – Vincent Viet.
54. *La France qui tombe* – Nicolas Baverez.
55. *Histoire du climat* – Pascal Acot.
56. *Charles Quint* – Philippe Erlanger.
57. *Le terrorisme intellectuel* – Jean Sévillia.
58. *La place des bonnes* – Anne Martin-Fugier.
59. *Les grands jours de l'Europe* – Jean-Michel Gaillard.
60. *Georges Pompidou* – Éric Roussel.
61. *Les États-Unis d'aujourd'hui* – André Kaspi.
62. *Le masque de fer* – Jean-Christian Petitfils.
63. *Le voyage d'Italie* – Dominique Fernandez.
64. *1789, l'année sans pareille* – Michel Winock.
65. *Les Français du Jour J* – Georges Fleury.

66. *Padre Pio* – Yves Chiron.
67. *Naissance et mort des Empires.*
68. *Vichy 1940-1944* – Jean-Pierre Azéma, Olivier Wieviorka.
69. *L'Arabie Saoudite en guerre* – Antoine Basbous.
70. *Histoire de l'éducation*, tome III – Françoise Mayeur.
71. *Histoire de l'éducation*, tome IV – Antoine Prost.
72. *La bataille de la Marne* – Pierre Miquel.
73. *Les intellectuels en France* – Pascal Ory, Jean-François Sirinelli.
74. *Dictionnaire des pharaons* – Pascal Vernus, Jean Yoyotte.
75. *La Révolution américaine* – Bernard Cottret.
76. *Voyage dans l'Égypte des Pharaons* – Christian Jacq.
77. *Histoire de la Grande-Bretagne* – Roland Marx, Philippe Chassaigne.
78. *Histoire de la Hongrie* – Miklós Molnar.
79. *Chateaubriand* – Ghislain de Diesbach.
80. *La Libération de la France* – André Kaspi.
81. *L'empire des Plantagenêt* – Martin Aurell.
82. *La Révolution française* – Jean-Paul Bertaud.
83. *Les Vikings* – Régis Boyer.
84. *Examen de conscience* – August von Kageneck.
85. *1905, la séparation des Églises et de l'État.*
86. *Les femmes cathares* – Anne Brenon.
87. *L'Espagne musulmane* – André Clot.
88. *Verdi et son temps* – Pierre Milza.
89. *Sartre* – Denis Bertholet.
90. *L'avorton de Dieu* – Alain Decaux.
91. *La guerre des deux France* – Jacques Marseille.
92. *Honoré d'Estienne d'Orves* – Étienne de Montety.
93. *Gilles de Rais* – Jacques Heers.
94. *Laurent le Magnifique* – Jack Lang.
95. *Histoire de Venise* – Alvise Zorzi.
96. *Le malheur du siècle* – Alain Besançon.
97. *Fouquet* – Jean-Christian Petitfils.
98. *Sissi, impératrice d'Autriche* – Jean des Cars.
99. *Histoire des Tchèques et des Slovaques* – Antoine Marès.
100. *Marie Curie* – Laurent Lemire.
101. *Histoire des Espagnols*, tome I – Bartolomé Bennassar.
102. *Pie XII et la Seconde Guerre mondiale* – Pierre Blet.
103. *Histoire de Rome*, tome I – Marcel Le Glay.
104. *Histoire de Rome*, tome II – Marcel Le Glay.
105. *L'État bourguignon 1363-1477* – Bertrand Schnerb.

106. *L'Impératrice Joséphine* – Françoise Wagener.
107. *Histoire des Habsbourg* – Henry Bogdan.
108. *La Première Guerre mondiale* – John Keegan.
109. *Marguerite de Valois* – Éliane Viennot.
110. *La Bible arrachée aux sables* – Werner Keller.
111. *Le grand gaspillage* – Jacques Marseille.
112. *« Si je reviens comme je l'espère » : lettres du front et de l'Arrière, 1914-1918* – Marthe, Joseph, Lucien et Marcel Papillon.
113. *Le communisme* – Marc Lazar.
114. *La guerre et le vin* – Donald et Petie Kladstrup.
115. *Les chrétiens d'Allah* – Lucile et Bartolomé Bennassar.
116. *L'Égypte de Bonaparte* – Jean-Joël Brégeon.
117. *Les empires nomades* – Gérard Chaliand.
118. *La guerre de Trente Ans* – Henry Bogdan.
119. *La bataille de la Somme* – Alain Denizot.
120. *L'Église des premiers siècles* – Maurice Vallery-Radot.
121. *L'épopée cathare*, tome I, *L'invasion* – Michel Roquebert.
122. *L'homme européen* – Jorge Semprún, Dominique de Villepin.
123. *Mozart* – Pierre-Petit.
124. *La guerre de Crimée* – Alain Gouttman.
125. *Jésus et Marie-Madeleine* – Roland Hureaux.
126. *L'épopée cathare*, tome II, *Muret ou la dépossession* – Michel Roquebert.
127. *De la guerre* – Carl von Clausewitz.
128. *La fabrique d'une nation* – Claude Nicolet.
129. *Quand les catholiques étaient hors la loi* – Jean Sévillia.
130. *Dans le bunker de Hitler* – Bernd Freytag von Loringhoven et François d'Alançon.
131. *Marthe Robin* – Jean-Jacques Antier.
132. *Les empires normands d'Orient* – Pierre Aubé.
133. *La guerre d'Espagne* – Bartolomé Bennassar.
134. *Richelieu* – Philippe Erlanger.
135. *Les Mérovingiennes* – Roger-Xavier Lantéri.
136. *De Gaulle et Roosevelt* – François Kersaudy.
137. *Historiquement correct* – Jean Sévillia.
138. *L'actualité expliquée par l'Histoire.*
139. *Tuez-les tous ! La guerre de religion à travers l'histoire* – Élie Barnavi, Anthony Rowley.
140. *Jean Moulin* – Jean-Pierre Azéma.
141. *Nouveau monde, vieille France* – Nicolas Baverez.
142. *L'Islam et la Raison* – Malek Chebel.

143. *La gauche en France* – Michel Winock.
144. *Malraux* – Curtis Cate.
145. *Une vie pour les autres. L'aventure du père Ceyrac* – Jérôme Cordelier.
146. *Albert Speer* – Joachim Fest.
147. *Du bon usage de la guerre civile en France* – Jacques Marseille.
148. *Raymond Aron* – Nicolas Baverez.
149. *Joyeux Noël* – Christian Carion.
150. *Frères de tranchées* – Marc Ferro.
151. *Histoire des croisades et du royaume franc de Jérusalem*, tome I, *1095-1130, L'anarchie musulmane* – René Grousset.
152. *Histoire des croisades et du royaume franc de Jérusalem*, tome II, *1131-1187, L'équilibre* – René Grousset.
153. *Histoire des croisades et du royaume franc de Jérusalem*, tome III, *1188-1291, L'anarchie franque* – René Grousset.
154. *Napoléon* – Luigi Mascilli Migliorini.
155. *Versailles, le chantier de Louis XIV* – Frédéric Tiberghien.
156. *Le siècle de saint Bernard et Abélard* – Jacques Verger, Jean Jolivet.
157. *Juifs et Arabes au XXe siècle* – Michel Abitbol.
158. *Par le sang versé. La Légion étrangère en Indochine* – Paul Bonnecarrère.
159. *Napoléon III* – Pierre Milza.
160. *Staline et son système* – Nicolas Werth.
161. *Que faire ?* – Nicolas Baverez.
162. *Stratégie* – B. H. Liddell Hart.
163. *Les populismes* (dir. Jean-Pierre Rioux).
164. *De Gaulle, 1890-1945*, tome I – Éric Roussel.
165. *De Gaulle, 1946-1970*, tome II – Éric Roussel.
166. *La Vendée et la Révolution* – Jean-Clément Martin.
167. *Aristocrates et grands bourgeois* – Éric Mension-Rigau.
168. *La campagne d'Italie* – Jean-Christophe Notin.
169. *Lawrence d'Arabie* – Jacques Benoist-Méchin.
170. *Les douze Césars* – Régis F. Martin.
171. *L'épopée cathare*, tome III, *Le lys et la croix* – Michel Roquebert.
172. *L'épopée cathare*, tome IV, *Mourir à Montségur* – Michel Roquebert.
173. *Henri III* – Jean-François Solnon.
174. *Histoires des Antilles françaises* – Paul Butel.

175. *Rodolphe et les secrets de Mayerling* – Jean des Cars.
176. *Oradour, 10 juin 1944* – Sarah Farmer.
177. *Volontaires français sous l'uniforme allemand* – Pierre Giolitto.
178. *Chute et mort de Constantinople* – Jacques Heers.
179. *Nouvelle histoire de l'Homme* – Pascal Picq.
180. *L'écriture. Des hiéroglyphes au numérique.*
181. *C'était Versailles* – Alain Decaux.
182. *De Raspoutine à Poutine* – Vladimir Fedorovski.
183. *Histoire de l'esclavage aux États-Unis* – Claude Fohlen.
184. *Ces papes qui ont fait l'histoire* – Henri Tincq.
185. *Classes laborieuses et classes dangereuses* – Louis Chevalier.
186. *Les enfants soldats* – Alain Louyot.
187. *Premiers ministres et présidents du Conseil* – Benoît Yvert.
188. *Le massacre de Katyn* – Victor Zaslavsky.
189. *Enquête sur les apparitions de la Vierge* – Yves Chiron.
190. *L'épopée cathare*, tome V, *La fin des Amis de Dieu* – Michel Roquebert.
191. *Histoire de la diplomatie française*, tome I.
192. *Histoire de la diplomatie française*, tome II.
193. *Histoire de l'émigration* – Ghislain de Diesbach.
194. *Le monde des Ramsès* – Claire Lalouette.
195. *Bernadette Soubirous* – Anne Bernet.
196. *Cosa Nostra. La mafia sicilienne de 1860 à nos jours* – John Dickie.
197. *Les mensonges de l'Histoire* – Pierre Miquel.
198. *Les négriers en terres d'islam* – Jacques Heers.
199. *Nelson Mandela* – Jack Lang.
200. *Un monde de ressources rares* – Le Cercle des économistes et Érik Orsenna.
201. *L'histoire de l'univers et le sens de la création* – Claude Tresmontant.
202. *Ils étaient sept hommes en guerre* – Marc Ferro.
203. *Précis de l'art de la guerre* – Antoine-Henri Jomini.
204. *Comprendre les États-Unis d'aujourd'hui* – André Kaspi.
205. *Tsahal* – Pierre Razoux.
206. *Pop philosophie* – Mehdi Belahj Kacem, Philippe Nassif.
207. *Le roman de Vienne* – Jean des Cars.
208. *Hélie de Saint Marc* – Laurent Beccaria.
209. *La dénazification* (dir. Marie-Bénédicte Vincent).
210. *La vie mondaine sous le nazisme* – Fabrice d'Almeida.
211. *Comment naissent les révolutions.*

212. *Comprendre la Chine d'aujourd'hui* – Jean-Luc Domenach.
213. *Le second Empire* – Pierre Miquel.
214. *Les papes en Avignon* – Dominique Paladilhe.
215. *Jean Jaurès* – Jean-Pierre Rioux.
216. *La Rome des Flaviens* – Catherine Salles.
217. *6 juin 44* – Jean-Pierre Azéma, Philippe Burrin, Robert O. Paxton.
218. *Eugénie, la dernière impératrice* – Jean des Cars.
219. *L'homme Robespierre* – Max Gallo.
220. *Les Barbaresques* – Jacques Heers.
221. *L'élection présidentielle en France, 1958-2007* – Michel Winock.
222. *Histoire de la Légion étrangère* – Georges Blond.
223. *1 000 ans de jeux Olympiques* – Moses I. Finley, H. W. Pleket.
224. *Quand les Alliés bombardaient la France* – Eddy Florentin.
225. *La crise des années 30 est devant nous* – François Lenglet.
226. *Le royaume wisigoth d'Occitanie* – Joël Schmidt.
227. *L'épuration sauvage* – Philippe Bourdrel.
228. *La révolution de la Croix* – Alain Decaux.
229. *Frédéric de Hohenstaufen* – Jacques Benoist-Méchin.
230. *Savants sous l'Occupation* – Nicolas Chevassus-au-Louis.
231. *Moralement correct* – Jean Sévillia.
232. *Claude Lévi-Strauss, le passeur de sens* – Marcel Hénaff.
233. *Le voyage d'automne* – François Dufay.
234. *Erbo, pilote de chasse* – August von Kageneck.
235. *L'éducation des filles en France au XIXe siècle* – Françoise Mayeur.
236. *Histoire des pays de l'Est* – Henry Bogdan.
237. *Les Capétiens* – François Menant, Hervé Martin, Bernard Merdrignac, Monique Chauvin.
238. *Le roi, l'empereur et le tsar* – Catrine Clay.
239. *Neanderthal* – Marylène Patou-Mathis.
240. *Judas, de l'Évangile à l'Holocauste* – Pierre-Emmanuel Dauzat.
241. *Le roman vrai de la crise financière* – Olivier Pastré, Jean-Marc Sylvestre.
242. *Comment l'Algérie devint française* – Georges Fleury.
243. *Le Moyen Âge, une imposture* – Jacques Heers.
244. *L'île aux cannibales* – Nicolas Werth.
245. *Policiers français sous l'Occupation* – Jean-Marc Berlière.
246. *Histoire secrète de l'Inquisition* – Peter Godman.
247. *La guerre des capitalismes aura lieu* – Le Cercle des économistes (dir. Jean-Hervé Lorenzi).

248. *Les guerres bâtardes* – Arnaud de La Grange, Jean-Marc Balencie.
249. *De la croix de fer à la potence* – August von Kageneck.
250. *Nous voulions tuer Hitler* – Philipp Freiherr von Boeselager.
251. *Le soleil noir de la puissance, 1796-1807* – Dominique de Villepin.
252. *L'aventure des Normands, VIIIe - XIIIe siècle* – François Neveux.
253. *La spectaculaire histoire des rois des Belges* – Patrick Roegiers.
254. *L'islam expliqué par* – Malek Chebel.
255. *Pour en finir avec Dieu* – Richard Dawkins.
256. *La troisième révolution américaine* – Jacques Mistral.
257. *Les dernières heures du libéralisme* – Christian Chavagneux.
258. *La Chine m'inquiète* – Jean-Luc Domenach.
259. *La religion cathare* – Michel Roquebert.
260. *Histoire de la France*, tome I, *1900-1930* – Serge Berstein, Pierre Milza.
261. *Histoire de la France*, tome II, *1930-1958* – Serge Berstein, Pierre Milza.
262. *Histoire de la France*, tome III, *1958 à nos jours* – Serge Berstein, Pierre Milza.
263. *Les Grecs et nous* – Marcel Detienne.
264. *Deleuze* – Alberto Gualandi.
265. *Le réenchantement du monde* – Michel Maffesoli.
266. *Spinoza* – André Scala.
267. *Les Français au quotidien, 1939-1949* – Éric Alary, Bénédicte Vergez-Chaignon, Gilles Gauvin.
268. *Teilhard de Chardin* – Jacques Arnould.
269. *Jeanne d'Arc* – Colette Beaune.
270. *Crises, chaos et fins de monde.*
271. *Auguste* – Pierre Cosme.
272. *Histoire de l'Irlande* – Pierre Joannon.
273. *Les inconnus de Versailles* – Jacques Levron.
274. *Ils ont vécu sous le nazisme* – Laurence Rees.
275. *La nuit au Moyen Âge* – Jean Verdon.
276. *Ce que savaient les Alliés* – Christian Destremau.
277. *François Ier* – Jack Lang.
278. *Alexandre le Grand* – Jacques Benoist-Méchin.
279. *L'Égypte des Mamelouks* – André Clot.
280. *Les valets de chambre de Louis XIV* – Mathieu Da Vinha.
281. *Les grands sages de l'Égypte ancienne* – Christian Jacq.

282. *Armagnacs et Bourguignons* – Bertrand Schnerb.
283. *La révolution des Templiers* – Simonetta Cerrini.
284. *Les crises du capitalisme.*
285. *Communisme et totalitarisme* – Stéphane Courtois.
286. *Les chasseurs noirs* – Christian Ingrao.
287. *Averroès* – Ali Benmakhlouf.
288. *Les guerres préhistoriques* – Lawrence H. Keeley.
289. *Devenir de Gaulle* – Jean-Luc Barré.
290. *Lyautey* – Arnaud Teyssier.
291. *Fin de monde ou sortie de crise?* – Le Cercle des économistes (dir. Pierre Dockès et Jean-Hervé Lorenzi).
292. *Madame de Montespan* – Jean-Christian Petitfils.
293. *L'extrême gauche plurielle* – Philippe Raynaud.
294. *La guerre d'indépendance des Algériens* (prés. Raphaëlle Branche).
295. *La France de la Renaissance* – Arlette Jouanna.
296. *Verdun 1916* – Malcolm Brown.
297. *Lyotard* – Alberto Gualandi.
298. *Catherine de Médicis* – Jean-François Solnon.
299. *Le XXe siècle idéologique et politique* – Michel Winock.
300. *L'art nouveau en Europe* – Roger-Henri Guerrand.
301. *Les salons de la IIIe République* – Anne Martin-Fugier.
302. *Lutèce* – Joël Schmidt.
303. *Les aventurières de Dieu* – Elisabeth Dufourcq.
304. *Chiisme et politique au Moyen-Orient* – Laurence Louër.
305. *La chute ou l'Empire de la solitude 1807-1814* – Dominique de Villepin.
306. *Louis II de Bavière* – Jean des Cars.
307. *L'Égypte des grands pharaons* – Christian Jacq.
308. *La Deuxième Guerre mondiale* – John Keegan.
309. *Histoire du libertinage* – Didier Foucault.
310. *L'affaire Cicéron* – François Kersaudy.
311. *Les Gaulois contre les Romains* – Joël Schmidt.
312. *Le soufre et le moisi* – François Dufay.
313. *Histoire des Étrusques* – Jean-Marc Irollo.
314. *Le plaisir au Moyen Âge* – Jean Verdon.
315. *Cro Magnon* – Marcel Otte.
316. *La ligne de démarcation* – Éric Alary.
317. *Histoires de Berlin* – Bernard Oudin, Michèle Georges.
318. *Histoire de l'armée allemande* – Philippe Masson.
319. *La guerre de Cent Ans* – Georges Minois.

320. *La santé de Louis XIV* – Stanis Perez.
321. *La mémoire des pieds-noirs* – Joëlle Hureau.
322. *Pascal* – Francesco Paolo Adorno.
323. *Dictionnaire culturel de la Bible.*
324. *Levinas* – François-David Sebbah.
325. *Histoire de la réforme protestante* – Bernard Cottret.
326. *Chronologie commentée de la Seconde Guerre mondiale* – André Kaspi.
327. *Chronologie commentée du Moyen Âge français* – Laurent Theis.
328. *Histoire de l'ordre de Malte* – Bertrand Galimard Flavigny.
329. *Histoire ignorée de la marine française* – Étienne Taillemite.
330. *Erich von Manstein* – Benoît Lemay.
331. *L'argent des Français* – Jacques Marseille.
332. *Leclerc* – Jean-Christophe Notin.
333. *Radio Londres* – Aurélie Luneau.
334. *Louis XII* – Didier Le Fur.
335. *Le chouan du Tyrol* – Jean Sévillia.
336. *Cléopâtre* – Jacques Benoist-Méchin.
337. *Les noirs américains* – Nicole Bacharan.
338. *Que sont les grands hommes devenus ?* – Jacques Julliard.
339. *La cour de Versailles aux* XVIIe *et* XVIIIe *siècles* – Jacques Levron.
340. *Simon de Montfort* – Michel Roquebert.
341. *Les deux terres promises* – Michel Abitbol.
342. *Histoire des instituteurs et des professeurs* – Béatrice Compagnon, Anne Thévenin.
343. *Baudouin IV de Jérusalem* – Pierre Aubé.
344. *Monet* – Pascal Bonafoux.
345. *La moisson des dieux* – Jean-Jacques Fiechter.
346. *La Terre est plate* – Thomas L. Friedman.
347. *La société d'indifférence* – Alain-Gérard Slama.
348. *Gaston Fébus* – Claudine Pailhès.
349. *La France perd la mémoire* – Jean-Pierre Rioux.
350. *Mémoires accessoires,* tome I, *1921-1946* – Philippe de Gaulle.
351. *Mémoires accessoires,* tome II, *1946-1982* – Philippe de Gaulle.
352. *11 novembre 1942, l'invasion de la zone libre* – Eddy Florentin.
353. *L'homme du* Monde, *la vie d'Hubert Beuve-Méry* – Laurent Greilsamer.
354. *Staline, la cour du tsar rouge,* tome I, *1929-1941* – Simon Sebag Montefiore.

355. *Staline, la cour du tsar rouge,* tome II, *1941-1953* – Simon Sebag Montefiore.
356. *Le 18 Brumaire* – Thierry Lentz.
357. *Louis XVI,* tome I, *1754-1786* – Jean-Christian Petitfils.
358. *Louis XVI,* tome II, *1786-1793* – Jean-Christian Petitfils.
359. *Histoire de la cuisine et de la gastronomie françaises* – Patrick Rambourg.
360. *L'Amérique des néo-conservateurs, l'illusion messianique* – Alain Frachon, Daniel Vernet.
361. *Du fascisme* – Pascal Ory.
362. *Histoire de la gendarmerie* – Éric Alary.
363. *Clemenceau* – Michel Winock.
364. *Le modèle suisse* – François Garçon.
365. *Une journée dans l'affaire Dreyfus, « J'accuse », 13 janvier 1898* – Alain Pagès.
366. *Ribbentrop* – Michael Bloch.
367. *Voyage au cœur de l'OAS* – Olivier Dard.
368. *Splendeurs et misères du fait divers* – Louis Chevalier.
369. *Christianisme et paganisme du IVe au VIIIe siècle* – Ramsay MacMullen.
370. *Mihailović, héros trahi par les Alliés (1893-1946)* – Jean-Christophe Buisson.
371. *La guerre civile européenne. National-socialisme et bolchevisme, 1917-1945* – Ernst Nolte.
372. *Rome et Jérusalem* – Martin Goodman.
373. *La chute de Saigon* – Olivier Todd.
374. *Les secrets du Vatican* – Bernard Lecomte.
375. *Madame de Staël* – Ghislain de Diesbach.
376. *L'irrésistible ascension de l'argent* – Niall Ferguson.
377. *Erwin Rommel* – Benoît Lemay.
378. *Histoire des Espagnols,* tome II – Bartolomé Bennassar.
379. *Les généraux allemands parlent* – Basil H. Liddell Hart.
380. *Google et le nouveau monde* – Bruno Racine.
381. *Histoire de France* – Jacques Bainville.
382. *Après le déluge* – Nicolas Baverez.
383. *Histoires de la Révolution et de l'Empire* – Patrice Gueniffey.
384. *Mille ans de langue française,* tome I, *Des origines au français moderne* – Alain Rey, Frédéric Duval, Gilles Siouffi.
385. *Mille ans de langue française,* tome II, *Nouveaux destins* – Alain Rey, Frédéric Duval, Gilles Siouffi.
386. *Juliette Gréco, une vie en liberté* – Bertrand Dicale.

387. *Le grand jeu de dupes* – Gabriel Gorodetsky.
388. *Des cendres en héritage. L'histoire de la CIA* – Tim Weiner.
389. *La Bastoche. Une histoire du Paris populaire et criminel* – Claude Dubois.
390. *Les Mitterrand* – Robert Schneider.
391. *L'étrange voyage de Rudolf Hess* – Martin Allen.
392. *Le monde post-américain* – Fareed Zakaria.
393. *Enquête sur les béatifications et les canonisations* – Yves Chiron.
394. *Histoire des paradis* – Pierre-Antoine Bernheim, Guy Stavridès.
395. *Margaret Thatcher* – Jean-Louis Thiériot.
396. *L'art de la guerre* – Nicolas Machiavel.
397. *Caligula* – Pierre Renucci.
398. *L'épopée du Normandie-Niémen* – Roland de la Poype.
399. *Stefan Zweig* – Dominique Bona.
400. *Louise de La Vallière* – Jean-Christian Petitfils.
401. *La saga des Grimaldi* – Jean des Cars.
402. *Jacques Pilhan, le sorcier de l'Élysée* – François Bazin.
403. *François-Joseph* – Jean-Paul Bled.
404. *La gauche à l'épreuve 1968-2011* – Jean-Pierre Le Goff.
405. *La vie élégante* – Anne Martin-Fugier.
406. *Le mur de Berlin* – Frederick Taylor.
407. *Naissance de la police moderne* – Jean-Marc Berlière.
408. *La guerre du Mexique* – Alain Gouttman.
409. *Les conflits du Proche-Orient* – Xavier Baron.
410. *L'Action française* – François Huguenin.
411. *Le duel, une passion française* – Jean-Joël Jeanneney.
412. *La bataille de Moscou* – Andrew Nagorski.
413. *Jean-Jacques Rousseau* – Monique et Bernard Cottret.
414. *Louis Massignon* – Christian Destremau, Jean Moncelon.
415. *Histoire politique de la Ve République* – Arnaud Teyssier.
416. *Le peuple de la nuit* – Diana Cooper-Richet.
417. *François-Ferdinand d'Autriche* – Jean-Louis Thiériot.
418. *Les dossiers secrets du XXe siècle* – Alain Decaux.
419. *Histoire de la papauté* – Yves Bruley.
420. *Anti-*Prince – François Sauzey.
421. *Jeanne d'Arc, vérités et légendes* – Colette Beaune.
422. *Heydrich et la solution finale* – Édouard Husson.
423. *Sainte Geneviève* – Joël Schmidt.
424. *Malesherbes* – Jean des Cars.

425. *Histoire de la Méditerranée* – John Julius Norwich.
426. *La guerre secrète*, tome I, *Origines des moyens spéciaux et premières victoires alliées* – Anthony Cave Brown.
427. *La guerre secrète*, tome II, *Le jour J et la fin du IIIe Reich* – Anthony Cave Brown.
428. *La droite, hier et aujourd'hui* – Michel Winock.
429. *L'obsession des frontières* – Michel Foucher.
430. *L'impardonnable défaite* – Claude Quétel.
431. *Le dernier empereur* – Jean Sévillia.
432. *Lucie Aubrac* – Laurent Douzou.
433. *Le déclin de Rome et la corruption du pouvoir* – Ramsay MacMullen.
434. *Le donjon et le clocher* – Éric Mension-Rigau.
435. *Histoire de l'Atlantique* – Paul Butel.
436. *Skorzeny, chef des commandos de Hitler* – Glenn B. Infield.
437. *Une histoire du XXe siècle*, tome I – Raymond Aron.
438. *Une histoire du XXe siècle*, tome II – Raymond Aron.
439. *Versailles après les rois* – Franck Ferrand.
440. *Précis de l'histoire de France* – Jules Michelet.
441. *L'assassinat d'Henri IV* – Jean-Christian Petitfils.
442. *De l'esprit de cour* – Dominique de Villepin.
443. *Figures de proue* – René Grousset.
444. *La saga des Hachémites* – Rémy Kauffer.
445. *Jacques et Raïssa Maritain* – Jean-Luc Barré.
446. *La chevalerie* – Dominique Barthélemy.
447. *Histoire de Rome* – Jean-Yves Boriaud.
448. *De Gaulle et l'Algérie française* – Michèle Cointet.
449. *Le clan des Médicis* – Jacques Heers.
450. *Histoire des grands-parents* – Vincent Gourdon.
451. *Histoire des grands scientifiques français* – Éric Sartori.
452. *Bir Hakeim* – François Broche.
453. *La mort de Napoléon* – Thierry Lentz.
454. *L'épopée de l'archéologie* – Jean-Claude Simoën.
455. *L'Égypte ancienne au jour le jour* – Christian Jacq.
456. *Histoire de Beyrouth* – Samir Kassir.
457. *Vaincre ou mourir à Stalingrad* – William Craig.
458. *Franklin D. Roosevelt* – André Kaspi.
459. *Louis-Philippe et sa famille* – Anne Martin-Fugier.
460. *Dans la Grèce d'Hitler* – Mark Mazower.
461. *Malaise dans la civilité ?* – Claude Habib, Philippe Raynaud (dir.).

462. *Comprendre la guerre. Histoire et notions* – Laurent Henninger, Thierry Widemann.
463. *Le guide des élections américaines* – Nicole Bacharan, Dominique Simonnet.
464. *Malaparte* – Maurizio Serra.
465. *L'Algérie des passions, 1870-1939* – Pierre Darmon.
466. *Le roman de Marrakech* – Anne-Marie Corre.
467. *René Char* – Laurent Greilsamer.
468. *Marie-Thérèse d'Autriche* – Jean-Paul Bled.
469. *La synarchie, le mythe du complot permanent* – Olivier Dard.
470. *Le Versailles de Louis XIV* – Mathieu Da Vinha.
471. *Norbert Elias et le XXe siècle* (dir. Quentin Deluermoz).
472. *La reine Astrid* – Pascal Dayez-Burgeon.
473. *Le Chemin des Dames* (dir. Nicolas Offenstadt).
474. *Encyclopédie de la Grande Guerre*, tome I (dir. Stéphane Audoin-Rouzeau et Jean-Jacques Becker).
475. *Encyclopédie de la Grande Guerre*, tome II (dir. Stéphane Audoin-Rouzeau et Jean-Jacques Becker).
476. *Hitler*, tome I, *20 avril 1889-octobre 1938* – John Toland.
477. *Hitler*, tome II, *Novembre 1938-30 avril 1945* – John Toland.
478. *Jacques Cœur* – Jacques Heers.
479. *Les maréchaux soviétiques parlent* (prés. Laurent Henninger).
480. *La vie des Huns* – Marcel Brion.
481. *Histoire de Belgrade* – Jean-Christophe Buisson.
482. *Allemagne IIIe Reich* – Mathilde Aycard, Pierre Vallaud.
483. *Le Moyen Age, ombres et lumières* – Jean Verdon.
484. *La saga des Habsbourg* – Jean des Cars.
485. *Aimé Césaire* – Romuald Fonkoua.
486. *L'art du commandement* – John Keegan.

À PARAÎTRE

L'histoire des papes, de 1789 à nos jours – Bernard Lecomte.
Vercingétorix – Paul M. Martin.

12

Déclenchée par la prédication d'Urbain II à Clermont en novembre 1095, cette croisade allait lancer peuple et barons vers la Terre sainte. Jacques Heers raconte la mobilisation des quatre armées, l'enthousiasme des foules entraînées par la prédication des ermites, foules hétéroclites de pèlerins voués au désastre. Il met l'accent sur les arrière-plans d'une entreprise tellement inédite et déraisonnable. Puis il décrit les longues marches à travers l'Europe centrale, les sièges interminables, la découverte de l'Orient, mais également le massacre des « pauvres gens » par les Turcs en octobre 1096 ; et enfin – le 7 juin 1099 – la découverte de Jérusalem par une cohorte épuisée, divisée, que la menace turque et l'espérance religieuse font encore tenir.

384 pages – 8,50 €

40

En s'appuyant sur une documentation inédite, Jacques Heers réussit à proposer une lecture neuve du règne et, surtout, de la personnalité de Louis XI. Après un décryptage passionnant de la propagande, du contrôle politique et de ses relais dans une France qui s'impose au premier plan des puissances européennes, il analyse le « capitalisme royal d'Etat », mettant au jour les ressorts financiers de l'action du roi. Qu'il s'agisse du règlement des affaires politiques, diplomatiques ou juridiques, de la conduite de la guerre ou des rapports avec les puissances d'Eglise, c'est un Louis XI singulièrement décapé des clichés qui est dépeint ici, sur le ton alerte d'une fresque.

448 pages – 10 €

93

C'est l'œuvre d'un grand médiéviste que fatiguent les légendes. Il met en cause les ouvrages plus ou moins romancés qui ont fait de Gilles de Rais le « grand-chef-de-guerre-compagnon-de-Jeanne-d'Arc », devenu satanique, massacreur et sodomiseur de centaines de jeunes garçons, inspirateur de Barbe-Bleue, ou, *a contrario*, la victime à la fois de l'Inquisition, de sa famille et des appétits du duc de Bretagne, confessant sous la torture des crimes qu'il n'avait pas commis. Se fondant sur les seuls documents connus, les confrontant à ce que l'on sait de la France féodale au temps de la guerre de Cent Ans, Jacques Heers fait de Gilles de Rais et de son époque le tableau le plus fidèle possible à la réalité. Sur son dévouement à Jeanne d'Arc, sur son illustration et son importance en tant que chef de guerre et baron de Bretagne, sur ses dépenses somptuaires, sur les accusations, sur le déroulement et la nature des procès qui l'ont envoyé à la mort, il apporte un regard critique, novateur, donnant un Gilles de Rais débarrassé des interprétations romanesques, anachroniques ou hasardeuses.

256 pages – 8 €

178

La ville de Constantinople, rempart de la Chrétienté en Orient, a, pendant plus de mille ans, résisté à tous les assauts. Elle est tombée en deux temps et, paradoxalement, le premier coup lui fut porté en 1204 par les croisés venus d'Occident, payés par Venise et avec l'accord tacite de Rome.
Réduits dès lors à fort peu, l'empire « byzantin » fut incapable de repousser les attaques d'un Empire ottoman conquérant de toute l'Asie mineure. Les Latins ont porté secours, levé des troupes et lancé des flottes de guerre à plusieurs reprises ; mais les conflits qui opposaient rois et princes mobilisaient le plus gros de leurs forces. Si Constantinople ne fut pas abandonnée à elle-même, l'Occident, requis par la guerre entre ses nations, accepta l'agonie de l'empire chrétien d'Orient, sans comprendre qu'il serait lui-même la proie suivante.

352 pages – 8,50 €

Cet ouvrage a été imprimé en France par

CPI
BUSSIÈRE

à Saint-Amand-Montrond (Cher)
en février 2013
pour le compte des Editions Perrin
76, rue Bonaparte 75006 Paris

N° d'édition : 2444 – N° d'impression : 2001200
Dépôt légal : novembre 2008
Suite du premier tirage : février 2013
K02943/07